天草学研究会［編］

評伝 天草五十人衆

◉弦書房

〔装丁〕毛利一枝
〔カバー・本扉写真〕小林健浩撮影

目次

【凡例】

書名　この本は天草の歴史に足跡を残した人物五十人の列伝です。書名の『評伝　天草五十人衆』はかつてこの島を分有支配した豪族〝天草五人衆〟に因んでいます。

人物　登場する人物は鎌倉時代以来約八百年の間に天草島に生まれ、または他郷から天草に入った人の中から選びました。当初編集委員が提出した候補は都合百八十六人に及びましたが、そこから絞り込んだ五十人の〝人とその時代〟を綴ります。人物により、また記述スタイルの違いにより、履歴事項の扱いはまちまちです。人名事典風に経歴を追う記述は意識的に避けています。年譜を添えるケースがあります。

舞台　それぞれの人物には活躍した時代、分野などを勘案して10の「ステージ」を用意しました。ステージの特色などについては序文に別記しています。

年号　和暦と西暦とは、「万治二年 *1659*」の形で、併記します。

人名　漢字は慣用に従い、西洋の人名は初出で「アルメイダ（Luis de Almeida）」のように表記します。ただしラテン語の洗礼名（ガルニエ神父の〝ルドヴィゴ〟など）は割愛しました。

図版　関連する図版二十一点を配しました。

解説　ところどころに解説めいた文章を配置しました。♣印の付いているのがそれです。

引用　原典の姿を尊重しつつ、読みやすさを考慮して読点と振り仮名を加えたところがあります。またできるだけ出所を明示し（→引用文献）、読書案内ともなるよう心がけました。

呼称　本書では島原と天草で起こった寛永の一揆を「島原の乱」とせず、近年の呼び方に従って「天草島原一揆」、または単に「蜂起」とします。「乱」では一揆方を一面的に断罪しかねないからです。

筆者　執筆者の名は文末に（　）に入れて示しました。特に共同執筆というべきものについては連名にしました。なお「上原典礼」の章のみ既刊本からの再録です。孫の上原梓氏が天草郡市医師会創立八十周年記念『島乃医人たち』（昭和44）に寄稿されたもの（原題「医師上原典礼のこと」）を、上原家と医師会の許諾を得、最小限の調整を加えて収録しました。

あの人の足音が聞こえる

独特の歴史と風土に彩られたぶん、天草はずいぶん多くの、特異で多彩な人物を育んできました。いくらかごっつりしたこの本は、そんな天草ゆかりのあの人この人の生涯をたどった列伝です。主に「人とその仕事」「人とその時代」を見つめて編みました。にんげんが好き、歴史が好き、そして天草に心をお寄せくださる方々への新しい贈物になれば幸いです。ただ本書のように一地域をベースにする列伝の例はほんとに少ないらしく、期待しているからねと励まされたり、なんと無謀な！と呆れられたりしながら、三年余りが過ぎました。その間苦労は確かにあったのですが、編者一同晴れ晴れと仕事に打ち込むことができたのは、不思議なくらいでした。

登場する〝天草人〟は、鎌倉時代の武将から平成二十五年の物故者まで、有名無名の傑物五十人です。天草生まれが四十人、他郷・他国出身者が十人なのですが、この島で生まれたのでも暮らしたのでもない〝天草人〟がいることを、読者は驚きをもって発見されることでしょう。

本書が弦書房から刊行される本年、天草は五橋開通から五十年、そしてあのキリスト教伝来から四百五十年という節目を迎えています。ともにこの島の根幹にかかわる、大きな大きな転換点でした。思えば我らの五十人衆ひとりひとりも、そうしたこの島固有の時空――歴史と地域性とが交差する地点に紛れもないおのれの生を印してきたのでした。
それではここで、五十人が登場する10のステージを紹介しましょう。

ステージ1　五人衆の時代、そして…

ここは時代によるくくりです。中世の天草を分有支配した豪族〝天草五人衆〟の時代から近世初頭にかけての四人が主役です。蒙古襲来、キリスト教伝来、天正の天草合戦などの時を経て寛永の一揆の象徴となった悲劇の少年までを描きます。

ステージ2　天領天草の村々

一揆後の復興に邁進した名代官、村治《そんち》にかけた庄屋たちの情熱と苦心のあとをたどり、天領期のこの島の種々相を見つめます。

ステージ3　祈りの島で

神道人一人、カトリック司祭一人、仏僧三人、いずれ劣らぬ高い霊性と豊かな人間的魅力の持ち主たちです。天草は神・仏・基の対話共存が可能な、数少ない〝宝島〟です。

ステージ4　耕す、漁る

この島で米と芋の改良育成に先駆的活躍を見せた二人と、画期的な漁法の開発あるいは移入により一気に豊漁をもたらした二人です。一人は村の医師でした。

ステージ5　実業の世を開く

なんと骨太な、溌溂《はつらつ》とした人たちでしょう。幕末の大富豪・石本、サルベージの冨川、洋式建築の小山、財界人宮崎、炭鉱経営の田中。…こうした実業家たちのダイナミックで奥行きのある人生の脈動を、さあどこまで伝えられるか。

ステージ6　潮路はるかに

或いはマダガスカルで、或いはベトナムで、辛酸を経て大きな成功を収め現地の人々に慕われた二人の男性実業家。ドイツ留学ののち中国で一視同仁の医療に献身した女医。それに長崎でホテル経営に携わり〝ロシア海軍の母〟となった女傑。波瀾万丈の人生はすべていくたびもの戦争と深く関わっています。

ステージ7　文学・歴史・言論

随分重厚なラインナップです。詩歌・小説の世界に思想家、歴史家、それに漢文学者二人が入っているせいでしょう。司馬遼太郎は、「天草は、旅人を詩人にするらしい」と言った一方で「天草諸島は、郷土史研究の伝統がふるい」とも言い、みずからこの島の歴史探訪に深入りしてゆきました。

ステージ8　あの頃、この人

戦前から戦後にかけて、苦難も希望も大きかった時代を生き、時代を牽引し、時代に独自の地歩を占めた三人です。立ち上がる時代の貌《かお》、といった趣があります。

ステージ9　島の現実、国の行く末

五橋架設以前の天草は近代文明の恩恵に浴すること薄く、離島ゆえの後進性からいかにして脱却するかが政治的課題の核心でした。そういう切実にして最も困難な課題に挑む最大のテーマが〈天草五橋〉でした。

芸術とスポーツの世界です。道を極めて大を成した人たちの一筋の精進は賛嘆の他ありませんが、それはそのまま、後世への無言の励ましともなっています。

また特設ステージを群像編とし、石工の集団、カツオ漁開拓者たちの奮闘を回顧します。

以上は時間軸で構成したわけではありませんし、どこから読んでくださっても構わないのは勿論ですが、ご参考までに、各人の在世・活躍の時代を視覚的に位置づけた年表を巻末に付けました。

ステージ10　一筋の道

天草を見る視点の一つに、「我々」が天領の民であった、ということがあります。キリスト教が伝来し南蛮文化が花開いた時期を経てこの島は幕府領となりました。キリシタンの島が仏教王国と言われるまでに変容したこともさることながら、天領たる二百数十年間、「お武家さま」の姿などほとんど見ることなく暮らしてきたのですから、そこに藩領の皆さんとは微妙に違う気質や人間関係が醸成されたとしても不思議ではありません。そして言うまでもなく、天草は周りを海に囲まれています。それゆえの魅力もあれば不便もあり、貧しさもある。〝板子一枚下は地獄〟の死生観もある。開放的でありながらほのぼのとした自己完結性をもっている。しかし島といっても大きな島ですから、普段海など滅多に目にしない村里、山里の暮らしもあって、決して一色ではありません。耕地が少なく肥沃でないことも貧しさのもう一つの根源ですが、肥沃な土地には育ちにくい植物・作物があるように、この島の貧しさがこれほどの異才・鬼才を育てたことも確かでしょう。同時に隣人への慈しみも、生への諦念も…。「じゅつなか」「みぞげ」「のさり」などの天草言葉がそこから生まれました。

さて、ステージは多彩な顔ぶれで賑やかですが、実は今回、いろんな都合で壇上に上がっていただけなかった方々が数多くいらっしゃいます。今は舞台に見えないそうした面々も、いつでもそこへ上がっていいぞと、客席から声をかけてくださっているようです。続編も考えなければいけませんね。

この本を編んでいる間、執筆者、編集者の胸中に絶えず去来していたものは、一つは「見ぬ世の人を友とする」無上の歓びであり、もう一つは〝このペンが偉大な人物を、思わず知らず、小さくつまらないものにしてしまうのではないか〟という深刻な慄《おのの》きでした。人物伝の魅力と怖さをそのように痛感しつつも、この人たちのおかげで私たちがある、この人たちの生の輝きに学びたい、との念によって辛くもここまで歩いてこられたようです。そして、一人の偉大な人物の陰にいた、あまたの名も知れぬ人々のことを忘れまい、というのも一同の誓いでした。

本書は優れた書き手に恵まれました。取材では多くの方々のご親切にあずかりました。版元もよくて五十人衆は大いに「のさった」のです。にもかかわらず、脈どころを押さえきれないもどかしさが処々に残りました。伝記資料の不足を補うだけの力が編者の側に欠けていた所為です。五十人衆にも、読者にも、重々お詫びしなければなりません。なにとぞご寛恕の上、ご清覧くださいますよう。

平成二十八年五月

編者代表　田口孝雄

ステージ1

五人衆の時代、そして…

蒙古襲来に立ち向かった武将

大矢野種保

おおやのたねやす

生没年不詳。十三世紀後半に活躍

二度にわたる蒙古軍の九州への侵攻は、まさしくわが国未曾有の国難であった。

一二〇〇年代に入って中央アジアでは遊牧騎馬民族のモンゴル族が勃興。テムジン（ジンギス・ハン、太祖）は諸民族を統一してモンゴル帝国をうちたてた。帝国は西へ東へ南へと膨張し、孫で五世のフビライ・ハン（世祖）に至って東ヨーロッパから中国大陸・東南アジアに及ぶ空前の大帝国「元」を出現させた。フビライは朝鮮半島の高麗を抱き込み、たびたび使者を送ってわが国に服属を求めたが、朝廷と鎌倉幕府（執権北条時宗）はそのつどこれを拒否。同時に蒙古の日本侵攻は必至と見て御家人の結束、九州沿岸警備の強化を図った。上皇も執権も神仏に国土の安泰、「敵国降伏」の祈りを捧げた。

文永十一年1274、蒙古軍の侵攻（元寇）はいよいよ現実のものとなった。この一大国難に立ち向かい、勇戦して危機をはねのけた武将たちの中に、天草の大矢野種保とその弟たちがいた。

大矢野氏の棟梁

大矢野種保は中世の天草を支配した「天草五人衆」のひとり、大矢野氏の棟梁である。大矢野氏はもともと大宰府府官大蔵姓原田氏の一統であり、代々原田を名乗った。先祖付には「原田十郎大蔵種保」といった記載が見られる。この家系は過去に多くの勇者を輩出しているが、特に寛仁三年*1019*に中国女真族の一つ〈刀伊《とい》〉が対馬・壱岐・筑前の沿岸を襲撃したとき奮戦しこれを撃退した大蔵種材《たねき》、源平の争乱にあたり最後まで平家に忠節を尽くした原田種直などが有名である。

その原田（本拠は筑前の原田）の末流が天草の大矢野に住むようになり、領地の名をもって家の名字としたわけである。しかしいつ誰が、どのような経緯があってこの地へ移ったのか、よく分っていない。居城は禅刹・遍照院辺りから大矢野中学校の一帯、支配地は大矢野島、維和島、上島北部であったようだ。

また本砥の地頭職たる天草氏も同族であるが、天草大夫大蔵太子（播磨局）の甥・種増も、種保同様、蒙古襲来の博多湾で勇戦している。志岐氏をはじめ他にも下知に応じてかの地に馳せ参じた将兵は多々あったに違いないが、天草ではひとり大矢野種保兄弟のみが立派な絵巻に描かれ、後世にまで名をとどめることになった。

蒙古襲来絵詞

文永十一年の第一次蒙古襲来は「文永の役」、弘安四年*1281*の第二次襲来は「弘安の役」と呼ばれる。結果としてはともに蒙古軍の退散というかたちで終わったのであるが、実は両度の合戦の模様が肥後の御家人・竹崎季長《すえなが》が制作させた「蒙古襲来絵詞」（宮内庁蔵、二巻）に精細に描かれているのである。上巻は文永の役と季長への恩賞、下巻は弘安の役を描く。大矢野三兄弟はつとに文永の役から戦場に赴いて奮闘したのであるが、この絵巻に登場するのは下巻、すなわち弘安の役の海戦の場面である。

よく知られているように、十四万の蒙古軍が一息に日本を呑み込むかと見られた矢先の七月二十九日夜から暴風雨が荒れ狂い、翌日には蒙古軍はほとんど壊滅状態に陥った。日本軍は、沈没を免れ生き残った蒙古軍の掃討に向かい〔絵十四〕、蒙古の軍船に乗り込んで敵を襲う〔絵十六〕。

大矢野兄弟が描かれている二つの場面のうち、まず絵十四は、六月五日、博多湾の生《いき》の松原を進発して鷹島方面に追撃に向かう場面。実際には何艘とも知れぬ多くの兵船《ひょうせん》が漕ぎ出して行ったのだが、画家はこれを俯瞰せず、三艘と前の船の艫《とも》の一部をアップで描く。各船それぞれに押し立てた幡《はた》（大矢野兄弟のは丸に七九の桐の家紋を染めた浅黄色の幡）が勢いよく海風に靡き、屈強な男たちの「いくぞ、いくぞ」と勇み立つ意気が画面に充満している（本書20頁）。

次に、絵十六は大矢野三兄弟が巨大な敵の軍船に船尾から乗り込み、刀をかざして甲板に突入する場面。船底からは蒙古軍兵士が盛んに矛を突き出して防戦する中、船首の方では竹崎季長が、甲板に上がった敵兵の首を刎ねようとしている。絵はすこぶる力感豊かであるが、巨大な船の構造から将兵の鎧、兜、弓矢刀剣に至るまで細密に描き出し、武家好みの色合いがはっきりと出ている。ただ、突入する兄弟の傍らの「大矢野兄弟三人／種保」という二行の注記は、筆づかいその他から見て、後に書き加えられたものと推定されるが、大矢野兄弟であることに間違いはない。

それはさておき、北条時宗の家臣で諸将を督励するために派遣されて来た合田遠俊《ごうだとおとし》が秋月氏の船に乗せてもらっただけでなく、竹崎季長も便乗組で、六月五日の追撃では回船が到着しないことに苛立っている。それに対し種保たち一行は自前の船で天草大矢野から武士四人、水手《かこ》四人で来ていた。海路、博多の浜までは手漕ぎの船で五日ほどかかったと見られる。

満を持しての登場

文永の役から一年たった建治元年*1275*、幕府では隣国の脅威に対して積極的に反撃する計画が進んでいた。敵の来寇を待って戦うのでなく、海を渡ってこちらから打って出ようというわけである。幕府は九州をはじめ西日本各地に動員令を出すとともに、提供可能な兵員、軍船、兵具その他を報告するよう命じた。高麗への「異国征伐」遠征軍の大将も既に少弐経資《しょうにつねすけ》と決まっていた。下知を受けて種保はさぞ勇み立ったことであろう。陸戦より海戦が得意な種保ゆえ、自分が持っているすべてを報告、準備し、勇躍馳せ参じるつもりでいたことは想像に難くない。しかしこの計画は実行不可能と見られ、沙汰止みとなった。それだけに種保兄弟にとって弘安の役は、待ちに待った活躍の舞台だったのである。

兵《つわもの》どもが夢のあと

この戦で領土を得たわけではないから、鎌倉幕府は武士団に十分に恩賞を与えることが出来なかった。種保が得たのも七代将軍惟康親王よりお褒めと労いの御教書を賜ったという名誉にとどまった。

遺構調査などから、大矢野城と周辺の構えは文永・弘安の役を戦った経験から生まれたのではないかと思われる点があるのだが、しかし築城時期が明白でなく、種保以前の可能性すらあるとなると、関連づけは牽強付会の誹りを免れない。一方、二ノ丸跡の畑から出土する中国・ベトナム産の陶磁器片は海外遠征の証しと見られ、大矢野氏に和寇の影がちらつく。とにかく詳細は茫々たる歴史の彼方である。いま眼下に見渡す有明海や不知火海は、博多の浜にも東シナ海にも繋がりながら、どこまでも穏やかで美しい。それもこれも「兵《つわもの》どもが夢のあと」に違いない。

（山川清英）

小松茂美編〈日本絵巻大成・14『蒙古襲来絵詞』〉部分　中央公論出版
画面左手前が「あまくさの大やのの十郎たねやす同たねむら ひやうせん」

♣蒙古襲来絵詞（もうこしゅうらいえことば）

文永・弘安の両役に参陣した肥後国の竹崎五郎兵衛尉季長が、その勲功を子孫に伝えようとして当時の名匠土佐長隆親子に制作を頼み、自ら詞書をした絵巻。後年、竹崎氏の衰退によって宇土の名和顕孝にわたり、顕孝の娘が大矢野種基（種保より九代さがる）へ嫁ぐ際に婿の先祖である大矢野種保兄弟が描かれていたために、引き出物として贈られた。その後、長らく大矢野氏で保有していたが、文政８年に大矢野門兵衛が細川藩に保管依頼したのを機に写本されて、世に「蒙古襲来絵詞」が広く知られるようになった。廃藩置県後に細川家より返却された絵詞は、明治28年に大矢野十郎が宮内省に献上した。現在は皇室の御物として京都東山御文庫に「大矢野本『蒙古襲来絵詞』前後二軸の巻物」で保管されている。

戦国の世に挑戦した男

志岐麟泉

しきりんせん

永正七 *1510* ?.—慶長三 *1598* ?.

志岐氏の志岐城跡に登ると視界は西北に開ける。海が見える。頼山陽が「雲か山か呉か越か」と吟じた天草灘のかなた、水平線の向こうは大陸である。この西の果てなる風景を毎日見渡しながら戦国の世に八十余年の生涯を送った志岐鎮経《しげつね》（通称 麟泉《りんせん》）の思いは果たしてどのようなものであったろう。

世界と日本

志岐麟泉鎮経《しきりんせんしげつね》が生きた時代は、中世の終わりを告げる歴史の大きな転換期であった。

海外との交わりがある。大航海時代と言われるそのころ、スペイン、ポルトガル両国は主に香辛料を手に入れるために新しい航路と大地を求めていた。バスコ・ダ・ガマがアフリカ大陸を回ってインドに到達し、コロンブスはアメリカ大陸に到った。両国の競争は白熱化し、ローマ教皇の仲介により条約を締結すると各々の独占体制維持のため勢力範囲を決定した。この条約によってポルトガルは地球東回りの航路を開拓しインドを経て日本に到る。同行したイエズス会がキリスト教の宣教を行なう。

日本は戦国時代である。志岐麟泉と同時代に生きたのは、群雄を束ね国家統一をはかった織田信長であり、豊臣秀吉であり、徳川家康であった。さらに九州では島津・大友・竜造寺各氏が勢力を競い合い、その影響下に国衆が武力を整え、みずからの領地と領民を守るために、競合し連帯して生き残りを図った。そのようなときに鉄砲が伝来し、国衆の関心・利害が交錯する中、キリスト教の布教が開始された。

志岐氏の来歴

肥後菊池氏の一族である志岐光弘が元久二年 *1205* 志岐六ヶ浦の地頭に任じられてから二十二代志岐鎮経が誕生するまで約三百年間、志岐氏が天草北部のこの地を守り続けた。

天草の中でも志岐は早くから開けたところと見える。十世紀に成立した『和名抄』には全国の郷が四千余り数えられているが、そこに肥後国天草郡五郷の一つとして「志記《しき》」の名が見える。

耕地となすべき土地が少なく、それも肥沃とは言い難いこの島にあって、人々はどのようにして暮らしを立てていたのだろうか。それを解くカギは、やはり視界に広がる海であろう。博多にあった古代の迎賓館〈鴻臚館〉から「肥後国天草郡志記ノ里」と記した献上品目録の木簡が出ており、魚が献上されていたことが知られる。即ち海路が存在したのである。わが国古代の文書や考古学上の遺物に大陸からの文物が含まれることも海を渡って往来する歴史の古さを物語る。縁戚関係を設けていた有馬氏や大村氏などとの深いつながりや、倭寇との関係も志岐氏の歴史に深く関わっていたことは明らかである。

天草五人衆

志岐氏を含めたいわゆる〈天草五人衆〉は、戦国時代の天草各地を治めた豪族（国衆《くにしゅう》、国人衆《こくじんしゅう》）たちである。かつて六人衆、八人衆と呼ばれた時代もあったが、十六世紀中ごろまでに天草、大矢野、栖本《すもと》、上津浦《こうつうら》、志岐の五氏に淘汰された。中で最も古くから天草にあって、下島ばかりか上島にも領地を持っていた志岐氏がずっと勢力と影響力を維持していたのである。

八人衆から五人衆になっていく過程の国衆は、戦国の激しい勢力争いの中で懸命の延命策をとっていく。その間の事情は司馬遼太郎の説明（『街道をゆく』17）が解りやすい。

まことに天草五人衆は、大勢力が出現するたびに旧勢力を裏切り新勢力の味方になるという転換を繰り返したが、当時の日本人の感覚ではこういう行為を裏切りとはしなかった。（…）天草五人衆が、かつては大友氏に属し、ついで異教徒の島津氏に属し、さらには天下人《てんがびと》と称する秀吉に属したというのは、裏切りという倫理観念で見るべきではなく、むしろ小勢力の独立性とか主体性とかいう点で理解したほうが本質的といっていい。それが当時、日本国の山野に何千と存在した（肥後だけで五十二人）数千石級以下の小領主の生態とも言うべきものであった。

トーレスとフロイス

最初に天草へ渡り、その後も中心となって布教したのはアルメイダ（Luis de Almeida）であるが、その活動は日本布教長のトーレス（Cosme de Torres）の命によるものであった。多くの宣教師が日本で活動する中、トーレスへの信頼は、教会からも日本の人々からも特に篤かった。ザビエル（Francisco de Xavier）とともに日本に来たトーレスは、初めて日本の地で布教を開始してからザビエルの後継者として、布教長として、十八年の間鹿児島と京の間を行き来し、各地で精力的な布教を続け、大友義鎮、有馬直純、天草鎮尚などに次々に洗礼を授けた。志岐での洗礼は一月から六月の間に三百人に上り、一時は二千人以上のキリシタンがいたといわれる。トーレスの正直で謙虚な人柄が布教を支えていた。

永禄十一年 *1568* と元亀元年 *1570*、トーレスは全国宣教師会議を志岐で主催するが、その内容は伝わっていない。麟泉はトーレスを頼ってポルトガル船の入港を請い、交易を進めたかったようであるが、待ち望んだその寄港は永禄十二年の一度きりで、その後は無かった。トーレスが寄港地として長崎を選んだとき、志岐へのポルトガル船来航の望みは絶たれたのである。病身を押して布教に努めてきたトーレスは徐々に体力を消耗させ、病勢に耐えきれず、元亀元年、その六十歳の生涯を志岐の地で終える。

イエズス会司祭フロイス（Luis Frois）は『日本史』と題する浩瀚な初期日本キリスト教布教史を著したが、そこには志岐における布教の様子も詳しい。志岐麟泉については、「六十歳を超えた老人、裕福であり（…）勇猛果敢、どの地域でも畏怖されていた。陰謀や策略にはなはだ巧みで、熱心な悪魔への奉仕者であった」と書いている。ここでいう悪魔とは日本の神仏のことであり、麟泉は心からキリスト教に帰依したのではなく、通商交易を目的とした改宗であったと厳しく批判している。

トーレスの死後麟泉は棄教するが、志岐ではその後も布教は続き、麟泉亡き後、小西の代官・日比谷《ひびや》了荷《りょうか》のもとで教勢が拡張し、画学舎や学校などが建立され、キリシタン文化が花開くことになる。

天正の合戦

この時代、九州に割拠していた北の大友、西の竜造寺、南の島津が秀吉によって制圧されると、熊本は北半分を加藤清正、南半分を小西行長が領有することになる。

このような中、天正十七年 *1589* に小西は宇土城の普請を天草五人衆に命ずる。しかし麟泉はじめ五人衆はいずれもこの賦役を拒否し、反抗する。行長の与力に任じられたことを行長と同列になったと五人衆が誤解したことに端を発したものであるが、行長からこれを聞いた秀吉は怒り、直ちに討伐せよと命ずる。行長は三千の兵を差し向け志岐の城を攻め立てるが全軍壊滅、大敗を喫する。加藤清正に援軍を求め、ここに「天正の天草合戦」と呼ばれる戦いが始まる。行長はキリシタン大名であったため攻撃が甘くなったと疑われるが、清正は法華宗の信者であり大のキリシタン嫌いで知られた。秀吉によって伴天連追放令が出された直後でもあることから征伐は徹底的であった。十月十三日、行長軍・清正軍あわせて八千の兵が志岐城を包囲した。志岐城には援軍の勇将木山弾正が猛攻撃をかける。しかし戦況利あらず、弾正は討ち死に、麟泉父子は領外へ落ち延びる。行長・清正連合軍は本戸城も落とし、天草五人衆はすべて降伏、志岐以外の四人は小西行長の家臣となる。この合戦のころすでに八十に近い老人であった麟泉は島津を頼って薩摩に逃れ、改めて天草の地を踏み、新和・大多尾の地に生涯を終えたという。

この合戦は小西の命に背いたことが理由とされているが、そのことが引き金にはなったとしても、本質的には、古くからの地方小領主と領民との関係から、中央集権的な支配関係に移っていく時代の流れの中で麟泉はこれに抗い破れた地方領主の典型として存在したのである。

麟泉のキリスト教の受容と棄教は、激動の中で如何にもして生き残り、領民を利せんとする為政者のしたたかな思いに根ざしていた。後世の人々は志岐城址に「麟泉公」を祀り、毎年桜の花のころ住民の代表者たちが参列、勇者の遺徳と苦心を偲び称える祭りを今に絶やさない。

（宮﨑國忠）

天草への最初の伝道者

アルメイダ

あるめいだ
一五二五―一五八三

商人から宣教師へ

天草に初めてキリスト教がもたらされてちょうど四五〇年目となる。その最初の伝道者であるアルメイダ（ALMEIDA, Luis de）は、一五二五年にリスボンで生まれた。一五四六年、同地で医学の勉強を終え、一五四八年にインドへ渡った。乗り込んだ船でアジアへ向かうイエズス会の宣教師の世話をすることになり、この経験が後に同会へ入会するきっかけとなった。アルメイダはフランシスコ・ザビエルの親友であった船長ダ・ガマと共に商売を行い、大きな財産をつくった。商人として来日した後、一五五二年にはザビエルの後継者であったトーレス神父と山口で出会い、その三年後には日本で宣教師になることを決意した。持っていた財産の一部をマカオのイエズス会に、残りを府内にあった孤児院に寄付をした。一五五六年、正式にイエズス会に入会し、府内病院を建設。マカオのミセリコルディア（社会福祉組織）を参考にして、日本人に医学を教えながらその発展を図った。

一五六一年以後は、病院での活動から離れて宣教活動に専念した。最初に博多と平戸周辺の教会で活動し、その後、鹿児島、横瀬浦、島原と口之津の共同体（コンフラリア）を立ち上げる立役者となった。

宣教地方を駆け巡る宣教師　一五六二年〜一五六五年

一五六二〜三年の間、横瀬浦の新しい教会での活動に関わったり、周辺のキリシタンを励ましたりした。しかし一五六三年八月に横瀬浦が破壊された為、そこでの宣教活動を停止せざるを得なくなった。生命の危険を免れたアルメイダは、トーレス神父と一緒に豊後の領地であった高瀬（玉名）に向かった。トーレスは高瀬に残り、アルメイダは府内まで赴き大友義鎮にこれまでに起こった出来事を報告し、その助けを願った。大友は願いを引き受け、アルメイダに書状を渡した。その中には、高瀬の代官に宛てて宣教師の誰にも迷惑かけないように、また、信者になりたい人にはその自由を与えると書かれてあった。

各地を頻繁に巡回していたアルメイダの足跡を辿ると、彼がどれほど熱心に宣教活動に没頭していたかが浮かび上がってくるであろう。

一五六四年五月からは口之津でトーレス神父の補佐をしていたが、ルイス・フロイスと一緒に京都に向かい、五畿内の教会についての情報を集めた後に再び口之津に戻ってくる。九月の初め頃アルメイダは再び口之津から旅立ち、島原を通って高瀬に渡り、そこから博多を通り姪浜へ。その後、肥前名護屋、平戸、そしてフロイスは滞在していた度島までたどり着く。再び戻った口之津でトーレス神父の指導を受け、十一月十一日には豊後に向かった。島原、高瀬、杤網、府内、臼杵を巡回した後府内に戻り、そこでクリスマスを祝う。十二月二十六日、船にのって京都に向かい、一五六五年一月二十七日には堺へ入港した。そこでアルメイダは病気になった為、20日間の休養を強いられた。いくらか回復した二月には飯盛、三箇と河内の教会を巡って京都へと向かう。再び病気に苦しんだため二カ月ほど仕事ができなかったが、回復した後には京都の名所を訪れ、その文化に対する尊敬を表わす報告を残している。アルメイダが書いた手紙は、ルイス・フロイスの『日本史』の資料として用いられることとなる。同年の四月二十九日には奈良へ、そして五月七日には高山ダリオの沢城を訪れ、堺に戻った。堺での滞在中、アルメイダは日比屋了慶の家に身を寄せたと思われる。その家でアルメイダは茶の湯を観て、その動作、用いられた道具などについて詳細に書き残している。これは宣教師のペンで記された茶の湯についての最初の記録である。

臼杵を訪れたアルメイダは、大友氏から教会を建てるために土地を受け、口之津に赴きトーレス神父にそれまでの活動を報告。一五六五年の七月には福田港に入港した船のポルトガル人と面会した後、大村へと向かった。大村純忠の長女マリナが病気の治癒に、アルメイダの治療が大いに役割を果たした。口之津を経由し臼杵での教会建築の準備をし、十月には福田港でポルトガル船を見送り、再び口之津に戻った。

「クリスマスの夜、口之津のすべての通りが木の枝で飾られていて、教会では夜半のミサまですでに習慣になっていた劇と踊りがあった」とアルメイダは書き残している。

五島での初めての宣教　一五六六年

福江の大名であった五島純貞より宣教師派遣の依頼を受け、アルメイダとロレンソが五島へと渡った。純貞は暖かく彼らを迎えたが、後継者になるはずの五島純定が急に重い病気にかかり、宣教師を迎えた罰であると解釈されてしまった。反発を受けながらもアルメイダは診察の許可を願い、治療に見事に成功したので周囲の態度が変わり、当地でもキリシタンが増えるきっかけとなった。

ちなみに天草の志岐殿はアルメイダの教理を聴き、洗礼を受けることを願ったが、周囲の反対が強かったためキリシタンとはならなかったが、領民達にはその信仰の自由を与えたので、後に天草で大きな教会組織が育って行った。

世界の港・長崎開港に関わる　一五六七年〜七〇年

この数年間の中で一番大切なできごとである長崎開港について多くの記述は残っていない。一五六八年にはミゲル・バスは次のように書いている。

「去年、トーレス神父はイルマン・アルメイダを長崎に送りました。その町の殿はドン・バルトロメ（大村純忠）の家来ですでに信者であった」

長崎の領主ベルナルド長崎甚左衛門は大村純忠の娘と結婚していて、おそらく横瀬浦で純忠と一緒に受洗した二〇名の家臣の一人と考えられる。アルメイダは一五六八年の手紙で次のように書いた。

「ドン・バルトロメオの家来の土地である長崎では、町の知名人達は皆、そして一般庶民の五〇〇人ばかりが我らの聖なる信仰に回心しました。彼らは実に正しい習慣と模範的な行いとで、自分への召し出しにしたがいました。そしてこの町の近くの部落にも信者が大勢いて、彼らは長崎の教会に行くのです」

長崎にやって来たアルメイダをベルナルド長崎は快く引き受け、住まいとして自分の屋敷に近くあった小さな寺を与えた。同年の七月にはアルメイダは志岐に渡り、そこで行われた宣教師の会議に参加した後に口之津に戻った。滞在中には重い病気にかかったが回復し、今度は大村の城下町に入った。

天草の宣教師

アルメイダは一五六九年に天草尚種の河内ノ浦で宣教を開始した。それから漁村であった崎津に入り、殿に挨拶に行って、キリスト教を広める許可と推薦状を依頼した。各地方の領主が先ずその教義の内容を聞いてから判断する事、そして共同体が出来た暁には教会を建てる許可と援助を頼む事などが示されていた。宣教許可を受けたアルメイダは崎津から河内ノ浦に移り、布教活躍を始めた。殿の総家老がレオの名で洗礼を受けた。

アルメイダは「陣営の宣教者」でもあった。戦の間は侍たちにキリスト教を伝える機会と考え、大友義鎮の陣営から秋月殿の陣営などに行って教理を教えた。

一五七〇年のクリスマスの後、各地の陣営を回った。日田、秋月、そして高瀬。高瀬から有明海を横切る途中では海賊に襲われ持ち物全部を失ったが、漁師達に助けられ辛うじて一命を取り止めた。この頃、アルメイダは大友氏と大村氏の平和使節の役割も果たしていた。アルメイダは両者の和解に成功した後、平戸に赴いた。

新たに宣教師の責任者になったカブラル神父が志岐で宣教師会議を開くことを決めたのでアルメイダも参加することになった。会議後カブラルは、九州の宣教師が働いていた場所をよく知るためにアルメイダに案内を依頼した。カブラルとアルメイダが志岐を出てから数日後の十月二日、トーレス神父が亡くなった。トーレスはザビエルと共に初めての宣教師であり、アルメイダをイエズス会に迎え、宣教を発展させた先輩であり指導者であった。

この頃のアルメイダに関して、ゴンサルベス修道士は以下のように報告する。

「ここで私を非常に慰めたことが我らの神父とイルマンに見られる大きな徳でした。確かにこんなに大きな活躍の中で彼らの徳と祈りの精神が私を励ましています」

アルメイダたちの活動の実りとして、天草の殿ドン・ミゲルの長男である久種も洗礼を受けることになった（霊名はジョアン）。

アルメイダは一五七七年から二年間有馬で教会の発展を支えた。長い準備期間の後、大友宗麟も受洗し、ドン・フランシスコと呼ばれるようになった。宣教師達の記録によれば、宗麟はキリスト教的な「神の国」を作ろうと考えていたようである。日向攻めの折には勝利を確信し、宗麟はアルメイダを陣営に連れていった。しかし耳川合戦で敗北したため混乱が広がった。危険を避けながら、宣教師たちは臼杵まで移ったが、この敗北がキリシタンになった殿への天罰との噂が広がり、大友宗麟もまた内乱が起こることを恐れた。

思い掛けない旅と任命　一五七九年〜一五八〇年

一五七九年七月二十五日に口之津に入港したリヨネル・デ・ブリトの船から巡察師アレクサンドロ・ヴァリニャーノが下船した。その頃アルメイダは、病気の療養と豊後での戦争の騒ぎから逃れるため、口之津で休息をとっていたようである。その一五七九年の最初の七か月には、彼について報告や便りはない。

ヴァリニャーノは神父不足を補うために、ポルトガル船がマカオに向かう折に四人の宣教師を連れていき、マカオで司祭として叙階させることを決定した。その一人はアルメイダであった。

神父になって日本に戻ったアルメイダは天草に派遣され、院長になった。

神父としての活動　一五八一年〜八三年

天草では宣教師三人が村々の司牧を行っていた。アルメイダ神父は久玉を中心に、天草殿の主な城周辺を巡っていた。一五八一年十一月と十二月に長崎での宣教師会議に参加した。この会議ではイエズス会が大村純忠から長崎と茂木の町の管理を引き受けることが決定された。アルメイダは薩摩に派遣されたが、芳しい成果をあげることは叶わず、天草に帰った。

一五八三年十月、河内ノ浦でアルメイダは亡くなった。彼の最後の日々について詳しい記録は残されていないが、フロイスの『日本史』の中でアルメイダを絶賛する箇所がある。その一部を紹介したい。

ルイス・デ・アルメイダ師は、日本で（イエズス）会に入ってすでに三十年になる。彼はほとんど六十歳に達しており、主なるデウスが当地方においてもっとも挙用し給うた人物の一人であった。豊後の修道院は、後に学院になったが、その設立は実に彼に負うものであったし、なおまたその頃存在した他の（幾つかの司祭館）も同様であった。（中略）彼はデウスへの奉仕と霊魂の救いのために堪えた大いなる労苦のために、年齢とともに病が重なっていき、近頃は天草に引き籠っていた。キリシタンたちが彼に深い尊敬と愛情を抱いていた一方、彼もまた、つねに彼らを高い犠牲の代価としてキリストにおいて生んだ子供として見なし、かつ扱っていた。（アルメイダ）師の病気が悪化して、すでに死期が近づくと（彼がいた）貧しい家はキリシタンたちで溢れた。人々は司祭の足に接吻するためにそこに来て、彼（の死）を惜しんで泣いた。彼は、それらの人々に対して、もう話すことはできなかったが、明るい喜びをたたえた面持ちを現して彼らを慰め、あたかもそれは彼らをともに連れて行こうとするか、あるいは一同を体内に収めて行こうとしているかのようであった。彼は病気の間、激しく絶え間のない苦痛を味わった。そして、主（なるデウス）は、ついに彼を栄光の御国に憩わしめ給うた。*1

（デ・ルカ・レンゾ）

天人にて御座候

天草四郎

あまくさしろう
元和九 *1623* ?―寛永十五 *1638*

天草キリシタン事始

早くから絶対王国を形成したスペインとポルトガルは、十五世紀末以来の新航路発見に伴い、波濤を越えて世界の各地に進出し、次々にこれを領土化、植民地化していった。背景には、キリスト教皇が神に代わりその土地の領有権を発見国に与えていた、という事実がある。〝異教徒の原住民をキリスト教に導くという聖なる事業〟だった。

天草にキリシタンが伝来したのは、永禄九年 *1566* 六月のことである。日本イエズス会のトルレス布教長の命を受けたポルトガル人の開拓伝道師ルイス・デ・アルメイダが、宣教師の来訪を懇願していた志岐鎮経《しげつね》（麟泉）の元を訪ねたことに始まる。

アルメイダは、元商人である。一五五二年、二十七歳でポルトガルから国際貿易都市マラッカに渡った。モルッカ諸島で貴重な香辛料グローブ丁字の調達を一手に引き受け、莫大な財を成していた。そんな折り、インドの俗僧のような黒衣をまとった男に出会う。「あなたが本当に救われたいならどうしたらよいか。金銀にはそれ自体に罪はない。悪人にとっては災いのもとともなるが、善人にとっては善行の種となる」透明なまなざしで男はアルメイダに語った。そして〝Taixetni moyuru〟（大切に燃ゆる）という言葉を授ける。この男こそが、日本からゴアに戻ったばかりの、そして直後に広東で命を落とすことになるフランシスコ・ザビエルであった。

アルメイダは、ザビエルに会った後も、香辛料貿易や日中貿易で莫大な利益を稼ぎ続けていた。だが、一五五四年夏、仕立てた四艘の船がひどい暴風雨に巻き込まれる。一艘のみ広東の港に漂着するが、勇壮だった帆船のマストは捻れるようにして折れ曲がり、その根元では自分の体をしっかりと結わえ付けた船員やポルトガル傭兵たちが絶命していた。祈り姿のままだった。「人もし、全世界を得るとも、その魂を失わば、なんの益があろうか」―ザビエルの透明なまなざしが甦る。アルメイダは、己の堕落と愚昧を恥じた。そして、以後、全身全霊を布教活動のために、魂（アニマ）のために尽くそうと決意したのである。

一五五五年、三十歳を前にイエズス会のトルレス布教長を追って日本にやってきたアルメイダは、豊後府内大友宗麟の下に身を寄せた。そこで、飢えと貧困のため嬰児殺しが頻発している惨状を目の当たりにする。アルメイダは「我らが隣人（ポロシモ）は、みな主（デウス）の御造り賜えるものなり。隣人に対しては、仇なさず、害せず、疵付けず。これらの悪事を人の上になすを主は望まず、喜び申さぬ」と、主の〝Taixetni moyuru〟（大切に燃ゆる）思いを説いた。そして、慈悲組（ミゼルコルジア）を結成し、孤児収容に乗り出す。弘治三年1557二月頃、豊後府内のデウス堂の隣に日本初となる西洋式の病院を建設、自らも外科医として人々の治療にあたった。内科外科に加え癩病棟を持ち、病床数も最盛期には一〇〇を数える本格的な病院となった。

しかし、永禄二年 *1560* 七月、突然、欧州イエズス会本部から「医療禁令」の通達がトルレス布教長の下に届けられる。「聖職者は魂の救済こそが真の職務であり、現世での肉体の生死に関わる医療行為や生殺与奪の権をもつ裁判官になってはならぬ」というのがその主旨であった。アルメイダは病院を日本人信者に譲り、以来、開拓伝道師として、九州山口各所での布教活動に努めることになる。

一方、大友宗麟が日向の無鹿に建設しようとしていた「キリスト教王国」の夢は、天正六年 *1578* 十二月、宗麟が耳川の戦いで島津軍に大敗したことで潰える。しかし、実質的な「キリスト教王国」は日本イエズス会が根拠地とした口之津・天草で成立し始めていた。アルメイダは、天草においても信者の治療や救貧・孤児寡婦の保護救済、葬儀の執行などを行う慈悲組の組織作りを、布教活動の一環として指導した。永禄九年 *1566*、志岐で「サンタマリアの組」が、下島一帯で慶長元年 *1596* に「聖母信心会」が、また寛永三年 *1626* には大矢野で「イグナチオ組」が結成される。いずれの組も構成員五千人ほどの規模で、篤い信仰心で互いの生活を支え合っていた。天正十七年 *1589*、天草がキリシタン大名小西行長の統治下に入ったことで、司祭館・礼拝堂・コレジョ・画学舎等が設置され、天草のキリシタン文化は最盛期を迎える。口之津では住民千二百人全員がキリスト教に入信。クリスマスには男女混声合唱隊も披露されていた。

天正十年 *1582* 五月十四日午後九時、とても長く尾を引く巨大な彗星が現れた。人々は凶兆にちがいないと噂し合った。織田信長が道半ばで本能寺に倒れたのは一ヶ月後のことである。アルメイダは、その時、天草全島の教会責任者に任ぜられ、河内浦で、領主ドン・ミゲル鎮尚の看病を続けていた。アルメイダ自身も積年の疲労から衰弱がひどかった。懸命に鎮尚をみおくり、アルメイダが死の床についたのはそれから間もなくのことである。永禄二年 *1560* 年の「医療禁令」以後、戦国末期の道なき道を、二十二年間で三五五〇レグア（二万一千三百キロメートル）も踏破したアルメイダは、天正十一年 *1583* 秋、集まった看取り人たちを慰めるように幽かな微笑みを残して昇天した。五十八歳だった。

　永禄九年 *1566* からやがて半世紀にわたった天草のキリシタンの春であったが、慶長十八年 *1613* 徳川幕府の相次ぐ禁教令・伴天連追放令で、どの組も指導者を失っていく。後に四郎が関わることになる「イグナチオ組」も、マルコス・フェラーロ神父が慶長十九年 *1614* マカオへ追放されたことを皮切りに、元和五年 *1619*、ジョアンニ・マテオ・アダミ神父、寛永三年 *1626*、ポルドリノ神父などの指導者を相次いで失った。

転びから復宗への機運

天草、島原の領主にとって、幕府の禁教令は至上の課題であった。

島原の新領主松倉重政には、上意として「キリシタン取締り強化」が伝えられた。そこで、毎月一日に宗門改めを行い、五十人のキリシタンを探し出し、火あぶり、鋸挽き、水攻めなどの責苦を続け、仏教への転宗（転び）を迫った。キリシタン弾圧と年貢徴収の責苦は苛烈を極めていった。重政の後を継いだ勝家もキリシタン弾圧を継続しながら、年貢の他に九分一税等の新税を設けて領民を苦しめた。

　天草では寛永十年 *1633* にアゴスチノと洗礼名を持っていた寺沢広高が死去すると、後を継いだ堅高は、直ちに大がかりな宗門改めを実行した。多くの天草キリシタンは「禁教令」という法の遵守を建前に、信仰を守るために形式的に転宗させられ、寺請証文が作られた。彼らは表立ってキリシタンとして振る舞わない限り、普通の生活が保障された。

しかし、寛永十一年*1634*から凶作が続く。島原では餓死者が出たにもかかわらず、年貢未納者は水牢に入れられた。天草も凶作で困窮にあえいでいた。寛永十三年の干魃《かんばつ》で大飢饉となり、餓死者や行き倒れが頻発したが、救済米の放出願いを寺沢堅高は拒否した。

いつしか、天草・島原の人々に、「いま、飢饉の悲惨さを味わっているのは、キリシタンの信仰を棄てたためだ、主が怒りを表されたのだ……」とする思いが湧き起こり始めていた。それはまた「御主の御教えを心から信仰し、言葉と身をもって、実践者として隣人に〝大切〟を示しなさい」という信仰への原点回帰でもあった。

押し出された四郎

天草四郎は、寛永十四年*1637*六月頃から流布された『ママコス上人未鑑の書』の予言によって誕生する。『ママコス上人未鑑の書』とは、ママコス上人（マルコス・フェラーロ神父）が慶長十九年*1614*に、イグナチオ組からマカオに追放される時に書き残したと噂された書で、二十五年後の、天変地異・終末到来・最後の裁き、そしてその時の善人の降臨を記していた。

奇しくもその二十五年目を目前にして、天草・島原では凶作が続いた。寛永十四年には阿蘇山が大噴火。やっと実った麦も刈り入れ直前で長雨となり、腐りつつあった。ママコス上人の南蛮寺を最後まで守った上津浦の人々も、人間の悪業に呆れ果てられた主が、この世に最後の裁き（ズイソ）を下される前兆ではあるまいか、と口々に噂し合った。

同年夏過ぎから秋にかけて、天草や島原半島など広域の転び伴天連を対象に、立ち返り（復宗）を呼びかける回状が回り始めた。「主の審判が近づいている。日本国中切支丹ならざる者は地獄へ落とされるであろう」という意味の文章に続いて「四郎様と申す八天人にて御座候」とも書かれていた。

そんな中、イグナチオ組で悲劇が起こる。南瓜畑の盗人を捕まえてみると年端もいかない男の子だった。「盗みは親がやらせたのであろう」との噂が立ち、男の子の一家は雨戸を閉め切って家に籠もり、三日の後に縊り死にした。畑の持ち主も男の子が縊り死にしたことに気が咎めたのか、気が触れて行方知れずとなった。「子どもは村の宝でござす。その宝をむざむざ殺しやした。おのれの命を殺むるのは、我が宗門第一の重罪で御座す。この一家の首を縊らせたのは誰じゃ……。それは儂じゃ、村役のこの儂で御座り申す」三年に及ぶ飢饉、救済米の放出拒否、年貢の取立て苦、しかしそれ以上に、組内で理解されない苦しみ、組内の人に救いの手を伸ばすことができない苦しみは、良心ある者にとって「地獄」以外の何ものでもなかった。苦しんで苦しんで自分の一番〝大切〟な人に手をかけざるを得ない現実。天草・島原の村々で、人々は、心の底から魂の救済を求めていた。主を裏切ったという自責は日に日に重みを増し、現在の苦の因果となっていった。

その、天草・島原で静かに回り始めた「予言」と「回状」に、人々は一筋の光明を見出した。「身を投げようと思えば下は荒磯、パライソはいずこぞ。パライソへゆく舟はいずこぞ」

デウスの意志に

イグナチオ組の蜂起計画は、一つに、天草・島原の領主にキリシタン復活を認めさせ、隣人（ポロシモ）

への慈悲を行うことであった。そして、二つに、数年来の飢饉にも関わらず農民への慈悲を示さず逆に重税を課した苛政への糾弾を、蜂起することで示すことであった。

キリシタン復活と為政者の糾弾蜂起は、天草の千束島（現維和島）に隠れ住んでいた五人の牢人（大矢野松右衛門、千束善左衛門、大江源右衛門、山善右衛門、森宗意軒）の計画により始まった。

一方、四郎は、天人として人々の魂の安寧を祈る姿が口々に人々に伝えられ、キリシタン復宗に向かう人々は勇気づけられた。

寛永十四年十一月十四日、上津浦での勝利に沸いたキリシタン軍は、十九日勢いに任せ富岡城に攻め入る。しかし守りに徹する城を攻略するのは容易ではなく、自軍の負傷者ばかりが増えた。そこで、キリシタン軍は、十一月二十三日、口之津原の城に転進する。口之津は、日本イエズス会が根拠地とした聖地である。原の城の修復を開始し、本丸には四郎のための高屋根の寺が設けられた。四郎は黙して語らない。祈るのみである。今、目の前で幕府を相手取った合戦が始まろうとしている。しかし、勝利を得るために目の前で討ち果たそうとしている相手は、農民から徴兵され、兵として仕立てられた隣人（ポロシモ）でもある。四郎の苦悩と混沌は深い。しかし、四郎の心中をよそに、事態は急展開していく。

十一月二十四日に島原城主松倉勝家が江戸から帰着。同二十六日天草勢の一番隊が口之津に到着。漁師たちの情報から、松倉氏ばかりでなく上鍋島氏の軍勢が仕向けられていることを知ったキリシタン軍は驚き、原の城に籠城することを合議して決定した。

現れたのは板倉重昌など幕府軍が率いる西国大名の鎮圧軍約十二万である。原の城の麓の田や畑は何重にも取り囲む兵士たちで埋められた。だがキリシタン軍の士気は高く、攻め寄せる幕府鎮圧軍を度々撃退し、十五年正月、幕藩軍の総攻撃では総大将の板倉重昌を鉄砲で撃ち取った。そのため戦後処理を行うために板倉重昌の後を追って派遣されてきた老中松平信綱が代わって指揮を執り、原の城を取り囲む柵を二重三重と厳重に設置させたうえで、兵糧攻めに作戦を変えた。

この柵が、原の城から口之津への退路を閉ざした。更に兵糧攻めと並行して行われた降伏交渉が、一揆勢の士気を低下させ、死生観を分けるのに効果を発揮した。城内からは、キリシタン信仰の弱い者や参加を強制された非キリシタンたちの投降が相次いだ。

そんな絶望の渦巻く中、四郎が城内の者たちに「デウスの意志に従おう」と呼びかける。「四郎法度書」である。

解き放たれた桜

原の城の陣中図で、天草キリシタンが詰めていた天草丸の一角に、満開の桜と散った桜の木を描いた二種類の絵図が存在する。攻防さなかの自然現象は、よほど印象深かったと見えて、幕府方は絵図に示し、原の城の交渉役に抜擢された小左衛門の弟佐太郎が肉親に宛てた手紙〔寛永十五年二月八日付（新暦三月下旬頃）〕にも「城山の梢は春の嵐かなハライソ（天国）かけて走る群雲」という歌が見える。

原の城に降りしきる万片の桜。四郎は佐太郎の手紙よりも一足早い二月一日付で、キリシタン殉教の心得を具体的に説いた「四郎法度書」を原の城に立て籠る人々に示した。

「……これは元をただせば、堪忍とへりくだりの気持ちがないことから起こっているのである。互いに相手を大切に考え、忠告し合うべきである。この城内の者たちは、あの世までも隣人であるので指示に従い行動せよ……」キリシタン指導者の教本「十のマンダメント（十戒）」を参考にし、内容は教本の最終科目「御パシオンの観念（受難の観念）」「丸皿留の道（殉教の道）」から言葉を引いた、八つの掟であった。

そして、本丸の散りゆく桜の花びら一片一片が風に乗りいち早くハライソに向かった様に、我々も苦しみ多いこの世から「解き放たれ」て、神の御許に集まろうと呼びかける。

アルメイダが口之津と天草にもたらしたキリスト教は、魂を救うための法であった。鎮尚を始め、多くの権力者たちは、ポルトガル交易が生み出す財のためにキリスト教布教を許可し、その内奥にまで迫ろうとするものはほとんどいなかった。ザビエルに隣人への愛を説かれた大友宗麟のみが戦陣で人を殺し合うことに憂いを感じていた。

宗麟が果たそうとして果たせなかったキリシタン王国の建設は、アルメイダに受け継がれた。そして、天草の地に蒔かれた種は、四郎の口から紡ぎ出された。「人もし、全世界を得るとも、その魂を失わばなんの益があろうか」。魂（アニマ）として生きることを高らかに宣言したのである。

「四郎法度」を読んだ原の城内の者たちは、非キリシタンの人々さえも、四郎こそがハライソ（天国）へと導いてくれる案内人であり、この人と共に神から与えられた使命を果たそうと決意したに違いない。これ以降、原の城からの投降者はなりを潜め、殉教に憧れる一枚岩と化した。

この時の様子を、鉄砲奉行として信綱に従って着陣した鈴木重成（後の天草初代代官＝本書44頁）は、原の城を取り囲む楼台の上から観察していた。そして「……城内で四郎は六条の門跡（京都東西本願寺の門主）以上に尊敬されている……」と四郎のカリスマ性を大坂衆に報告している。また細川忠利からこの法度書の写しを贈られて見た細川忠興は「四郎はどこかの大名に取り立ててもおかしくない人物だ」と返信で書き送った。

寛永十五年*1638*二月二十八日、原の城は落城した。四郎は祈りのさなか、無抵抗で肥後藩士の陣佐左衛門（十六・十七歳）に討たれた。享年十六であった。

（山川清英・馬場純二）

天草上島の老岳山頂から島原方面を望む。中間に浮かぶ島が湯島。

ステージ2

天領天草の村々

鈴木重成

一揆後、天草再建の先頭に立った名代官

すずきしげなり
天正十六 *1588* ―承応二 *1653*

登場

鈴木重成が天草代官に任ぜられたのは寛永十八年 *1641* 九月のことで、天草島原一揆終結から三年半が経っていた。熊本で細川藩の家老と会見、挨拶と打ち合わせを終えた重成は、十一月二十六日、川尻から船出して天草の富岡に上陸した。

一揆ののち天草を山崎甲斐守家治の所領とした幕府は、富岡城修築に専念していた山崎を三年半で讃岐の丸亀へ移し、問題の多い天草を幕府領（天領）とした。その上でキリシタン一揆後の疲弊しきった天草を再建し安定させるという途方もなく重い任務に堪える人物として、上方代官・鈴木重成に白羽の矢を立てた。幕府は一揆勢を見くびった判断ミス、征討軍の総大将をめぐる人選ミスに懲りており、それ以上の過ちは何としても避けたかった。ある事情通が重成の着任を評して、「それはいきなりのエース登場だった」と言ったのは、そんな経緯が念頭にあったからだろう。

天領天草では代官が民政全般を担うけれども、有事の際には細川藩が出動するという二重の体制がとられた。このため代官陣屋は城の外に置かれ、富岡城は細川藩兵が詰めて警護した。

三河に生まれ関東へ

のちに「名代官として長く民衆に慕われ」[*2]ることになる鈴木重成は、天正十六年 *1588* 三河《みかわ》に生まれた。生地は当時の言い方で三河国《みかわのくに》加茂《かも》郡《ぐん》足助庄《あすけのしょう》則定村《のりさだむら》。明治の町村制以降は愛知県加茂郡足助町大字則定、そして平成の合併後は愛知県豊田市則定町。古くからの町並みや山里の暮らしが大事にされており、地味で落ち着いたゆかしい町である。清流と紅葉が抜群の香嵐渓には全国から多くの人が訪れる。

鈴木家の遠祖は紀州熊野に発し、本姓を穂積といった。三河鈴木がおこったのは源義経に仕えていた重善（善阿弥）がこの地に落ち着いた鎌倉時代以来である。父は徳川家康旗下の有力武将・忠兵衛重次。則定に陣屋を構えていた。母は粟生《あおう》氏。重成は三男で、通称を三郎九郎といった。兄に重三《しげみつ》と重猛、弟に重之と信正、それに姉ひとりと妹ひとりがいた。

古来、質実剛健をもって鳴る三河武士。その面影は現在も至るところに健在で、三河人一般の気質にしてもトヨタの社風にしても、無駄や虚飾を嫌い、実質をたっとぶ面がつよい。鈴木家に流れていた家風も例外ではなかったが、そこから稀代の思想家・正三《しょうさん》と名代官・重成とが世に出ることになる。

天正十八年、徳川家康の関東移封《いほう》に伴い、重次一家も下総《しもうさ》の塩子《しおご》村（現八街《やちまた》市）に移住する。慶長五年 *1600* 関ヶ原の戦いでは父・重次が家康に従軍、十九歳の長兄・重三も秀忠に従って戦場を目指したが、重成は未だ若すぎた。

慶長八年 *1603* にはいよいよ徳川家康が征夷大将軍となり、江戸に幕府を開く。いつ果てるとも知れなかった戦乱の世は、主家たる徳川によってついに終止符が打たれたのである。泰平の世の幕開けとなった（なるはずだった）このとき重成十六歳、立志の春を迎えていた。

大坂と島原

重成が家康に召し出されたのは慶長十九年 *1614* 二十六歳の時であった。その年の大坂冬の陣、翌年の夏の陣には、父重次とともに重三・重猛・重成・重之の四兄弟が出陣した。帰陣後重成は駿府《すんぷ》の家康に仕え、家康死後は秀忠に召され側仕えした。居所は江戸神田小川町。元和六年 *1620* 父重次が故郷に隠居、家督は重成が継承し七百石を領した。翌年には兄・重三《しげみつ》（またの名・正三《まさみつ》）が旗本の地位を捨て「正三《しょうさん》」を名乗って遁世《とんせい》したため、その子重辰《しげとき》は重成が引き取った。寛永二年 *1625* 信州材木目付となり、翌三年には御納戸頭《おなんどがしら》に補せられる。同五年、上方代官を命ぜられ、大坂鈴木町の役宅に住んで摂津・河内・播磨《はりま》などに点在する幕府領を管轄した。さらに翌年からは摂津・河内両国の堤奉行兼任を命ぜられたが、この期の重成は将軍側仕えの「小十人《こじゅうにん》」、「元方納戸頭《もとかたなんどがしら》」の役職を解かれておらず、文献上は江戸詰めのまま上方代官の職務に当たったかに見え、我らを戸惑わせる。江戸―大坂間の兼務の実態についてはよく分からないけれども、そこには相当の無理があったことが推察される。

大阪在住の近世史研究家・寺沢光世氏は、そうした兼任の無理がたたり、上方代官時代の重成にはいくばくかの失政（住民とのトラブル）があったと指摘する。そしてそうした失敗を正面に見据え、その克服に全力を尽くすことで重成は名代官への道を歩むことになったのだと見る。*3 それにつけても、重成は大坂で、関東、とりわけ江戸城内とは全く異なる世界に入ったわけであって、そこでつぶさに見聞きした大坂商人・大坂庶民の考え方、暮らしぶりと人情とは、キャリア幕臣というに近い鈴木重成の人格にうんと厚みを加えることになった。重成における〈大坂体験〉の意味は非常に大きかったのである。

寛永十四年 *1637* 十月、肥前島原で一揆が発生。また一衣帯水の天草でも天草四郎を盟主に押し立てたキリシタン勢が次々に神社仏寺民家までを焼き払うなどして気勢を上げ、富岡城まで迫ったが攻めあぐみ、海を渡って島原勢と合流、原の古城に立てこもった。幕府は幕藩軍の上使に板倉重昌を任じていたが一揆拡大の情勢を重く見、戦後処理までを視野に「重ねての上使」として大物老中松平伊豆守信綱と大垣城主戸田左門氏鉄《うじかね》を送り込む。この時重成は松平配下の鉄砲賄方《てっぽうまかないかた》として出陣した。着陣三日前の十五年元日早々、総大将板倉重昌はみずから突っ込んで壮烈な戦死を遂げており、原城は凄惨を極めていた。重成がそこで直面したものは、百姓たちが——武器など手にしたこともないはずの百姓たちが、四郎の下に結束し、抵抗し、死んでゆく姿だった。重成は原城到着四日目にして早くも大坂衆へ城内の様子を書き送った。そこには一揆勢の「いかにも丈夫にふしん仕居申候」陣構えが事細かに箇条書きされ、また城中の者が天草四郎を「おがみあがめ申す」ことの尋常ならざるさまも、落人からの情報として書きとめられている。

天草の百姓はただでさえ稔りのうすい農地を耕しているのに、うち続く凶作の中、苛酷な年貢取立てとキリシタン禁圧に喘《あえ》いでいた。小西牢人の策動に動かされた面もある。本来〝非戦闘員〟である百姓を十二万の侍集団が攻撃する修羅……。このような〈原城体験〉は、のちに代官として天草の民を治める鈴木重成にとってまことに大きな意味を持つことになった。

「寺社を再興し、村民を撫育して仁政甚だ大なり」

代官所は全国どこも意外なほど小規模で、天草富岡の陣屋でも代官の下には元締・手代・書役・侍・勝手賄い・足軽・中間などと呼ばれる人が、それぞれ一人から数人、つまり総勢十数人が詰めたようである。重成はここを拠点に執務しつつ、村をめぐり、寺社を訪《おとな》い、熊本へ長崎へ、そして大坂へ、江戸へと精力的に足を運んで一揆後の天草再建の先頭に立ったのである。上方代官を兼務しながらの天草統治十二年余は、激務の連続であった。しかしどんなに激務であろうと、どんなに困難な事態が待ち受けていようと、重成は島民に心を寄せ、時を惜しんだ。「これが放っておかれるか」と。

重成は承応二年*1653*十月十五日、江戸でその捨身懸命の生涯を閉じた。享年六十六。それからわずか二月半。代官陣屋の元締など、重成の死を悼み、遺徳を称え、冥福を祈る人々が富岡飛龍権現社（現、富岡神社）社地に供養碑を建立した。次に碑文（漢文）の一部を現代語訳する。

> そのお人柄たるや情理兼ね備わり、学問にも武芸にも優れた立派なお方であった。天草在島十余年、寸暇を惜しんで寺社を再興し、百姓を慈しむなど、その仁政の恩恵はまことに大きい。

重成の「仁政」の内容は、古来このように、①寺社を再興したこと、②村民を撫育《ぶいく》したこと、の二点に要約されてきた。以下にその内実をいくらか詳しく見てみよう。

①寺社の再興とその周辺　代官重成は兄・正三禅師と中華珪法禅師の献策を容れながら、この島を日本古来の神仏の島に戻すことこそ喫緊の課題であると考えた。キリシタン一揆によって壊滅状態に陥った神社仏寺の復興を急がねばならない。当時幕府は寺社の新規建立を禁じていたが、重成は寺社奉行をはじめとする幕閣の説得に成功したのみならず、二社二十ヵ寺（曹洞宗12、浄土宗7、真言宗1）の建設費を国費で賄わせ、さらに寺社領三百石を取り付けた（↓54頁）。建設費だけでなく以後の維持費までも保障されたので、食うや食わずの島民の後々の負担は大幅に軽減された。東向寺《とうこうじ》・国照寺《こくしょうじ》・円性寺《えんしょうじ》・崇円寺《そうえんじ》の四《し》ヵ本寺を始め、諸寺には名だたる名僧が相次ぎ入院した。東向寺など七ヵ寺の開山となった

中華珪法は難波に隠棲のところを上方代官・重成に招かれて来島したのであったが、それ以前、急ピッチで進む寺院の建築現場には京坂から呼ばれて来た熟達の宮大工の姿があり、大きな木材等も瀬戸内を通って運ばれたと言われる。上方代官・天草代官兼任の大きなメリットだった。重成は天草の諸寺院の建立に合わせ、大坂の三ヵ寺も同時に建立申請し許可を得た。中でも重成開基の臨南寺では、大坂の陣で滅んだ豊臣家臣の鎮魂供養を執り行ったことが特筆される。一方あの一揆勃発から十年となる正保四年*1647*、重成は富岡の首塚に供養碑を建て、キリシタンを仏式で供養（本書74頁）、各寺院でも追善供養を営んだ。そこに恩讐も宗派も越えた救済と融和を目指す重成のつよい意志が感じられよう。*4

寺の大がかりな建設工事は公共投資による地域浮揚となり、人々の暮らしを潤すところがあった。また本渡諏訪神社の復興に当たっては祭礼時に農具市を開かせ、農民の利便を図るとともに商業をも振興する〈やがてその〈本渡の市〉は九州三大市の一つとなる〉など、本来心の面の事業である寺社の復興事業が甚だ経済的リアリティを伴っていたことも、重成による戦後復興策の特異な面と言える。

②多岐にわたった村民撫育　越後の学者魚沼国器に「鈴木明神伝」（文化八年*1811*）がある。これも漢文であるが、次に重成着任当初の部分を現代語で。

着任当初、田畑は荒れ、住民は離散、キリシタンの遺風はいっこうに改まっていなかった。そこで重成は年貢の徴収をゆるくし、労役を減らし、刑罰を省いて（負担を軽減するとともに、）法令を厳守させた。代官重成の任務は領民の暮らしをよくすることにあったのである。

魚沼はまた「初め重成、請ひて租税を減ずるに意有り」と言い、そのことが思うように運ばなかったとも述べている。しかし重成としては、何としても崩壊した村々を立て直し、島民の暮らしを一揆以前以上にもってゆかねばならぬ。そこで代官が打った施策はおよそ以下のようなものであった。

(1)安定のための骨格づくり。再編した一町八十六ヵ村は十組に束ね、村に庄屋、年寄、百姓代の三役、組に大庄屋を置いて村治に当たらせるとともに、上意の下達と民意・民情の汲み上げにつとめた。ただし村方三役の制度そのものは全国的なものである。

(2)生産力の向上を図り、移民を誘致した。幕府も要請に応え西国諸藩に天草と島原への移民を割り当てた。五百人超が入植した。移民には数々の優遇措置をとった。

(3)大胆な年貢減免。旧庄屋家に残る記録などを見ると、重成は不作の年には「戦後」の特例措置として年貢率を大幅に引き下げるという挙に出ていたことが判る。四公六民(＝収穫の四割が年貢、六割が耕作者の取り分)の時代に、何と平均で二割程度の年貢しか徴収していないのである。しかも桑・茶・塩竈の類は帳面荒れの非課税とした。不作で納めきれない分に目をつぶったお上の慈悲は何ともありがたい「年貢半減」であり、一揆前の寺沢時代には望んでかなえられる事ではなかった。

(4)医療と衛生の普及。島内三ヵ所(上村・﨑津・佐伊津)の医師に医書を与え、四ヵ本寺に「本草綱目」「東垣十書」を配布、医師の養成にも気を配った。実は重成自身、医薬に通じていたのである。

(5)七つの村を公認の漁村「定浦《じょううら》」とし、漁業権を保障するとともに浦方運上を課した。

(6)下島西岸三ヵ所(富岡・大江・魚貫)に遠見番所を設けて外国船・不審船の接近に備えた。福連木《ふくれぎ》の官山・樫《かし》の御林《おんばやし》は山方《やまかた》役人を配置して保護した。

(7)キリシタン対策。キリシタン禁令は国法である。一方、領民の命と暮らしを守るのが天領を預かる代官の仕事である。デウスとマリアとイエスを信じ、パライゾ(天国)を求めて万余の民が死んでいった原城の悲惨を繰り返させてはならない。こうして仏教に改宗するよう説得するとともに絵踏みも行った。しかし人間の内面を力づくでどうこうすることなど出来るはずもなく、これは本当に気の重いことであったが、信者は信者で、苦しみながらも絵踏みをかいくぐる知恵を身につけ、やがて潜伏するようになっていった。

(8)重成が招いた兄・正三は「破吉利支丹《はキリシタン》」を書いて西洋一神教の唯我独尊性《ゆいがどくそんせい》を厳しく論難、日本人には日本人の信仰があると言い、庶民のための仏教と勤勉の哲学を説いた。

「ナジミ深キ百姓」と代官

鈴木重成の仁政は、「モシ鈴木重成ナカリセバ」の思いを痛切に抱かせる。二十一世紀の現在もなお、〝鈴木重成あっての天草〟という気持ちは、大なり小なり人々の胸のうちにあると言ってよい。

それにつけても、四万余石といわれた天草の石高が重成歿後六年目の万治二年*1659*、二万一千石に評価替えされたこと（いわゆる「石高半減」）は「重成・重辰二代にわたる悲願達成」であるのかどうか、よく分からないところがある。魚沼が「初め重成、請ひて租税を減ずるに意有り」と書いたのは、それまで天草の有識者が百五十年にわたって伝えてきた認識の反映に他ならないのだが、石高半減の請願を証する一次史料が今のところ見つかっていない。重成崇拝の高まりは江戸時代にも明治時代にも何度かあったが、昭和に入って元田重雄、松田唯雄などが〝鈴木代官は天草島民塗炭の苦を除かんがため石高半減を上訴し、ついには自刃して果てた。憐れんだ幕府はこれを病死として公表した〟と書き、島民は一様に感銘を大きくしたが、これに対して疑問や反駁《はんばく》を呈する向きも現れた。しかし「病死の体《てい》にとりなして喪を発した」という以上、文書や碑文に重成病死の文字があってもいっこうに驚くに当たらず、逆に自刃を裏づける物証など探索のしようも無いのである。あの時代、武士の不慮の死はお家断絶を避けるため、あえて「病死」として処理される例が多かったのも事実であり、自刃か病死かの議論から生まれるものはほとんど何も無い。

万治二年は天草島原一揆終結からすでに二十年が過ぎ、もはや戦後救済的な特別扱いは許されなくなっていた。そこで重成の理念を継承する二代目代官鈴木重辰《しげとき》は、村高が実態に即しているか、公正かという観点からの「高ならし」検地を実施した。不公平感こそはいつの世にも大衆の不満の源である。不均衡・不公平を是正し、全島の評価額を大幅に引き下げた上で年貢率を全国標準に合わせた重辰の決断は、もっと正当に評価されるべきであろう。

明暦元年*1655*六月、重成の後をうけて入島したとき、重辰は庄屋一同を前に着任の挨拶をした。

このたびは思いも寄らぬ天草赴任であるが、天草は父重成となじみ深き百姓の島ゆえ……*5

あの時代にしてこの言あり。思えば代官と百姓の、この撫育と親和、信頼の通い合いこそ尊い。島民が重成を「百姓の神様」とも、「為政者の鑑」とも敬慕してきた所以はそこにあるに違いない。

†

今、豊田市と天草とには「鈴木三公の縁」でさまざまな交流がある。特に天草の本町小学校の児童と豊田市・矢並《やなみ》小学校の児童とは毎年相互訪問し、ホームステイして互いに学習し、経験と友好を深めてもう二十年近い。重成をはじめとする鈴木三公は、単に〝昔の偉人〟にとどまらないのである。

また島内では、鈴木重成歿後三百五十年（平成15年）を機に銅像建立の機運が高まり、重成、重辰、正三のブロンズ像が新たに天草市内中心部に建立された。中村晋也氏が制作し、内外の老若男女多数が思いを寄せて成った像は、三者が今も人々の胸に生きる、かけがえのない存在であることをつよく思い起こさせる。重成像の裏面の銘板にはこんな言葉が刻んである。

島民は忘れない

天草の乱で崩壊したこの島を
身をもって建て直してくれた
鈴木三公のことを

この人たちのお陰で　今
私たちは命を得ている
報恩感謝の思いは
三五〇年の時空を経て
蘇った三公と共に
天草の永久の未来を築く

平成十九年十一月二十三日
鈴木三公像建立期成会

（田口孝雄）

阿弥陀仏と菩薩たち（国照寺）

重成は、一揆で仏寺仏像のほとんどを失った天草に〈一仏二十五菩薩像〉を将来。建立した円通寺の本尊として郡中の安寧を祈った。円通寺はのち廃寺となったため国照寺二十世田中琢道がこれを同寺に迎えた。もと隠田の罪で刑死した百姓を慰霊すべく重成と正三が大坂で彫らせた御仏たちである。

鈴木重成時代に創建・復興された寺社
（◎印は四ヵ本寺）

▼神　社	飛龍宮	苓北町富岡（富岡神社）
	諏訪宮	天草市栖本町湯船原
▼曹洞宗	◎東向寺	天草市本町新休
	遍照院	上天草市大矢野町上
	金性寺	上天草市松島町教良木
	明徳寺	天草市本渡町本戸馬場
	明栄寺	天草市新和町小宮地
	芳證寺	天草市五和町御領
	正覚寺	天草市有明町上津浦
	◎国照寺	苓北町志岐
	瑞林寺	苓北町富岡
	江月院	天草市天草町大江
	観音寺	天草市五和町城河原
	円通寺	もと苓北町白木尾
▼浄土宗	◎円性寺	天草市栖本町湯船原
	寿覚院	苓北町富岡
	江岸寺	天草市倉岳町棚底
	九品寺	天草市有明町大浦
	◎崇円寺	天草市河浦町一町田
	無量寺	天草市久玉町
	信福寺	天草市河浦町一町田
▼真言宗	阿弥陀寺	天草市佐伊津町

稀代の器量人。高浜村の庄屋で学者で実業家で

上田宜珍

うえだよしうず

宝暦五 *1755*—文政十二 *1829*

相寄る向学心

出会いの妙こそ人生の妙、という。じっさい、東海道の東の果て、下総（千葉県）佐原の名主だった伊能忠敬と、九州は肥後天草島の庄屋上田宜珍《よしうず》との出会いなどは、後世の我らの胸をもときめかさずにはおかない。

伊能忠敬は全国をくまなく歩いて科学的測量を行い、詳細な日本地図を作り上げた周知の人物であるが、十九世紀初頭、前人未到のその大仕事は次のような驚くべき特徴を持っていた[*6]。

①下総佐原で酒造業や米取引に精励、名主も拝命していた忠敬が天文、暦学を本格的に学び始めたのは隠居後の五十一歳から、測量を始めたのは五十六歳からだった。②伊能の測量は子午線一度の長さを実測したいという学術的な動機に発していた。③それが日本全国を測量して地図を作成するという地理学的かつ実際的な事業に発展していった。④忠敬の実測値は今日の知見からして極めて精確である。⑤これほどの事業をほとんど独力で成し遂げたことは世界史上類例が無い。

そんな伊能忠敬が幕命を帯び測量隊を率いて天草に入った文化七年 *1811* 九月、一行を迎えた人々の中に上田宜珍がいた。こちらも向学心の塊のような人だった。

二人が二ヶ月間行動をともにした前後のことを、ここに振り返ってみたいと思う。なにしろそのころの、特に文化年間の天草ときたら、誰だってぞくぞくするようなことがいっぱいなのだ。

宜珍は天草高浜村の庄屋であり、実業家、そしてこの島きっての知識人であった。上田家の先祖は信濃の豪族だったが、関ヶ原合戦のころ難を避けて天草へ渡ったという。

村治と実業と文業と

天草の下島西岸は良質の陶石を産する。これを使って平戸焼が生まれ、肥前各地でも、さらに京都の清水でも白い透明感のある磁器が焼かれるようになった。そのころ天草陶石の優秀さに注目した人に平賀源内がいる。「天下無双の上品に御座候」とまで言い、高浜村庄屋上田伝五右衛門も窯を築いているけれども職人が未熟で素材を生かしきれていないと言って残念がった。[*7] 上田の開窯は村民の生活向上が目的だった。

伝五右衛門武弼《たけすけ》の子・源作（源大夫宜珍）は幼くして学問を好み、長じては熊本に出て藪孤山、高木紫溟の門に学んだ。ともに藩校・時習館の教授になった学者である。また長瀬真幸にも師事し、和漢の学を共に修めたのだった。さらに晩年六十五歳に至って宣長の継承者・本居大平の門をたたき、手紙による添削指導を受けながら和歌の道にも精進した。

宜珍が父の後を継いで治績を挙げ、また高浜焼を向上発展させていた文化元年*1804*三月、尾張瀬戸の陶工加藤民吉が天草に渡る。染付け技法修得の志に燃えていた。民吉は同郷の東向寺十五世天中和尚

〈本書77頁〉の紹介を得て宜珍の窯に入所。後年尾張に帰った民吉は高浜と肥前佐々で学んだ磁器の技法を伝えて瀬戸焼中興の祖と仰がれる。以後、セトモノといえば陶磁器一般を指すまでになった。

文化二年、世に〈天草崩れ〉と呼ばれる事件があった。異教厳禁のこの時代に、高浜など四ヶ村で潜伏キリシタン五千二百人の存在が発覚、隠れの実態が露わになった。この件に関し、宜珍たちは以前からさまざまに手立てを尽くしており、さらに善後策を講じて上申した結果、一件は単なる「心得違い」であるとして驚くほど穏便に処置され、誰ひとり処分されないまま一件は落着した。そればかりか宜珍は「骨折り候村方」の筆頭として老中より破格の褒賞にあずかり、終身大庄屋格、帯刀御免の身となった。行政家としての宜珍の資質の高さが証明された事件でもあった。

文化七年秋、幕府測量方伊能忠敬の第七次測量隊が天草に入った。一行は薩摩の測量を終って九月十八日に天草の大多尾に上陸。南下して牛深へ。西海岸を北上して富岡へ。東に向かい本戸一帯を調べて上島へ、大矢野へ。最後に御所浦島に渡り、十一月十二日に天草全島の測量を完了した。このとき宜珍たち五人が「接待役」に抜擢され、助手を務めたのだった。宜珍は常に忠敬の傍らにあって親しく教えを受け、忠敬もまた宜珍の向学心と熱意に親しみを抱いた。忠敬が宜珍にこう話しかけることもあっただろう。

「そなたは高浜村代々の庄屋だそうな。西国で庄屋というは東国の名主。わしの祖父さんは上総で、わし自身も下総で名主を拝命しておった。それに、そなたは窯元、わしは蔵元。お互い学問好きと来ては、何かこう、何と言おうかのう…」

このとき忠敬六十六歳、宜珍五十六歳。二人は忠敬が島を去った後も、高浜焼の逸品を送ったり懇ろな手紙を交わしたりして親交を続ける。

文化十一年七月、高浜村に大火があった。折からの強風にあおられ高浜の中心部はほとんど灰燼に帰した。再建にあたり、宜珍は村の将来を考えて大胆な区画整理を断行。延べ七千五百人を動員して鄙《ひな》には稀な、整然たる家並みの小都邑につくり変えた。宜珍みずから測量を受け持ち工事を監督した。宜珍の構想力あっての復興事業だったが、その基礎には伊能との出会い、当時最高の測量技術――それは後年、江戸湾上のペリー提督を驚愕せしめた――の伝授があっていたことを思わないわけにはいかない。

さらに宜珍の名を不朽にしたのが歴史書『天草島鏡』の編述であった。父伝五右衛門が蒐集した多数の歴史資料もこれによって日の目を見ることになった。上下二巻。通史の「天草風土考」に「天草年表事録」を加え、「天草寺社領之覚」その他膨大な史料を収録している。この空前の書は二十年余の歳月をかけ、本居大平の序文を付して文政六年 *1823* に完成したが、宜珍はすでに六十九歳になっていた。明治大正期の先覚は夙《つと》にその価値の並々ならぬことに思いを致し、活字化してこれを公刊した。すなわち大正二年、天草郡教育会刊『天草郡史料・第一輯』二冊がそれである。天草の歴史に関心を寄せる人々は、これによって容易に『天草島鏡』を読むことができるようになった。

中に収める「あまくさ島めぐり長歌」は、当時の天草一町八十七ヶ村の名をすべて詠みこんだ天草案内で、なかなかに楽しい。地歴をきわめた歌よみの、余裕たっぷりの愛郷歌であるゆえに。

…　いづる朝日の・そのみかげ　豊栄《とよさか》のぼる・登立《のぼりたて》　中村さして・ゆくゆくも　古城の跡を・たづねつつ　さて上村《かみむら》の・名に高き　砥石《といし》山をも・うちめぐり　みればはるかに・かたらひじま弓のかたちに・似たるとて　ゆしまとこそは・呼ぶときけ　…

大樹

今日多くの人が、この学者であり実業家であり一村の庄屋であった上田宜珍を称賛してやまない。膨大な『宜珍日記』全二十巻を翻刻した平田正範（本書204頁）はその解説を「翁は見事な人であった。見事としか言いようがない」と呆れ顔で書き出している。そして司馬遼太郎が『街道をゆく 十七』でこの「村夫子《そんぷうし》」に注いだ眼差しの深さ優しさは無類である。

宜珍の見事さとは何であろうか。

名主を返上して全国を踏破した忠敬とは対照的に、僻遠の地の庄屋であり続けた宜珍。全国どこへ行っても人が放っておかない豊かな才徳を備えながら、自分が生きるのも死ぬのも「ここ」と決めて天草を動かなかった。慧眼の詩人たちはさまざまに樹木に心を寄せ、人間を樹になぞらえてもきたけれど、宜珍こそはこの地に根を下ろし、考え深くここに生き、村民の暮らしを守りつづけた大樹であった。我らがこのひとを稀代の人物と賛嘆するのは、多方面にわたる業績にもまして、「天草の人間としてここに生きる」というその覚悟の見事さを思うからである。その分、後世の人名事典がその名を逸することになったのは是非もない。

†

上田の末裔について、わずかながら触れておきたい。十三代上田万平（明治13—昭和10）は高浜に生まれ、済々黌・五高・東京帝大を出て官界に入り、岐阜県知事・宮城県知事を歴任。後年招かれて熊本電気会社社長となるも凶刃に倒れた。傍系ながら上田及淵《しきぶち》（文政2—明治12）は医師・国学者として高名である。もと志岐村平井家の出、宜珍の甥公鼎《こうてい》の養子。著書四十冊余、門下生は三千を数えたといわれる。

上田家は現在も高浜焼寿芳窯を営み、葡萄《ぶどう》紋・海松《みる》紋などの白磁が好評である。上田家屋敷、上田資料館は宜珍の時代をしのぶ貴重な宝庫である。

（田口孝雄）

上田家屋敷

上田 宜珍（うえだ・よしうず）

宝暦五年 *1755* 天草郡高浜村に生まれる。名は源作。源太夫と称し、宜珍と号した。「宜珍」の本来の読みはヨシハル。父は上田家六代、高浜村庄屋の伝五右衛門武弼《たけすけ》。上田家が同村の庄屋を拝命したのは、代官鈴木重辰《しげとき》治世の二代定正以来である。寛政元年 *1789* 家督を継ぎ、同村庄屋を拝命。同四年、雲仙眉山大爆発。津波襲来の大矢野組・栖本組救援に奔走する。同十二年、「天草風土考」の編纂に着手。このころ高浜焼は全盛期に向かっていた。享和元年 *1801* 今富村庄屋を兼任。文化元年 *1804* 瀬戸の陶工加藤民吉を受け入れる。同二年、五千余の潜伏キリシタンが発覚。取調べと善後策に奔走。「天草崩れ」と呼ばれる一件である。同五〜六年、疱瘡大流行。同七年六月、『陶山遺訓』を著す。同年七月、薩摩で伊能忠敬にまみえ、九月二十一日より五十三日間伊能の天草測量に随行する。文化十一年七月三十日、高浜村大火。復興に明け暮れる。文政元年 *1818* 隠居するも大江組大庄屋後見、近隣庄屋の後見役を次々に命じられる。広範な治績に対し幕閣や島原藩侯からの褒賞は枚挙にいとまがなかった。同六年、畢生の歴史書であり地誌でもある『天草島鏡』完成。同十二年 *1829* 九月二十六日永眠。近世天草の巨星というべき、学才・人徳ともに秀でた稀有の人物であった。

義に生きた大庄屋

長岡興就

ながおかおきなり
文化十三 *1816*—明治二 *1869*

天草島原一揆後の人口爆発

万治二年 *1659*、代官・鈴木重成の遺志を継いだ重辰により高撫検地が行われ、天草の石高は二万一千石に半減された。この後天草の人口は急速に増していく。万治二年の一万六千人から、寛政六年 *1794* には十一万二千人、幕末の万延元年 *1860* には十五万五千人を超えるまでになった。二万一千石相当の土地に十万を超す人口は多すぎた。更に貨幣経済が地方に浸透し、農民は借金暮らしを強いられる。借金返済が滞った土地は銀主《ぎんし》の下に集中し、働いても働いても生活に困窮する農民が巷間に溢れていった。

農民の困窮ぶりには同情する者も多く、長岡家等天草郡内の大庄屋たちは代官所に農民救済を訴えた。そして、寛政八年 *1796*、画期的な農民救済法「百姓相続方仕法《あいつづけかたしほう》」が施行される。「過去五十三年間（延享元年 *1744* まで）に遡り借金の元値返済による田畑山林屋敷の返還・滞納小作料及び借金利子の帳消し・銀主の複利禁止と自作高の十石制限」を柱とする向こう二十ヶ年の限定法であったが、農民は欣喜した。その後も天災等が続き、再び借金を積み重ねる農民が多数残ったため「仕法」は、後に十一年間延長され、文政九年 *1826* まで施行されることになる。

天保十三年1842、御領の銀主・石本平兵衛（本書120頁）、勝之丞親子が突然逮捕され、江戸で絶命した。銀主連の有力者として、窮民救済に動いてきた石本平兵衛を失った意味は大きかった。天保十三年以降、雪崩を打ったように天草各地で一揆が頻発し「仕法」再施行の声が増していく。翌天保十四年1843には、二江村の平吉他農民五名が「請地返還と金利引き下げ」を求めて長崎奉行所に駈込訴を行った。

この事を承けて、代官は天草郡内の主だった庄屋を呼び、解決に動くよう指示した。長岡五郎左衛門興就《おきなり》を始め郡中庄屋連は再三評議を行って寛政の「仕法」を基に、百年前の延享元年1744からの借金利子棒引きや、元値での請返し、移転所有権の子孫返還等を「取極桁書」として取りまとめ、富岡役所に提出した。しかし銀主連が猛烈な反対運動に出る。勢いづく銀主連を説得できる石本平兵衛は居ない。代官は「取極桁書」を棚上げにし、農民を慰撫する文書を出すに留まった。

この動きに業を煮やした農民は、上島の銀主宅を襲って打壊し騒ぎを起こす。長崎奉行所が鎮圧に乗り出し騒動は収まったが、庄屋に農民取り締まりを厳重にするよう通達するのみで、土地請返しについては一切触れることは無かった。根本問題の解決はまたしても先送りにされたのである。

長岡興就の決意

代々窮民救済に力を尽くしてきた長岡家は、興秋《おきあき》を開祖とする。興秋は細川忠興・ガラシャの次男として生まれた。大坂夏の陣では、将軍家に付いた細川家に対抗し、義を通して豊臣秀頼に仕えた。しかし、時利せず落城。自刃して果てたと伝えられていた人物である。実際は天草に落ちのび、御領に隠棲していた。義を重んじる人柄は衆人の注目するところとなり、寛永十八年、嗣子・興季《おきすえ》が御領組大庄屋に任ぜられた。以来長岡家は仁と義をもって窮民救済にあたり、農民の信望を集めてきたのである。

長岡家十一代当主五郎左衛門興就《おきなり》は、文政十三年 *1830*、上京途上で病に倒れ客死した父・興生に代わり、十三歳の若さで御領組大庄屋を継いだ。以来、農民の困窮ぶりに心を痛めてきた。天保十四年 *1843* に庄屋連と評議してまとめた「取極桁書」も日の目を見ない。銀主説得も万策尽きた。三十歳を前にした弘化元年 *1844* 七月、興就は父母の墓石二基を建てる。そして墓前で父に告げた。「幕府への直接の「仕法」発布歎願をお赦しください―」。越訴《おっそ》（直訴）は厳しい法度《はっと》である。興就は大庄屋の身分であり、村内では行政の執行役である。法度者取締りの役目もある。大庄屋自らが法を犯せば長岡家へのお咎めも免れない。しかし農民の困窮をそのままにしてはおけない。庄屋第一の仕事は、農民を守ることである。義のために地位や命を投げ出すことは長岡家代々の生き方でもあった。興就の腹は固まった。

弘化二年 *1845*、興就は、長崎奉行・伊沢美作守江戸出府の報を受け、十月十七日、同志の農民十八名と急ぎ長崎奉行所に向かう。しかし、伊沢美作守はすでに出発した後だった。興就は、江戸出府の書状を長崎代官所に書き置き、関門海峡を渡って下関で伊沢美作守を待ち受けた。十月二十六日、伊沢美作守一行が下関に到着。興就は平伏して「仕法」復活を奏上した。すると、奉行同行の者より「一同江戸まで同道すべし」との口添えがあった。歓喜した興就は、急ぎ天草に知らせよ、と書面を下男に書き渡す。しかし、江戸では一転、長崎代官所江戸詰屋敷引渡しとなった。伊沢美作守は「農民、銀主双方共に穏便に話合うよう取り計らえ」と繰り返すばかりである。義にもとる行為であった。憤慨した興就は、江戸勘定奉行所駆込訴を決行する。しかし取り押さえられ、身柄は町宿預けとなった。興就は夜半密かに宿を抜け出し、そのまま行方をくらました。

十二月になり、老中阿部伊勢守江戸城登城の駕籠を止めた男がいた。興就である。物陰から飛び出した興就は、駕籠前に両膝を付き、上表文を高く掲げて「お願い申し上げますお願い申し上げます」と農民窮乏の聞き届けを懇願した。供の者たちに取り押さえられてもなお興就の振りしぼるような大音声が響く。駕籠の中から阿部伊勢守が応じた。―やっと天草の窮状を理解していただける人物に出会えた―興就は感無量であった。

弘化の「仕法」発布と弘化の大一揆

阿部伊勢守は、天保十四年 *1843* 二十五歳の若さで老中に就任した気鋭の士であった。後に老中首座として世論をまとめ日米和親条約を締結する。興就は、聡明な判断を下せる人物であると見込んでの駕籠訴だったのであろう。―書状を受け取って戴けた。事態は好転する―と期待を膨らませていたはずである。興就は長崎代官所江戸詰所に再び引き戻され、縄付き入牢を命ぜられたが、覚悟の上である。天草の農民が無事生活できるようになれば何も思い残すことはない。

しかし、翌弘化三年 *1846* 一月に発布された「百姓相続方仕法」(弘化の「仕法」)は、興就ら庄屋連が取りまとめた「取極桁書」から大きく後退したものであった。質流れ地の請地返還については二十年を遡るに留まり、しかも元銀での請返しは、今後五年間に限るとされていた。

「仕法」発布に希望を抱いていた農民たちにとって、弘化の「仕法」はとうてい満足できる内容ではなかった。興就を獄に繋ぎ続けている支配者に対しても不信が募っていた。ここに登場したのが古江村の庄屋・永田隆三郎である。永田は農民たちの鬱積した不満に火を放った。弘化四年 *1847* 一月二十八日、湯船原村で起きた暴動は、六日間で天草全土に広がった。加担した農民は一万五千人を超え、寛永の天草島原の一揆以来、最大の一揆となったのである。

嘉永二年 1848 二月二日、暴動を扇動した者たちの判決が言い渡された。首謀者の永田隆三郎達は獄門、以下関係者八十四名が処分された。その中に「押込」(軟禁)と記された人物が一人居た。長岡五郎左衛門興就である。大庄屋の身分で江戸越訴に及んだことからすれば死罪でもおかしくはない。裁決書では、白洲取り調べの際とりとめないことを口走り乱心した、とされた。しかし、興就は、明治元年 1868、恩赦により大庄屋に復帰している。ここには「義に生きようとした興就を死罪にして長岡家に累《るい》を及ぼすと、再び農民感情を先鋭化させる懼《おそ》れがある」という幕府の思いが透けて見える。気狂いで「心得違い」により越訴に及んだ、と不問に付し、併せて興就に気狂いのイメージを被《かぶ》せ、義民像の引き剥がしを図ったのである。

しかし、義を貫いた興就の姿は、御領の人々の心に生き続けた。長岡家旧居跡地に建つ旧五和町役場の入り口に据えられた興就の巨大な座像は、今も、遙か東の空に向けて天草の農民救済を訴え、訴状を高く掲げ続けている。

(馬場純二)

宗像堅固

川を治めて村を興した名庄屋

むなかたけんご
文政二 *1819*―明治十七 *1884*

古来、人間にとって川はいつも大きな恵みであり、同時に大きな脅威であった。それゆえ、川とどう付き合うかはいつの世にも大きな課題でありつづけた。

幕末の天草に、堅忍不抜の志をもって川を治め、見事に一村を繁栄と安寧に導いた人がいた。楠浦村（天草市楠浦町）第十三代庄屋、宗像堅固久義。村治に身を挺したこの人物を、当時の村民はもとより、二十一世紀の末裔たちも深く心にとどめて今に忘れない。

「そんなバカな！」……川の流れを変え、新田再開発を成しとげる

楠浦で最も重要な川は方原川《ほうばる》である。町の西部、天草下島のほぼ中央部に源を発し、南北の谷水を集めながら一路東へ流れ下る。河川延長八・六キロ、流域一帯の田畑を潤し、世々村民の暮らしを支えてきた。ところがこの川、上空から俯瞰すると実に奇妙な流れ方をしていることに気づく。東進を続けていた流れは、もうすぐ海、というあたりで急に進路を右に変え、直角に南進するのである。

さて楠浦小学校と十五社宮を結ぶ線あたりから東側、豊かに水田が広がる一帯は〈前潟新田〉と呼ば

れる。ここはもと一面海だった。すなわち海面埋め立てによって造成された田圃なのである。

♣ここでちょっとおさらいを。――天草は島としては広いけれども、耕地は少なく地味は痩せていて、かつては多大な人口をまともに養うだけの収穫は望むべくもなかった。それゆえ村々は耕地を求めて干拓、あるいは開墾に多くの精力を費やさねばならなかった。有名なところでは阿村の新田、下浦の小手新田、小宮地新田、大楠新田、富岡轟新地等々…。江戸時代、幕府や諸藩は農業振興につとめ各地で新田開発が進んだが、開発には相当の資本を要することから、銀主を始めとする有力者の投資の対象ともなっていった。

楠浦東部の、海が大きく湾入したあたりを埋め立て〈前潟新田〉を最初に開いたのは、実は湯船原村の庄屋・猪原兼兵衛である。兼兵衛は明和元年*1764*に海水締切り、土手築立てなどの工事に着手、翌年には一応の竣工を見たが、梅雨時に洪水に見舞われ土手が損壊。海水が流入して田圃を全滅させた。兼兵衛の跡を継いだ息子の恒左衛門も窮地に陥り、牛深の銀主・万屋にこの地を譲渡。万屋も年年に災害に苦しむこの新田に手を焼き手放そうとして庄屋の宗像に相談を持ちかける。宗像堅固は意を決し、自宅前に広がる荒れた下田《げでん》ばかりのこの新田十町六反余を八百両で入手した。時に安政六年*1859*、堅固四十一歳。前潟新田の再開発こそが村治の要、と考えていたことは言うまでもないだろう。

そもそも方原川は、東西に連なる岩山に沿ってその北側を東へ進んでいた。新たに陸地になったところには土手を築いて流路を確保してやらねばならないが、猪原兼兵衛がつくった流路は雨期には激流となって岩山にぶつかり、しばしば土手を突き破って氾濫した。氾濫のたびに一帯は冠水し大量の土砂に埋まる。また大潮には海水が逆流し、溢れて水田を侵した。村民にとっては何とも恨めしくやりきれない、悩みの種となっていた。

村をあずかる宗像堅固はこれを座視できず、一大決心をもって方原川の流路変更を発起する。流水をさえぎる岩の丘陵〈釜の迫〉を掘り切り、南側の鳴子崎へ運河を通して激流を放出しようというのだから、これは誰も夢想だにしない、破天荒な企てであった。家人や親類筋が「なんと無謀な！」と言い、「笑止のきわみ！」と呆れてこれを制止しようとしたのも、まあ無理は無かった。

堅固一代の大仕事は四年で完遂した。文久元年*1861*着工、元治元年*1864*竣功。その委細は新刊の『楠浦町誌』に「岩盤の高さ平均七丈六尺、表層土砂九尺、総計三八三坪の岩山を手作業で掘削し、幅平均七間、全長三〇〇間に及ぶ人口川を、土砂崩れに悩まされながら開削したのである。その間、人夫延べ四万一〇〇〇人余り、鍛冶工延べ一三〇〇人余りを動員している」と書きとめられている。なお引用文中「手作業で掘削…」とあるのは、「掘削はすべて鑿《のみ》を使って」という意味であり、一日平均三人ほどの鍛冶工が現場に常駐してノミを研ぎなおす作業に当ったのである。

♣この難工事を現代の土木技術で行なえばどうなるか？ 以下はそんな疑問に答えるレポートである。――工期は六ヶ月。ブルドーザ掘削押土・リッパ掘削押土・大型ブレーカ掘削・バックホウ積込み・法面整形・ダンプトラック運搬・残土受入れ処理等に各種工法・機材を多用する。工事の全体価格は四億八二九五万一〇〇〇円、消費税を加えて五億二一五八万七〇八〇円の見積りとなる。残余の土砂は錦島堤防工事に使われたと考えられるので運搬距離三キロとして計算。以上は詳細な図面を作成し、項目ごとに平成二十六年度熊本県積算に従って工事価格を試算したものであるが、ここは編集部の判断で概略を記すにとどめた。注目すべきは労務費および機材にかかる費用が特に算入されていないことで、当時労役に従事した人への賃金は、現代の労務費に換算するとそれだけで六億円に達するという。

〔苓州建設工業㈱提供〕

しかし釜の迫を開削して事が終わるわけもない。海水の浸入を止める締切り工、浚渫《しゅんせつ》、土手の改修などのほとんどを一からやり直す必要があったからだ。宗像は総工費三千八百両を工面するのに先祖伝来の蓄えを持ち出し、田畑や立ち木を処分し、挙句には前潟新田そのものを担保にして借金するなどした。すべては「村のため・後代のため」であった。方原川は穏やかな恵みの川となり、川底と化していた一帯も蘇った。かくて前潟新田は新しく生まれ変わり、五斗入り八百俵の増収が「美田」の証しとなった。有名な万治検地に比し元治検地では村高は一・六倍、面積で二・四倍に増加している。こうして生まれた新しい富を堅固は決して自分一人のものとせず、広く工事の功労者と小作人とに配分したのだった。

堅固は工事後の川岸に桜の木三百六十株を植え、秋の紅葉と合わせ村民行楽の広場とした。しかも彼らがそこで舞い踊ったものは、「さても珍し　楠浦普請…」で始まる堅固自作の祝い歌だった。新川には帆船が往来し、春先には名物のシロウオが百年ぶりにさかのぼるようになったのである。

「なんと見事な！」……方原川に下浦石のアーチ橋を架ける

方原川中流、諏訪神社前の〈楠浦の眼鏡橋〉は、明治十一年1878、宗像堅固の発意によって架けられた。下浦石を使った橋長二十七㍍余のアーチ型橋で、その高さといい弓なりのシルエットといい、まことに力強く優美であるが、思いなしか激流に対して身構えているようにも見える。増水すれば手も足も出なかった楠浦～宮地（新和町）間の通行。それが人も馬も荷車も通るようになったのだから、橋が人々の暮らしをどれほど自由にし、豊かにしたか計り知れない。現存する天草最古のこの石橋は、平成十八年、県の指定文化財に認定された。秋祭りのクライマックスも神幸行列がここを渡る場面だ。

以上、村長《むらおさ》としての多方面にわたる業績から二つのことを紹介した。この人をこの人たらしめ、次々に難事業を成就せしめた根本のものは何か、もはや明らかであろう。人々を愛し、将来を見据え、公益のため身を粉にして逝った先人の面影を追慕することしきりである。

（田口孝雄）

宗像堅固（むなかた・けんご）

文政二年 *1819* 楠浦村に生まれる。久義と称し堅固と号した。宗像家は寛永十八年 *1641* 以来の楠浦村庄屋である。天保八年 *1837* 堅固十九歳、飢饉に際し父を助けて難民救済に奔走、世人その敏腕に目を見張る。同十三年、兄義保の早世により第十三代庄屋を拝命するや、船津漁民と栖本・下浦漁民との永年の漁場争議を円満解決。村内の九年ごしの山騒動も調停し解決。嘉永六年 *1853* 諏訪宮を改築、村民敬神の念を篤くする。安政五年 *1858* 船津地区に大火あり復興に尽瘁。文久元年 *1861* ～元治元年 *1864* 釜の迫堀切工事。錦島堤防工事完工。明治十一年眼鏡橋架設。同十三年、視性庵を曹洞宗〈宗心寺〉として開基する。同十四年楠浦村戸長を辞職。同十七年四月二十五日永眠。

楠浦村では昭和六年、宗像堅固など故人五人の功労を称える式典を挙行。昭和八年、方原川の曲流地点に堂々たる《鑿河碑《さっかひ》》を建立。鑿《のみ》で岩を穿《うが》ち河を開いた快挙を称える碑文（佐賀の碩学草場佩川の撰）を刻んだ。その顕彰と啓蒙事業は今日まで鋭意引き継がれている。

ステージ3

祈りの島で

キリシタン供養碑文を書いた禅林七ヶ寺の開山

中華珪法《ちゅうかけいほう》

天正十六 *1588*—寛文三 *1663*

〔I〕中華珪法略伝

天草島原一揆終結から三年後の寛永十八年 *1641*、もと御納戸頭《おなんどがしら》で上方代官の鈴木三郎九郎重成は、天領となった天草の初代代官に任命された。代官としての任務は、荒廃した天草郡の再開発と民心の安寧であった。キリシタンの余燼くすぶる天草では、これを除くことが大きな課題であった。そこで重成は兄、正三和尚の協力を得て、難波に隠棲していた中華珪法を招聘《しょうへい》した。正保四年 *1647*、珪法は天草の富岡に上陸、重成は弟子の礼をとって迎えた。

†

中華珪法は石見（島根県）の人である。六歳で父母をともに亡くし、縁あって津和野の永明寺に入る。十五歳のとき天粧和尚のもとで得度。慶長十六年 *1611* より関東は下野の大中寺、江戸駿河台の吉祥寺などに遊行した。ついで江戸芝の瑠璃光寺に招かれ主事として入院、元和九年 *1623* には同寺四世に就任した。二年後、懇望されて周防（山口県）仁保の瑠璃光寺十五世を継承した。寛永十三年 *1636*、津和野の永明寺では住職が亡くなったため、藩主亀井茲政は後任住職に招くべく珪法に白羽の矢を立てた。

珪法は藩主三顧の礼に応え、同年秋、同寺十一世に就任した。四十歳であった。しかし時はこの禅師に席の暖まる暇を与えない。詳しく述べる余裕のないのが遺憾であるが、周防の瑠璃光寺と他寺との間でもめごとがあり大騒動となって、前住の珪法も事態解決のため奔走することになったのである。「瑠璃光寺公事」と呼ばれるこの一件は幾多の紆余曲折を経て落着したが、生涯最大の難事に困憊した珪法は、永明寺住職の職責十全ならざりし由を藩主に陳べ辞任を申し出た。このため後に同寺世代名より除名されてしまう。珪法は一時瑠璃光寺に再住したが、正保三年 *1646* に引退し難波に隠棲した。難波の天領はのちに天草代官を兼ねることになる上方代官、鈴木重成が支配していた。

†

珪法の天草到着後最初の仕事は、富岡に埋葬されていた、原城で戦歿したキリシタンの首塚の供養碑文を作成したことである。これは仏僧によってキリシタンを供養するという極めて稀有なものである。翌年同様の供養碑が原城の城下大江の浜にも建てられ、珪法は同趣の碑文を作った。

慶安元年 *1648* より鈴木代官は珪法の協力を得て、天草での寺社の創建・再建を計画し実施した。その骨子は事前に正三と相談して形作られたもので、寺社領三百石が配分されたのは二社、二十ヶ寺である。寺院を宗派別に見ると曹洞宗十二、浄土宗七、真言宗一となる。珪法は曹洞宗十二ヶ寺のうち、七ヶ寺の開山となった。即ち東向寺（新休）、明徳寺（本戸馬場）、芳証寺（御領）、正覚寺（上津浦）、遍照院（大矢野上）、金性寺（教良木）、明栄寺（小宮地）である。

慶安四年 *1651* 四月、将軍家光が死去した。五月、鈴木代官は弔意を表すため東向寺以下各寺院の僧侶を江戸へ遣わした。おのずから珪法は筆頭寺院の住持として一団を代表した。

承応二年 *1653* 十月、鈴木重成が江戸の自邸で死去した。病気見舞いで上府中の珪法は重成の妻に弔意を述べ、形見に遺髪を頂戴した。ついで重成の家臣たちから重成供養碑建立の議がもちあがり、珪法はただちに頌徳の碑文を書いた。碑は翌三年正月、富岡の瑞林寺と飛龍宮境内の境に完成した。この碑には珪法の名は無いが、その措辞、行文は他の珪法の文章と酷似しており、これを書く人物は他に見当たらない。同年三月、正三の実子で重成の養子鈴木重辰が天草の第二代代官に任命された。十月、珪法は東向寺領内の丘陵の一隅に小塚を築き、鈴木重成の遺髪を埋葬して供養した。のちに、この地に鈴木神社が創建される。

重辰治世の万治二年 *1659* 六月、天草の石高を四万二千石から二万一千石に減ずる旨が達せられた。珪法は重成の遺髪塚に足を運び、焼香礼拝して重成の悲願成就を報謝した。

寛文三年 *1664* 九月二十一日深夜、中華珪法禅師示寂。墓は東向寺にある。末期の遺誡は次のようにあっさりしたものであった。「七十六年未償世縁　端的了也不渉言宣」（示車右甫）

〔Ⅱ〕富岡首塚の碑文

天草一揆勃発から十年――。代官鈴木重成は富岡の首塚に新たに碑を建て鎮魂の法要を営んだ。正保四年 *1647* 秋のことである。その儀式を主導し、碑文を書いたのが中華珪法であった。国照寺の名僧一庭融頓をはじめとする天草島内すべての善知識を代表してこの事に臨んだのである。

重成が大坂に臨南寺を興し、大坂の陣で戦死した豊臣家臣を慰霊するようになったのは二年前のことであるが、今度は一揆を起こしたキリシタンを供養するのである。碑文を任された珪法は、まず天草島原のあの騒乱はいったい何だったのか、と改めて総括し再確認する必要があった。簡潔に記そうとすればするほど、その作業はおのずから〝キリシタンは奪国の外道である〟というような、こわばった気配にならざるを得なかった。しかしあれから十年、「罪を憎んで人を憎まず」、死者を憐れみ、その冥福を祈ることは生ある者のつとめであろう。日本人は昔から、死すれば生前の幸不幸、恩讐、帰属からさえも解き放たれると感じてきたのではなかったか。蒙古襲来の時も、戦国動乱の世にあっても人々は怨親平等の旗のもと、敵のために祈ることをやめなかった。大坂の臨南寺で、そして今まさにここ天草と有馬の首塚で。それに宗旨の垣根は低くしてある。時代は下るけれども、天草では仏者の鈴木正三を鈴木神社に祀り、熊本ではキリシタンの細川ガラシャを出水神社に祀る。誰もが、ゆるく、神にも仏にもなるという感じ方とでも言おうか。戦乱の世の死生観、特に非業の死に対する日本的な対し方からすれば、「キリシタンも成仏する」は、仏者の言葉として、さほど奇異ではない。

珪法は代官鈴木重成を仁と義、文と武を兼ね備えた人物であるという。ありきたりに見えて、実はこの評、決してそうではない。義は罪を憎み、仁は人を憎まない。武は成敗に向かい、文は憐憫に向かう。しかるに重成にあっては、そうした背反する二面の価値が止揚統一されている。されば十年前の騒乱は非と断ずべく、しかもその死は憐れむべし。……仏法に帰依する重成の慈悲心が建碑法要を発意させたと見る。重成の心を深く知る中華珪法ならではの撰文がこうして出来上がった。

碑面の最上部、謎とされる「鵖」については、〈鎮魂の表象〉との示車右甫説に従いたい。

次に碑文の現代語訳を試みる。一揆終結から三百八十年。現代の「供養」として。

（この項ならびに現代語訳／田口孝雄）

〔Ⅲ〕首塚碑文現代語訳

（偈）仏陀の教えに耳を傾けるとき、人はすべて救われる。

そもそもキリシタンなるものは、もっぱら誤った宗旨を信じ、この国を奪い取ろうとの野心を強く抱いていた。それゆえ隣国・明でもキリシタンを禁じたし、わが国では神君家康公が厳しくこれを取り締まりなされた。しかし彼らは外見は従順、内心は邪悪であって、仏法を貴ばず、国法を重んぜず、果ては一揆に及んだこと、後に記すとおりである。そこで将軍は九州の諸侯に鎮圧を命じ、一揆勢は全滅した。乱後の処理に当たった幕府方総大将はただちに万余の首級を集めて三分することとし、長崎、高来、天草の三か所に分けて埋葬した。以後は日本国中が、堯舜《ぎょうしゅん》の世さながらの泰平を謳歌するようになった。祝祝禱禱。

この世は苦しみに満ちているが、忍苦の娑婆を離れて浄土も天国も無い。日本国肥後の州天草郡に益田四郎という若者がいて、キリシタンの宗旨を立て、邪教を内外の男女にひろめて徒党を組んだ。寛永十四年十一月、彼らは仏閣神社を打ち壊し、村落民家を焼き払い、肥前高来郡におし渡って原の城にたてこもった。一揆勢はその数三万七千余、すぐにも国家を覆さんとした。これによって諸藩の諸将は戦場の有馬に馳せ向かい、戦いは昼夜を分かたず、海に陸にやむ時が無かった。しかしついに翌十五年暮春、幕府方は城を打ち破り、万余の叛徒を討ち取った。残党もことごとく滅亡した。時をおかず当郡当村においても、集めた三千三百三十三の首を一箇所に埋葬した。それから十余年の歳月が流れた。時の代官鈴木重成公は熊野権現大社第一の臣・能見大臣重高より数代の嫡孫であるが、深く仏法に帰依し、情理兼ね備わり、文武両道に達した立派なお方である。公は土を盛っただけの首塚を見、これでは数千の死霊は悪道に堕ちて苦しんでいるに違いないと感じて憐れみ、塚に碑を建て、諸霊の冥福を祈って法要を営まれることとなったのである。諸霊よ、どうかこの功徳を頼りに速やかに仏土に生まれ変り、この上ない真の悟りを求める心を明かされよ。そこではじめて誰彼の別なく冥福に至るのである。よって拙いながら一篇の偈《げ》を作り結びとする。

仏性賢愚平等の法／何ぞ更に生死の罪業有らんや／本来無物、空亦た空／流水は渓に潺《せせら》ぎ山は岌《たか》くして嵥《けは》し

正保四年丁亥七月二十五日　僧中華老人記す

上藍天中

じょうらんてんちゅう
延享三 *1746*—文政元 *1818*

能筆の善知識。ひろく仰ぎ慕われた東向寺十五世

天中和尚《てんちゅうおしょう》こと上藍天中《じょうらんてんちゅう》は、尾州《びしゅう》（愛知県）の人である。招かれて天草に渡り、禅の名刹東向寺（天草市本町）住職として十六年間をこの島で過ごした。識見にすぐれ、徳望あつく、名僧の中の名僧と言われた。傑出した書家としても称揚されるが、瀬戸焼隆盛に深くかかわった歴史秘話がある。

東向寺十五世

天中は延享三年 *1746*、尾張菱野村に生まれた。窯業が盛んな、今の愛知県瀬戸市内である。諱を天中、号を上藍といった。のちに大を成すほどの人物は子供時代にはしばしば腕白であって、天中も例外ではなかったらしいが、十一歳のとき窯屋に奉公に出された。窯屋奉公は土打ち・土踏み・土押しなど辛い仕事ばかりであった。ある日命ぜられて名古屋城下へ商いに出た。商品の陶器は担いで行くのである。ところが途中、一色村の坂道で転倒し、商品の多くを壊してしまった。帰りづらくなった天中は、そのまま目の前の神蔵寺に駆け込み、住職の大店鰲雪《ごうせつ》に縋って出家したと伝えられる。十四歳だった。

それからの天中は大店の転住に従い、丹波の永澤寺、信州の全久院で修行三昧の日々を送る。三十四歳で得法、四十四歳で神蔵寺第六世住職となる。そして寛政十二年*1800*、五十五歳になった天中は肥後天草へ渡り、東向寺第十五世住職となるのである。鈴木重成開基、中華珪法開山、天草随一の禅の名刹に入るについては、神蔵寺に立ち寄った雲水僧が天中和尚に惚れこみ推挙した結果であるとの伝がある（『染付焼起源』）。その雲水僧こそ、実は東向寺十三世として名高い瑞岡珍牛であると見られる。天中は東向寺で十六年間を過ごし、名僧の名をほしいままにしながら長崎晧台寺十九世となって島を去った。文政元年*1818*将軍家へ挨拶のため上府したが、帰途京都で示寂。七十三歳であった。

善知識としての天中は、大店和尚に師事しながら仏典を読み、文雅の友と交わり、毎日五合の墨をすって書の腕を磨いたといわれる。文雅の道では漢三道一《かんざんどういつ》や瑞岡珍牛《ずいこうちんぎゅう》の存在が大きかった。当時の、棒喝を専らにする荒っぽい禅の風潮には染まらなかった。東向寺では庫院などを新しく建てている。〈無明室〉と称する書院で書いた語録「無明室録」が静岡県焼津市の旭伝院に残っている。「すばらしい師、優秀な学僧のおかげで、やっとここまで来た」と記し、「不明や無知は捨てず、部屋の名を無明とし、号は螺睡に改めた」とも書いている。〈無明室〉や〈螺睡〉の落款印が押された作品が残っている。

その人物像について、晧台寺歴代住職の略伝集『海雲山歴住略記』は「師は温厚にして謙譲。無用のものは一切身につけず、清貧に甘んじ、容姿麗しく知に秀で、人々に仰ぎ慕われた」（原漢文）と誌す。

書人 天中

古来、学問とともに書を能くする仏僧は珍しくないけれども、この人の書には比倫を絶するものがある。その書は天草、名古屋、瀬戸に残っている。大字の屛風や一行書、横物などで、他にも寺院の山門の扁額などが多数ある。

天中の能書ぶりは広く知られ、乞われるままに書き与えたものも多かったと思われる。天草では明徳寺山門にかかる有名な双聯（「祖門…」「将家…」）と扁額「亭毒」、鈴木神社の「鈴木明神傳」題字、平天満宮鳥居にその書を見ることができる。また本渡町などの旧家に、屏風や掛軸にした書が多数残っている。『天草近代年譜』文政五年の記事によれば、当時から天中や漢三の書が広く愛好され、額や軸になっていたことが分かる。愛知県では出家した神蔵寺に、愛用した硯や硯箱、それに屏風、扁額などが残る。豊川稲荷にある妙厳寺本堂にも大きな「浄聖臺」の扁額がかかっている。名古屋市内や瀬戸市内に軸物をいくつか見ることができる。

天中の書は骨力に満ち、線は沈潜し、浮いたところがない。自由豪快でありながらも書法に則っており、気韻生動する。禅僧の書である墨蹟は、境涯の書としてその厳しい修行から生まれるものであるが、天中の書もまた境涯と書の鍛錬から生まれたものである。

瀬戸焼隆盛の陰に

当時、瀬戸の窯業界は低迷気味であった。どうにかして活路を見出したい業界の期待を背に、一人の若者が九州へ旅立った。陶工・加藤民吉である。民吉は一路、同郷の人天中のいる東向寺を目指した。天中は民吉を高浜の知友、庄屋で窯屋の上田源作（宜珍。本書55頁）に紹介し、その後肥前佐々の福本仁左衛門方でも修業できるように仲介した。民吉は九州で得た磁器染付の技法を持ち帰り、従来の製法を飛躍的に改良発展させたので、瀬戸焼は以後今日までの隆盛を見るに至ったのである。こうして加藤民吉は「瀬戸焼中興の師」とも「磁祖」とも仰がれることとなった。

天中の上田家への紹介状が上田資料館に残っている。「私の同郷の者が当寺に逗留中ですが、実は貴方のところで焼物を学びたいと申しております。しばしそちらに下男として置いていただけませんか。私の親類筋からの添書きもあり、確かな人物です。病気の際は当方に引き取り、貴家にお世話はかけません。なにとぞよろしくお願い致します」云々。おおまかにこんな内容が書かれている。当時よそ者を雇うことは、技術を盗まれる危険があり、非常に警戒したものである。つまり、天中の仲介なくしては民吉の修業も、瀬戸焼の中興もなかったと思われる。瀬戸市からはそんな天中に対する謝恩の碑が東向寺に贈られている。また天中の生家付近に建てられた生誕二百五十年記念碑には「磁祖を支えた天中禅師生誕の里」と刻み、略記には「文化元年　瀬戸村陶工民吉　錦手《にしきで》修業ノタメ東向寺ヲ訪ウ　禅師庇護ノモト　肥後、肥前ノ皿山ニ行キ　染付《そめつけ》技法ノ秘伝ヲ会得シ　恙《つつが》無ク帰村ガ叶ウ　爾後瀬戸村窯業ノ復興隆盛ヲ見ルニ至ル」とある。

†

天草での天中には筆頭寺院住職としての重責があり、座禅三昧というわけにもいかなかったであろう。しかし書院にあっては好んで典籍をひもとき、筆を揮《ふる》い、門を出《い》でては親しく庶民と交わり、徳によって僧俗欽慕の的となった。あと長崎の晧台寺に晋山したが翌年には亡くなっている。

思えば天中は晩年の成熟した思索、書芸、人間味のあれこれを惜しみなく残していったのであり、その東向寺十六年間は天草にとって天恵とも言うべきものであった。

（久多見 健）

禅僧の墨蹟

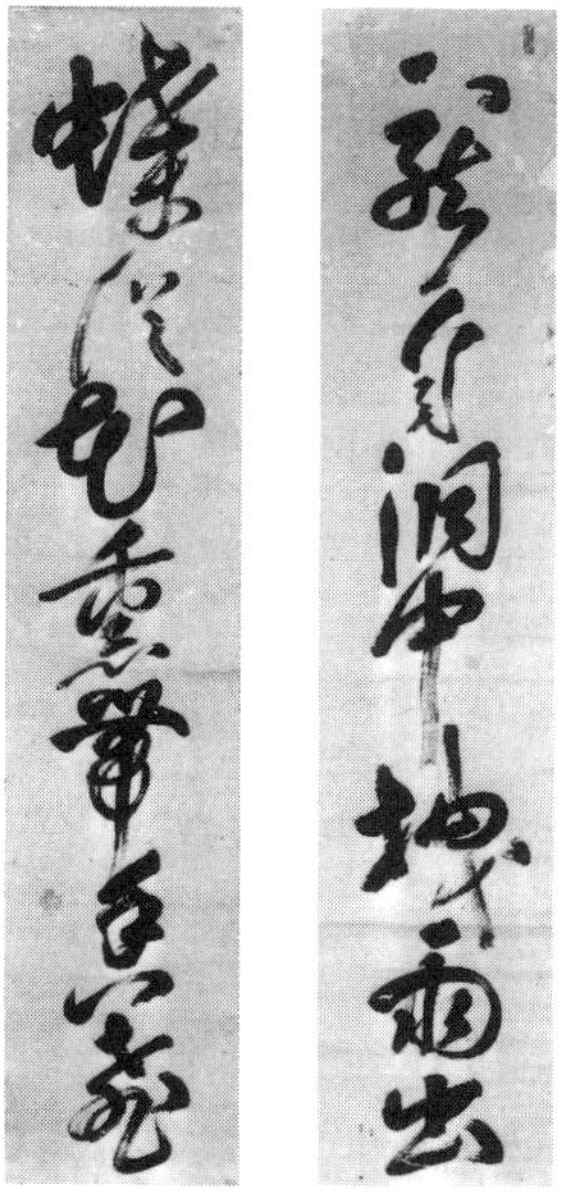

中華珪法墨蹟　一行対幅
（正覚寺蔵）
各 126.5cm × 26.0cm

（釈文）
龍自二洞中一拽レ雨出
蝶従二花裏一帯レ香飛
（拽は曳の別体字）

上藍天中墨蹟　六曲屏風（東向寺蔵）各 130.8cm × 48.8cm

（釈文）
翠竹
白梅
鶯聲
燕語
龜齡
鶴壽

フランスから来たパーテルさん

ガルニエ

がるにえ

万延元 *1860*—昭和十六 *1941*

大江村に聖者在す

…信仰の道とは言へ、少壮生還を期せずして東洋の一角日本に渡来、而《しか》も天草の孤島僻村に其の過半生を人々の救霊と教化の為に送らる、聖者ならずして誰か常人のよく為し得べきぞ、人ありて曰く「大江村には聖者在《おは》す」と、これ我が大江村の大いなる誇りたり…

昭和十六年一月十九日、ガルニエ神父昇天の当日大江村村長が贈った弔辞である。「…四十有余年間司牧された同教会の信徒は勿論、師の聖徳を追慕する村人達を始め同村小学校の全訓導其の他関係各方面の人々千数百名の会葬者…」とその死を悼む盛儀の模様を新聞が報道している。

「聖者在す」と言われた大江村は、本渡、富岡間に開通していたバス道が富岡乗換えで開通したのが昭和十二年、西目往還と言われる﨑津線完成までは、それから二十数年の歳月を待たねばならない。陸の孤島と呼ばれる文字通りの僻村であった。過酷な労働でその日の生業をやっと立てるくらしの地に在って、ガルニエ神父は素朴な村民たちが胸を張る誇りだったのである。村長の弔辞は村民の心情を代弁して、如実に物語るものであった。

「五足の靴」とパーテルさん

明治四十年夏、与謝野寛が新詩社の若き秀才北原白秋、木下杢太郎、吉井勇、平野万里の四人を率いて、ここ大江村にフランスから来たパーテルさんを訪ねた。パーテルさんのガルニエ神父は「まかん」と呼ばれる手伝いの茂助に「良か水」を汲んで来させ、「おあがりまっせ」と私室に招き、秘匿されていたメダイの類を見せたり、天草・島原の一揆や旧教の歴史の話などして五人をもてなした。パーテルさんは粗末な小屋の六畳ぐらいの一室に、居間、寝室、応接間、食堂兼用で起居していた。パーテルさん裸足で、僧衣の裾はぼろぼろだった。旅を終えた五足は、フランスから来て大江村民と変わらぬ達者な天草弁を話し、愛と教養と文化の象徴として、村民から慕われている心暖かなガルニエ神父のもてなしをそれぞれが懐かしんだ。この旅が後世に名を残し、〝南蛮文学〟の出発点となった「五足の靴」である。有名な白秋の第一詩集『邪宗門』はこの旅のあとに華ばなしく世に出た。昭和二十七年、大江村に初めて歌碑の建立された吉井勇が東京新聞に「ガルニエさん」という題の随筆を寄せ、「旅行から帰ってから後も、誤って覚えた「ガニエル」さんといふ名前が、ともすれば、私達の口にのぼった」と思い出を語っている。

ガルニエ神父天草へ

フレデリック・ルイ・ガルニエ（Frederic Louis Garnier）は一八六〇年、フランスのオートロワール県ルピュイ市に生まれた。近くには洗礼を受けたサンローラン教会や侍者を務めた聖ヨゼフ修道院などがあり、朝に夕にアンジェラスの鐘の音を聴いて育った。一八八五年パリ外国宣教師会の大神学校を卒業してのち日本配属となり、神戸港に上陸したのはガルニエ神父二十五歳の齢である。天草五人衆の時代に波及したキリシタンは、熾烈な禁教下の弾圧のもとに天草島原一揆を起こした。ガルニエ神父来日は、その禁教が解かれた一八七三年・明治六年から、わずかに十年余の歳月を経たばかりだった。弾圧の歴史に翻弄された人心も山野も荒れ果てていた。

ガルニエ神父は日本語習得のため京都の教会に一年間滞在し、一八八六年長崎県西彼杵郡伊王島の大明寺教会の主任司祭に赴任する。一八八八年長崎県五島列島の上五島魚目村の江袋教会の主任司祭となり、曽根、大水、仲知、赤波の各教会を三年半巡回宣教の激務に当たった。一八九二年に天草の大江教会主任司祭として赴任し、﨑津教会司祭を兼務。一九二九年大江村専任司祭となるまでの四〇年間、大江、﨑津間の急峻な山越えを、徒歩で往復する二村兼任の激務をつとめた。筆者は最近、ガルニエ神父最初の赴任教会大明寺教会が移築された愛知県犬山の「明治村」を訪ねた。内部はゴシック様式だが、外観は鐘楼を除けば、普通の農家の姿に過ぎず、いまだキリスト教禁制の影響を色濃く残していた。フランスから来て三年半の歳月を過ごしたガルニエ神父の心情をしばし偲んだひとときだった。

ガルニエ神父の「根引きの子部屋」

ガルニエ神父赴任当時、天草はまだ江戸期の鎖国の眠りの中にあった。大江村、﨑津村は僅かな平地があるのみで、主たる生計は原始的な手法での農業、漁業であった。近代化の恩恵はまだこの僻地の島に遠く及ばなかった。ガルニエ神父は、村人の、貧しいながらも素朴で真面目な勤勉さを愛し、その生活に心を添わせ、考え方や生き方を導き、道徳性の啓発に心を砕いた。

着任のころは、血族結婚（いとこ結婚）が多く、疾患を持つ子どもが多かったので、医学的な知識を教えその風習を改めさせることに努めた。また親族間の争いごとの調停に奔走したり、仕事に励むよい習慣を身に着けるよう指導したり、その良俗が現在もこの地域に深く根付いている。時局に対する洞察力にも優れ、長引く戦争（日華事変）を日本や村人たちのために憂えた。僧衣は色褪せ、裾は擦り切れ、靴も履かぬ裸足という質素倹約の清貧の暮らしのなかで、貧しい人びとへの愛と救済に心を砕いた。フランスの生家から送られる葡萄酒なども悉く病人への贈りものにし、日頃の食事も村人たちと変わらぬものを食した。当時、衛生の知識に乏しい村人の健康状態は極めて悪く、非文明病と言われる回虫やトラホームなどに罹る人びとが多かった。神父は惨状を深く憂え、母国フランスから薬を取り寄せて治療に努め、予防知識の啓発に力を尽くした。

今富と大江、高浜の山境に根引き峠という所がある。この人里遠く離れた峠に「根引きの子部屋」と呼ばれる孤児院があった。一八八三年に大江、﨑津の兼任神父として着任したフェリエ神父が、身寄りのない孤児のため廃屋になった民家を孤児院として開設した。ガルニエ神父は運営の困窮で、廃院寸前の施設を引き継ぎ、孤児院を復興し、島内の孤児や障害児救済に力を尽くした。神父は週に一度必ずこの険阻な山道を登って訪れ、子供たちの健康状態や衛生・教育などをチェックして寮母に指示し、夜は子供達と遊び、枕を並べて寝んだ。養育費、寮母の雇用費などの経費も神父の私費から少なからず支出されたという。

大江天主堂の建設

一九三二年、ガルニエ神父は宿願の新大江天主堂建設に着手。費用の殆んどに私費を投じた。極度に生活をきりつめての清貧に徹した神父の全財産だった。

一九四一年ガルニエ神父昇天。一八八五年の来日以来、故国フランスへの帰国を一度も果たさぬまま、異郷の土になった。「墓石は金をかけて作るな。山石を持ってきて置けばよか」と最後の病床で、なお貧しい信者たちを思いやった。信者は初めて神父の言葉に背き、黒御影の墓塔を建てた。「汝らゆきて万民に教えよ」。若き日、日本の土を踏んで以来の神父の座右の聖書の言葉が刻まれた。

（山口睦子）

ありのままの姿を見つめ、ありのままの人々を愛した佛者

葦原雅亮

あしはらがりょう
明治八 1875—昭和三十六 1961

母はなぜ信仰の道を塞ごうとするのか

「オレはお釈迦様みたいになりたい。とりあえずお釈迦様級の師匠に付きたい」と、葦原雅亮は十五歳で天草を飛び出した。明治二十三年 1890 六月、雅亮は西本願寺に上り得度を受けると、その足で智慧者を求めて二年間日本全国の名刹を行脚して回った。だが、悟りを得られない。東北で、東京にすごい人がいるらしいと聞きつけた雅亮は急ぎ上京し、明治二十五年 1892 九月、慶應義塾別科に入塾した。雅亮にとっては名刹の山門を叩くような感じだった。福澤諭吉に彼の自宅で初めて間近に会ったときの印象を「大きな眼でジロリと見られた。一向に言葉がない。怖くて堪らなかった。金輪際寄りつくまいと思った」と雅亮は記している。しかし、諭吉は雅亮の魅力と才能を見抜いていた。雅亮は、別科卒業と同時に慶應義塾舎監を命ぜられることになる。

以来、明治三十年 1897 から大正十三年 1924 までの二十七年間、雅亮は、慶應義塾舎監を務めた。飄逸さ、型に囚われない指導で、今でも慶應義塾で語り継がれる伝説の名舎監となった。そして、大正十三年、あっさり「そろそろ天草に戻ろうかい」と言って、四十九歳で圓教寺に帰山。以後、天草で佛者として生きた人物である。

葦原雅亮は、明治八年*1875*六月一日、天草郡手野村（現天草市五和町手野）の浄土真宗本願寺派圓教寺十世葦原泰鳳・ヤエの長男として生まれた。五歳で父・泰鳳を亡くした雅亮は、小学校卒業後、浄土真宗の苓陽学校に入り、親鸞の教えを学んだ。しかし、学ぶほどに疑問が湧き上がってくる。導いてくれる先達・父はない。修行に出たい、名刹の大徳に学びたいという思いは日に日に増してくるが、母ヤエは頑なだった。「お前は圓教寺第十一代当主として門徒衆に親鸞聖人の教義を伝えるべき大事な身。認めるわけにはいかない」

母はなぜ信仰の道を塞ごうとするのか、親鸞の教えはかくも狭量なものか。また新たな疑問が生まれた。時に明治二十三年*1890*。雅亮十五歳、旅立ち直前の時である。

人情と佛の慈悲

二十二歳で福沢諭吉に巡り会い、慶應義塾舎監を命じられた雅亮は、諭吉の行動に随伴することが多くなった。身近な諭吉は意外に優しい人であった。一つの価値観に囚われる自分を常に打ち破ろうとしていた。雅亮は諭吉の自由な姿、型に囚われない思考に感化を受けていった。そして諭吉の智慧を記し、自らの経としようとした。

ある朝、諭吉と雅亮が一緒に散歩していると、小さな橋の真ん中で、男たちが人力車を抱え上げて橋を渡ろうとしている。その橋は、以前諭吉が私費で架けた橋だった。車が通行できないようにわざと橋の中央に杭を打っていた。男たちを見つけた諭吉は烈火のごとく怒り始めた。びっくりした男たちは慌てて走り去った。翌朝、また散歩していると、今度は橋の杭が引き抜かれ、川の中に捨てられていた。それを見た諭吉は「橋を通れぬようにする私の方が、不埒だろうな」と笑い出した。まさに諭吉は、雅亮にとって先達の大徳であった。

雅亮が綴った諭吉像は、今日まで諭吉研究の基盤に据えられている。しかし、それは諭吉像そのものというよりも、雅亮の心に感じ入った言葉群であり、雅亮が学んだ智慧であった。この智慧は諭吉だけに留まらない。雅亮が晩年著した『草枕　牛の涎』には、雅亮が感じ入った言葉が次々と綴られている。浄土真宗大谷派の僧侶、近角常観師の逸話もそうである。

大正四年*1915*、自らの信仰体験を語り継ぐ道場「求道会館」が落成した折り、多くの弟子たちが会館維持会を結成して会費を集め、近角師に物資の心配をかけぬよう相談していることを知った師は「皆さんは誠に間違っている」と、皆が後ずさりするような厳粛さで晦え始めた。「私がこれまで会費を集めてこなかったのは、すべての人に平等に佛の慈悲を届けたかったからである。会が続いたのは「持続される縁」があったからであり、新しい会館でも意味は変わらない。存続すべき因縁があれば続き縁がなくなれば来年にも滅びる。それが消滅の道理である。館の興廃は微塵も心配せぬ。むしろ、この会館は会費で維持しているそうだ、ということになれば、会員でない人は会館の扉を押すことを躊躇するだろう。それでは古参が新参を締め出すことになる。佛は未だ聞くことのできない人々を、この会館の存在さえ知らない人をますます不憫だとお思いなさるのである。ゆめゆめ人情的計らいをもって佛の大慈悲を遮ってはなりません」

形ができるとその形を守ることに執着してしまう。縁があれば続き、縁がなくなれば消えるというだけ。それ以上でもそれ以下でもない。思い人が居れば、その人に執着してしまうように、人の情は近視眼的であり執着を生む。佛の慈悲は広大無辺であり、すべてに透徹する。型に囚われるな。捕まえられるな、と雅亮は、近角常観師の言葉を借りて、書き記しているのである。

雅亮の母が、雅亮の旅立ちを頑なに引き留めたのも、雅亮を愛するが故の執着であった。そしてこの執着の苦しみは雅亮自身も、身をもって体験することになる。

因縁　ありのままを見、ありのままに受け止める

大正六 *1914* 年八月十七日、病死した娘の一周忌のため圓教寺に一時帰山していた雅亮は、突然、長男・完爾を失った。雨で増水した圓教寺前の井出川で、完爾が一人遊泳中、忽然として水中に没したのである。雅亮は全く気付いていなかった。夕方、村の子どもが「堤の上に完爾様の衣裳がありますが、姿が見えません」と知らせに来て初めて気付いた。しかし後の祭りであった。引き上げられた亡骸を前に、雅亮は何もすることができなかった。

井手を見れば完爾を思い、完爾の言葉を思い出しては悲嘆に明け暮れた。平生から無頓着無欲な完爾は母の縫った単衣《ひとえ》を地上に脱ぎ、裸のまま本来の無一物の姿になって涅槃《ねはん》に入ったのだ、と理屈では自分を納得させても、心が立ち騒いでどうすることもできなかった。お経を唱えても自分の心を鎮めることはできなかった。なぜ、佛は、自分ではなく完爾の命を奪いなさるのか、堂々巡りの問いが続く。

しかし、四十九日が過ぎようとするある日、雅亮はふと悟る。親が子を愛するのは自覚して愛するのではない。愛さずにはいられないのだと。完爾の肺には一滴の水も入っていなかった。完爾は溺れて死んだのではない。完爾の右耳にわずかに川底の砂がついていた。完爾は川底に寝そべって、水を愛楽していた。そして遂にその身が滅ぶのを知らなかった、完爾は愛楽のうちに旅立ったのだ、と。佛の慈愛とはこのようなものなのだ、そして、そのことを気づかせるために完爾は遣《つか》わされたのだ、と。

「人が定める価値は、畢竟《ひっきょう》、佛の思いには至らぬ。男の子が生まれた時点で、跡継ぎとしての価値を見、跡継ぎとしての将来を夢想し、その価値観で判断した社会の衣を身につけさせようとしていた。嘆き悲しみ惜しむのは、完爾の価値を無くしたことを悼《いた》んでいるのだ。本当の完爾を受け止めるならば御佛の境地にあそぶ完爾の姿が見えるはずだ」と。

「ありのままを見、ありのままを受け止める」これこそが、完爾が雅亮に遺した大悟であった。

人との縁を楽しみ、ありのままの姿を見つめ、ありのままを愛した

完爾の死を受け入れることができず一時は佛をも恨んだ雅亮だったが、悟りを得た瞬間、完爾の本当の姿が見え、完爾の旅立ちを愛おしむことができた。完爾の存在を愛することができた。そして佛の慈愛を感じることができた。佛の慈愛は広大無辺である。佛の信は、善や悪や人間の設けた価値観にはよらない。佛は、この世のありとあらゆる生をありのままに認め、愛しているのだ。愛さざるを得ないのだ、と。理屈抜きに愛さざるを得ない存在がある。完爾を亡くしたからこそ到達できた智慧であった。だからこそ、雅亮は人を愛した。人との縁を楽しんだ。型に囚われず、ありのままの姿を見つめようとした。

天草に戻ってからの後半生も、人々のありのままを見つめ、人々の教化に努めた。晩年は「心の花」

同人となり作歌活動に励んだ。また天草各地に残された漢詩の訓読紹介や、「五和昔ばなし」、「緑蔭随筆」等の連載等を通じて多くの先人が紡ぎ出した天草の文化度の高さを示した。しかし、全く偉ぶるところはなく、相変わらず飄飄とした雅亮そのままであった。「五和」町の名も、「芹生の郷」も雅亮が導き出した名前である。昭和三十三年、第十一回天草文化賞を受賞。昭和三十六年、入寂。「和をもって貴しとなす」五和町を吹き抜ける風に乗って、今でも雅亮さんのカラカラとした温かな笑い声が聞こえてきそうである。

（馬場純二）

戦友の遺志を引き継ぐ

大野俊康

おおのとしやす
大正十一 *1922*—平成二十五 *2013*

大正生まれの青春

天草高校の創立百周年記念誌を繰っていると、「大正生まれ」という歌が目にとまった。

「大正生まれの青春は　すべて戦争《いくさ》の只中《ただなか》で　戦《たたか》い毎《ごと》の尖兵《せんぺい》は　みな大正の俺達《おれたち》だ」

その大正生まれの日本男子は約千三百四十八万人、うち七人に一人、約二百万人があの大東亜戦争で戦死したという。家族と祖国の将来を憂えた若者たちはみずからの命を捧げるつもりでいた。その中で死を免れた人たちは、おのずからある種の負い目を背負って生き残る。時代のもたらした青春時代の重い運命をその後の人生に感じながら生きるのである。歌に、その切なさが投影されている。

大正十一年に生を享《う》け終戦時に二十三歳になっていた大野俊康もまたそうした若者の一人であった。以降大野の人生の原点は、出撃を目前にした上官が固く手を握りしめ、

「大野、あとは頼むぞ！」

と言い残した場面にあるという。最後のその言葉、手の温もり、笑顔……。そしてその日の言葉をくりかえし噛みしめながら、常に何をしなければならないかを熱く求め続けたのである。

学生宮司誕生

大野は大正十一年五月二十日に亀川（天草市亀場町）の江崎家に生まれたが、直ちに叔父・大野伊三郎の養子に迎えられ、本渡諏訪神社代々の社家の後継となる。

少年期の大野は勉強よりも野山海川を遊びまわる自然児であり、自分の思うところは譲らずに押し通す、いわゆる肥後モッコスであったが、思いやり深く、友情に厚く、信望を寄せられる人柄であった。天中卒業の年度にあたる昭和十五年は皇紀二千六百年の年であり、日支事変が勃発、戦局拡大の中、ピンと張り詰めた空気の中にも自由闊達な精神は健在で、大野は友人たちと十万山に登っては漢詩「山川草木」や「天草洋ニ泊ス」を高吟したりした。天草中学には優秀な人物がひしめいていて多士済々。大野は当時を振り返り、模擬試験の成績はビリから数えたが早いくらいだったと苦笑していた。一年浪人の末、志望大学であった官立の神宮皇學館大学予科へ入学する。伊勢神宮のある伊勢市にあって神職や教師を目指す者の多い大学である。二年後の十八年には祭祀専攻科に進むも、戦局は悪化し国家は危機に遭遇する。その年十二月には学徒出陣により陸軍西部十六部隊に入隊、次いで陸軍航空特別見習士官に転属となり飛行機乗りとして出撃に備えるが、ほどなく終戦。実役一年九ヶ月で復員し、大学に戻った。しかし神宮皇學館大学はアメリカ占領軍の神道指令により廃校の憂き目にあい、二十一年四月、九州帝国大学法学部国文学専攻科に転学する。運命の転機であった。

昭和二十二年二月、父大野伊三郎が脳卒中により急逝。そのため大野は神職資格の取得を急がねばならず、九大在学のまま太宰府天満宮で神社祭式作法の実習を受け、さらに筥崎宮社務所に寄宿して神社実務を実習。神職資格（正階）を授与され、早くもその年の九月には本渡諏訪神社宮司に就任。兼ねて他十一社の宮司を命ぜられる。本渡や亀川の氏子たちは若き学生宮司の誕生に沸き立った。翌二十三年三月、九州大学卒業と同時に帰郷し、神明奉仕の道を歩みはじめる。福岡県神社庁に勤務していた武井貞枝（福岡県神職養成所講師などを務めた武井孝之助の五女）と結婚し、新妻を伴っての帰郷となった。夫婦は後に嗣子康孝をはじめ一男四女に恵まれる。

ふるさと天草の神主として

宮司就任後まず最初に行なったことは、氏子戦歿者の慰霊であった。お盆には浄衣を着けて遺族の家を一軒一軒回っては仏壇にも慰霊鎮魂詞を上げ、額づく。二十四年には戦歿者のみたまをまつる御霊神社を境内に創り、靖国神社の例祭日にあわせ毎年十月十八日をお祭り日とした。もとより本渡の招魂場でおこなう〈天草招魂祭〉は〈本渡の市〉と並ぶ天草最大の伝統行事である。大野は毎年の祭典奉仕を牽引し、盛儀となして勤め上げていく。

昭和三十八年、神社庁天草支部の事業として『天草島神社誌』の編纂を企画。島内の神職から収集した各神社の由緒・行事などをまとめ、みずからガリ版刷りの鉄筆をとって刊行した。労作は現在も天草島神社研究の基本資料として利用され、その価値は全く衰えていない。その他手がけた出版事業に『大関栃光一代記』『橋本徳寿天草日記』『軍神松尾中佐とその母』『天皇陛下と天草島』などがある。天草が生んだ名大関栃光（本書284頁）の一代記を編集刊行した大野は、さらにその銅像を境内に建立して顕彰した。日本相撲協会は巡業を組み、除幕式は幕内全力士が参列する盛儀となった。こうした顕彰の動きもあって、熊本県教育委員会は道徳教育用郷土資料『熊本の心』に栃光の魅力と業績を取り上げる。

諏訪神社のお祭りは古くから〈本渡の市〉の名で親しまれ、島内各地から参詣者も多い。宮司はお祭りを厳かに執り行うことは勿論であるが、賑やかに行うこともしなければならない。そこで取り組んだのが〈諏訪太鼓〉の復活だった。大野の熱意は本宮の長野県諏訪大社宮司、〝世界一の太鼓打ち〟小口大八宗匠、それに青年会議所の若者はじめ地元の人たちを動かし、昭和四十九年に見事に復活する。諏訪太鼓（天草太鼓）はその後も多くの人が参加継承し、今や無くてはならない郷土芸能となっている。

大野はまた行幸記念碑をはじめ天草の歴史や文学にゆかり深い碑を島内各地に建立した。十指に余るそれらの碑は、いずれも人々が広く天草の美風を知り、歴史に思いを寄せるよすがとなっている。

地域での信頼は大きく、教育委員、民生委員など多くの公職を歴任。神社界では熊本県神社庁天草支部長、熊本県神社庁理事、同副庁長として活躍、昭和六十一年には熊本県神社庁長に推挙され、名実ともに熊本県神社界の第一人者の名誉を得たのである。

靖国神社宮司

平成四年、大野は靖国神社第七代宮司に就任する。東京九段に鎮まる靖国神社は明治以降の戦役に散華された英霊二百四十万柱をお祀りする特別な神社であり、祭祀の厳修はもちろん、遺族はじめ崇敬者も多数あり、政治的な問題も折々に露出するような、至って注目度の高い大社である。

「歴代の宮司各位はまことに高位高官、名門の御出身であられました。…私ごとき一介の田舎神主ではと、固くお断り致しました」

就任の挨拶でみずからそう述べたように、それは確かに異例のことであり、大きな驚きをもって迎えられた。前代未聞の抜擢人事は、大野その人を見込んでのもの。またそれは大野が時代の中で使命を自覚し、片時も怠ることなく殉国のみたまを慰霊し顕彰し続けた至誠の、一つのおのずからなる帰結であったとも言える。こうして就任し平成九年に定年で退任するまでの五年間、大野は靖国神社宮司という天命に全身全霊を捧げた。自身の健康不安を抱えながら多くの難しい課題に果敢に取り組み、見事に任を全うしたのである。宮司室にじっとしていられる人ではない。宮司の本務に誠心誠意きびしく当たる大野ではあるが、遺族や崇敬者との関わりにおいては、人社宮司の裃を脱ぎ捨て、一人の遺族として戦友として日本人として隔てなく語り合い、心から交流した。それが神主大野俊康の真骨頂だった。

男の三ぼれ

尊王愛国の先達を敬愛し、文学・書画を趣味とし、相撲を好み、風光を愛で、好奇心・探究心は已《や》むところを知らず、ものした文章も限りない。交際も広く、遠近多数の人と接するにあたっては情誼に厚く、あらゆる人を尊んだゆえ、その人となりを慕う人は数知れなかった。後進には時に「男の三ぼれ」ということを言った。男は「ところに惚れ、仕事に惚れ、妻に惚れる」のだ、と。先代伊三郎が残した「社家の家訓」にも通じる指針である。そこには大野自身の、国と郷土を熱愛し、これぞ天職と観じて家職に打ち込み、妻子家族に惜しみなく愛情を注いだ誠実一路の人生が重なっている。

平成二十五年四月。天草の後輩神職・宮﨑國忠の熊本県神社庁長就任の報を受けて大いに喜悦し、祝福激励したのであったが、それから旬日を経ずして容態あらたまり、十六日、幽界に旅立った。大正の男、九十二年の生涯であった。

（宮﨑國忠）

ステージ4

耕す、漁る

積極果敢な明治の篤農家

富永信吉

とみながしんきち
天保十 *1839*―明治二十七 *1894*

「天草一ン百姓ちゃ、そりゃ誰《だっ》じゃろかい」

そんな話題に村々が沸いていた。明治二十年代も後半に入ったころのことである。

「天子様ン大事なお祭りに、あッて熊本県から選りすぐりの米一升、粟五合、そりば天草からお供えすッちなれば、そりゃざっとはいかんぞォ」

宮中新嘗祭への献穀

古来、宮中と国民とを結ぶ行事のひとつに「献穀」がある。宮中で行われる新嘗祭《にいなめさい》――天皇陛下が天地の神々にその年の豊穣を感謝して新穀をお供えになり、みずからも召し上がる重要なお祭り――に全国各地から米一升と粟五合とを献納する慣わしである。古くは献納する国郡が年々に指定されていたが、明治二十五年に制度が改められ、すべての都道府県から毎年献納されることになった。熊本県の各郡市は籤を引いて公平に順番を決めることにし、その結果天草郡は明治二十八年に最初の機会がめぐってきた。

前年に始まった日清戦争はむろん一国の存亡のかかる大事であるが、米粟を育てて宮中新嘗祭に献納するという途方もない栄誉をになう百姓はいったい誰か、ということも官民を挙げての大きな関心事だったのである。栄誉ばかりではない。選ばれた人の責任の重さ、気苦労のほども思いやられた。しかしどうやら事はすんなり決まったようである。誰も「うん、あのひとなら……」と異存がなかった。本渡は山口の農人、富永信吉がその人である。

富永信吉の精励

富永信吉は天保十年 *1839* 二月十六日、町山口村の農人、與次郎《よ》の長男として生まれた。長じては農業のかたわら酒造業も営んだが、「酒ハ米ノ精選ナラザル可カラザルヲ感ジ（…）夙夜《しゅくや》（＝たえず）眼ヲ農事ニ注ギ」、当時としてはまったく稀なほど多数の「農事ニ関スル新聞雑誌」を購読して研究した。よりよい米を不断に求め続けたのである。五十三歳のとき吉永家の青年要吉を養子に迎えたが、要吉が養父の心を心とし、よく農事に専念したため、信吉は安んじて家政をすべてこれに委ね、みずからは「只管《ひたすら》農桑ノ業ヲ講究スル仕事ニ勉メ」ることができた。その旺盛な進取の気象、研究熱心はとどまるところを知らず、「遂ニ明治二十五年私費ヲ擲《なげう》ッテ」遠く農業の先進地視察の旅に出た。歴遊した府県は、九州各地はもとより、宮城・栃木・三重・奈良・滋賀・福井・新潟・群馬・東京・京都・大阪・愛媛の各地に及んだ。その視察研究の成果は大きかったが、特に、①天草の気候風土に適した米の品種を持ち帰ったこと、②晩稲に勝る早稲の品種を育てたこと、この二点が注目される。

明治二十七年、時の郡長は信吉を献納米の耕作者に指名した。信吉は感激し、わが研鑽の成果をすべてここに傾注せんと決意。翌年の献納を見据えて田圃を定め、米種を選び、準備万端整えて申し分のない収穫を終えたその秋、信吉はにわかに病死した。

いま山口の里を訪ねると、施無畏橋《せむいばし》のたもとに「耕稼遺沢《こうかいたく》」と題する信吉翁の頌徳碑が建っている。明治三十一年の建立で、撰文は時の郡長・田口政五郎による。信吉の急死とその後のことは左のように記されている。漢文であるが、書き下して掲げよう。

（信吉翁）俄然病没せり。実に二十七年十月二十八日なり。享年五十六。官民これを惜しむ。献米の耕作は同村の吉田富次郎をしてこれに代らしむ。その米種のごときは翁の選びし所に従ふ。二十八年十月成熟し、宮内省に献ず。県官これを検《しら》べて曰く「本県の献米以来斯《か》くのごとき良種精選は未《いま》だ嘗《かつ》て見ざる所なり」と。知事松平正直、その米を称して「信吉」と号せしむ。遠近これを聞き、種を頒《わか》たんことを請ふ者甚だ多し。実に翁のごときは死して余栄有る者か。

果敢なる百姓の面影

これが事の顚末である。従って我らは農人富永信吉の劇的な生涯を献穀のことを抜きにしては語れないけれども、歴史資料では、天草からの第一回献穀者は「吉田富次郎」である。富永の名は公式には残らない。それは或いは致し方無いことかも知れぬが、「せめて……」と誰かが考えたのだ。第二回（明治40）の献穀者は、何とあの「富永要吉」なのである。〝歴史のはからい〟とでも呼びたいような、目頭の潤む結末ではないか。

山口の現在の田園は圃場整備が進み、かつて信吉が圃場ごとに立札を立て、使用肥料を表示して観察したという田圃を指さして特定することはむずかしい。しかし明治という開明期の、志高く進取の気象に富んだ農事研究者、その積極果敢なお百姓の面影は、この里の田の面を揺らして渡る微風とともに心地よい。翁の研究熱心は柿、ザボン、キンコウジなど果樹の品種改良にも及び、驚くような大型の実をならせたというが、第一回宮中献穀者指名の栄誉に浴したこの篤農家は、明治二十年代の天草で、みずから収穫したトマトでもって「ソース」を作り、食卓を賑わわせていたというから、きっと桁違いだったのだろう。

（田口孝雄）

♣天草からの献穀者一覧　島の農地は狭小で痩せており、農人たちの粒粒辛苦は並大抵でなかったけれども、人々は決して挫けずへこたれず明るく未来を開いた。地域の信望あつい献穀者は、そんな幾万幾十万農人の代表選手のような存在でもあった。その一覧——

第一回（明治28）吉田富次郎＝町山口村
第二回（明治40）富永要吉＝本渡町山口
第三回（大正８）井上義幸＝枦宇土村
第四回（昭和７）中井亮作＝手野村
第五回（昭和23）須賀原多七＝楠浦村
第六回（昭和25）須賀原多七＝楠浦村
第七回（昭和38）黒川米彦＝栖本町河内
第八回（昭和51）竹口英国＝河浦町新合
第九回（昭和63）池田寿恵智＝新和町小宮地
第十回（平成４）岡田敏秋＝五和町御領
第十一回（平成20）鶴田雄士・美意子＝本渡町山口

本文中、カタカナ交じりの引用は本渡町が明治三十四年に作成した富永信吉の履歴書と取調書から。なお「町山口村」が町制施行に伴い「本渡町」に移行したのは明治三十一年のことである。

カライモ博士

今福民三

いまふくたみぞう
明治三十四 *1901*—昭和五十五 *1980*

『天草郡人写真帳』が昭和五年に発刊されている。九十ページ余りのこの写真帳は、「新時代昭和の記念」と銘うって「子孫のためには美田財宝に勝る最高の精神的遺産となるやう」また「青少年の座右宝となれば本願である」とその刊行目的を記している。そこに当時の天草関係の知名士約二百六十人が紋付羽織、礼服に、また軍服に威儀を正して並んでいる。中に学生服の紅顔の青年が一人、ちょっと目を引く。その青年こそのちに「カライモ博士」と称えられる今福民三その人である。その年、鹿児島高等農林学校（現鹿児島大学農学部）を終えて鹿児島県立指宿中学校（旧制）の教諭となったばかり、二十九歳の今福のりりしい顔には希望と期待が強く感じられる。

今福は明治三十四年に下津浦村（天草市有明町下津浦）で生まれた。二十世紀の始まりの年である。天草中学校が独立開校し、天草初の写真館ができ、手野にミカンが百本試植された。炭鉱の事業が拡大し交通網も次第に充実してくる。商工文物の近代化が天草にもおとずれるそのころである。

十三歳の時に父弥七をなくした民三は、下津浦尋常小学校、島子高等小学校を卒業後、我が家の農業に従う。農業にいそしみながら向学の少年は、新聞が読みたいという理由で、時々役場の仕事の手伝いを申し出る。持って生まれた性格で勉学に励み、工夫をこらして得たものを農作業に生かしていく。

師・松田喜一との出会い

大正五年、本渡にできたばかりの繭市場で農産物品評会が開催されることになり、今福はカライモの自信作を出品することにする。しかし、肥料などいろいろ工夫を重ね、一蔓に27キログラムもの芋がつながるような大収穫にもかかわらず結果は二等に…。納得しない今福少年は、県農業試験場の主任に尋ねる。その人こそ「昭和の農聖」と仰がれた松田喜一である。十六歳の、運命的な邂逅であった。

松田は理想に燃え、農業に人一倍思いを籠めていた。松橋生まれの松田は、熊本県農業試験場を退職してまでも新しい農興の道を選ぶ。多くの同志を得て農友会を組織、大正九年事業を開始する。農場の運営は平坦な道ばかりではなく経営の困難に突き当たることも多かったが決して松田喜一はくじけなかった。

この時十九歳の今福も松田農場（菊池の黒石原、次いで八代の昭和村）での生活を始める。農場での生活は厳しく、朝は国旗掲揚に始まり四時からの作業…、逃げ出すものもいたという。こうして実際の農事にかかわりながら師の薫陶を受け、農業だけでなく人間を練磨する日々が農友たちを育てていった。その燃え上がる情熱がもたらす教育の成果は多くの人が体験談で伝えている。

向学心旺盛な今福は四年の後、大正十三年には熊本県熊本農業学校、鹿児島高等農林学校を経て昭和五年に卒業。卒業と同時に鹿児島県指宿中学校教師として採用される。

くしくも指宿は、薩摩に甘藷を琉球から持ち込んだ村田利ヱ門の指宿郡山川村の隣村である。今福の研究論文のうち甘藷の伝来の系統図によれば、伝来のいくつかの系統のうち、鹿児島へは宝永二年1705に利ヱ門が琉球から持ち帰ったとあり、度重なる開聞岳の噴火により収穫物を得られなかったところに生命の糧をもたらした。その功を称えて徳光神社を創建し祭神として祀るほどであった。

そもそもカライモは、コロンブスが中央アメリカからスペインにもたらして世界に広まった。その後ポルトガルはじめヨーロッパ、東南アジア、中国などをへて我が国へ入ってくるのは一六世紀から一七世紀初めである。唐芋といい、琉球芋、薩摩芋というのはその伝播のことを示している。天草へ来たのがいつかは諸説があってさだかではないが、いずれにしても比較的新しい。しかし天草といえばカライモという風に、むすびつけられることが多かった。

耕作地を選ばない、容易に収穫できる、病害に強いなどの理由で、カライモは急速に普及が進み、特に飢饉などに対応する救荒作物として尊重されてきた。土壌の豊かさに恵まれない天草には格好の作物となっていった。貧しさを救う切り札の主食として食生活をささえてきた歴史がある。天草は「常々《じょうじょう》から芋にイワシの菜《しぇ》」といわれたり「カライモとイワシしかない」と揶揄されることもしばしばだったが、また事実をも反映している。かつて天草の風景は、山の頂にまで開かれたイモの段々畑であった。

天草のカライモは、代表的な生産物として誉でもあった。昭和五年の昭和天皇御即位の大嘗祭には、天草から手野の中井家と地域の人たちが収獲したカライモを盛儀の供えものとして献上した。「神代ながらの御庭に　風土の名産供えます　其の一色をこの村に　仰せうくるぞ　うれしけれ」と歌い喜び収穫したと伝えられている。

カライモ博士は、このような天草という風土であればこそ培われたともいえるのである。

海外での研究と実践

指宿の地には一年、第一歩を記しただけで、カライモ博士の次のステップは朝鮮に向かう。昭和六年、大邱公立農林学校の教師として、また昭和十八年には京城公立農業学校において、甘藷の栽培方法の研究を行っている。数々の研究は今にその実績を残しているが、なにより研究による甘藷栽培の実際の指導によって多くの人々に、利便をもたらしたのである。

今福は終戦後、朝鮮から帰郷してのちもカライモの研究と普及に邁進する。

その後復帰した松田農場時代の、昭和二十六年から三十五年までの九年間は品種改良研究に没頭する。約十万種もの交配種を生みだしその中から早生赤、クリマサリ、３４-６２２、３４-１０９２等のすばらしい素質のカライモの品種を生みだした。松田農場に集まる青年たちにも指導を続ける。今までの甘藷研究の実証は松田農場天草支部長の森正名を指導して天草枦宇土《はじうと》の農場において行われた。畑に這わせた一本の蔓から、七十四貫九百六十匁（281キログラム）、数にして三千七百五個をならせた超特大のカライモを掘り起こした。今福が生涯を通して得たもっとも大きい収穫である。

昭和二十四年、八代の松田農場に天皇陛下が行幸される。戦後の国民の食糧について強い関心をお持ちの陛下はご予定をのばされ、御下問。今福はカライモについて、ご説明申し上げたのである。

戦中はもちろん、戦後、品種改良によって増産を続け救荒作物の代表として食生活を守り支えてきた重要な歴史を持ってきたが、その後の食糧事情の改善、生活の豊かさによる食生活の多様化などによって一時期のように、「まずイモを食べそのあとに麦を食べた」というような時代は遠いものとなった。

昭和三十四年、天草甘藷増産を目的に開催されてきた競作会を最後として時代を画することとなった。

天草に合計十六か所もあったでんぷん工場もすべてが閉じられた。

カライモの未来

救世主と尊ばれたカライモは、食卓からは次第に遠ざけられて行くことになるが、焼酎ブームを起こした鹿児島ではイモ焼酎の原料として生産量は落ちていない。そのほかアフリカや中東など開発途上の国々への食糧確保のために、また新しいエネルギー源としての燃料イモの生産、素材のもつ軟らかさ、自然の甘さに加えて、調理がいらず、エネルギーもあり、食物繊維も豊富であることから、子どもから老人まで安心して食することのできる自然食品として注目される。また都市部の住宅地で、栽培が簡単で収穫が容易に体験できる家庭菜園向けの苗の宅配などの需要が高まっており、新たな可能性が期待されている。

カライモ博士の晩年

その生涯の最後は、ふるさと有明町下津浦で、学校教師として子どもの指導や、また各地の講習会の講師として穏やかに過ごした。長女の淑子も父同様松田農場で学び、のちには松田の仲立ちで農場の後輩と結婚する。昭和五十五年、今福は七十九歳をもって農一筋の生涯を終えた。亡骸《なきがら》は遺言で熊本大学医学部に献体された。戒名は「農学訓導居士」。遺骨が自宅に帰ると今福カライモが供えられた。

今福は昭和二十五年有栖川宮賞、天草文化賞、平成十六年熊本県近代文化功労者顕彰など功績を顕彰されたが、供えられたカライモこそが今福への最高の「勲章」だったかもしれない。

（宮﨑國忠）

天草漁業の先覚者。シカゴ万博で金賞を受賞

鮫島十内

さめしまじゅうない
嘉永五 *1852*—明治三十七 *1904*

明治二十六年、アメリカのシカゴ市で開催された万国博覧会において、天草郡富岡の網元、鮫島十内が出品した八田網の模型が、見事、優等の賞状と記念の金杯を獲得した。これは熊本県漁業史上特筆に値する出来事であった。

富岡の筆頭網元として

十内は、嘉永五年 *1852* 五月一日、富岡の網元、鮫島家の先代の十内を父とし、母ユキとの間の長男として誕生した。幼名は小七郎。鮫島の家は、十八代四百年余にわたって続いた旧家の網元家で、十内というのは代々の当主がうけつぐ世襲の通り名であった。

天草の漁業と言えば、現在では牛深が有名であるが、幕藩時代から明治期にかけては、何といっても天草統治の要であった富岡がその中心地であり、総弁指中本家の下、富岡の三島といい伝えられた鮫島、福島、漁島の元祖網元三家をはじめ、万谷《ばんたに》、角岡、浦本、本川など幾統かの網元家が並び立ち、富岡漁業の盛威を誇っていた。これら幾統かの網元家のなかでも、とりわけ代々富岡の筆頭網元を勤める旧家

として、にらみをきかしてきたのが鮫島十内家であった。

文久元年1861、満九歳になった頃、小七郎は富岡に居住する碩学、玉木西涯の塾に入り、慶応三年まで約七年間、おもに漢学筆道を習う一方、剣術修行にも励み、同時に父にしたがって家業である漁業にもいそしんだ。ちなみに剣術は免許皆伝の腕前であったという。

十六歳で明治維新をむかえた小七郎は、すでに堂々とした体躯、豪放な性格を持つ一人前の網元家の若親方に成長、朝の三時から五隻の舟が組んで出る〝八田網〟のときなど、小七郎は船頭船に乗り込み、指図のタイマツを振るその姿は、「さすがは若親方、たいした度胸だ」と、年とった網子たちでさえ舌をまいて驚くほどだったという。ほどなく同じ町内に住む岡田勝三郎の長女、メイと結婚、明治二年九月には早くも長男宇太郎が誕生、以下、六人の子供の親となった。

明治十七年1984五月、小七郎は、その父の死によって十内を襲名、ときに三十二歳の男盛りで、先祖代々の網子の家四十軒、網子百三十人を束ねる富岡の網元としての貫禄も十分に備わり、その性格も日増しに重厚さを加え、広く漁民たちの信望を集めていたといわれる。その毎日の生活は、漁具や漁船、あるいは漁法の改良に心を砕き、工夫を重ねる日々であったという。なかでも十内の最大の関心事は、イワシ漁にからむ八田網の改良ということにあったようである。

〝八田網〟の改良

八田網というのは、夜間、船中にかがり火を焚き、魚群（イワシ、アジ、サバなど）を集めて網を仕掛けて獲る、という漁法で、天草では毎年九月半ば頃から、十二月下旬にかけての約百日間が漁期となっていた。その方法は、夜中の三時頃から網船二隻（各十八人乗り）、脇船二隻（各十人乗り）、それに船頭船一隻（七人乗り）の計五隻が組んで一団となり、最小限六十三人位で漁場に漕ぎ出して行く。

漁場に着くと、まず脇船二隻が火炉に火を焚いて魚を集め、その間に、二隻の網船が一つの網の両端をひきながら反対方向に分かれ、魚群を取り巻くようにして網をおろしていくのである。もちろん、網の上部には浮き、下部には錘りがついており、しずかに網をしぼっていくと、大量の魚群を囲い込むことができるような仕組みとなっていた。

しかし、この季節は海が荒れて、百日のうち、四十日ぐらいしか漁に出られず、しかも網の中に集めた魚群も、タモ網で船中にすくい上げるというような原始的な方法をとっていたため、手間ばかりかさみ、収量はあがらず、効率は必ずしも良くなかったといわれる。それで、「なんとか、うまい工夫はないものか」というのが、十内の若い頃からの思案の的となっていた。

十内の工夫の第一は、網船を改良して風波に強い船体にし、海が多少荒れても出漁できるようにし、また遠く五島や平戸などの近海まで出漁できるようにすることであった。このため、船造りの先進地である長崎にまで見学に行き、船の造り方を実地に勉強するということもあった。しかしこの試みは失敗に失敗を重ね、しまいには富岡の漁師たちもあきれ果てて、「鮫島の綱元も、今の十内さん一代で終わりだな」という声も聞かれるようになっていたという。ところが明治十六年、小七郎が十内の名を襲名する一年前に、ついに漁船の改良に成功した。

当時八田網に用いた網船は、幅八尺（二・四メートル）、船長四丈五尺（一三・五メートル）で、荒波に弱く、外海での操業は危険な上に、操業性も極めて劣っていたとされている。十内は、これに対し長年の経験と工夫を生かし、船幅を一丈一尺（三・三メートル）、船長を四丈五尺五寸（一三・六五メートル）とし、開き板を広めて船足を早くするとともに、上棚を高くして激しい波の浸入を防ぐなどの改良を加えた。また幅六尺五寸、長さ三丈三尺の地曳網船も幅一丈、長さ五丈に拡張し、漁網の発達にともなう船体の均衡ということに意を尽くした。十内はこれらの船を自ら設計し、断行したわけである。

このため、船の安全性は増し、操業は便利となり、富岡周辺だけでなく、遠く五島列島や平戸近海の漁場など、従来は手が届かなかった地域にまで出漁できるようになった。こうして十内家の漁業収穫は二倍、三倍にも増え、当時としては驚異的な進歩をとげた。改良された網船を中心に船団を組み、さっそうと船出していくその出漁のさまは、俗に〝十内網〟といって、一種畏敬の目をもって見られたということである。

本当の人間の値打ち

しかも十内は心のひろい人で、自分が苦労して改良した網船の造り方もけっしてかくさず、進んで皆んなに教え、広めたので、天草の八田網漁業は飛躍的に発展した。〝十内網〟という言葉の中には、こうした人々の感謝と敬愛の気持ちが込められていた、ともいえる。

その後も十内は、漁具、漁法の改良に努め、九州、沖縄各県連合会水産振興会をはじめ、数度の全国水産博覧会、共進会などに漁具の模型を出品して表彰を受けた。ことに明治二十六年、アメリカのシカゴ市で開催された万国博覧会に出品した八田網の模型が、優等の賞状と記念の金杯を獲得したのは、こうした努力の頂点に達成された成果であった。

さらに明治三十三年十二月には、赤間関（下関市）で開催された水産博覧会において、長年にわたる漁業振興に対する功績ということで、時の農商務大臣・林有造から功労賞と金五十円を授与された。同大臣の功労賞授与証には、冒頭、鮫島十内、金五拾円と書かれた後、「父祖の遺志を継ぎ鰯漁業の振興を企図し、漁具、漁船を改良し、漁夫を撫育し、近年又鰯沖取網を創始し、斯業の発達に稗益を与ふる少なしとせず其の功績偉なり、右審査長の薦告を領し、赤間関に於て之を授与す」と記されていた。十内は、この功労賞を大いに多としたということである。

漁業面での活躍のかたわら、十内は天草林部官監守、熊本大林区十三等巡羅、公設消防組小頭などの公職を勤め、漁村の治安に貢献するとともに、地元漁業組合の設立と発展のためにも大いに力を注いだ。さらに海で遭難する船があれば、率先してその救助にあたり、いくたびか人命救助の感謝状を受けた。「人のために尽くすのが、本当の人間の値うちだ」というのが、十内の口癖であったという。明治三十六年十一月二十三日に脳溢血で他界した。享年五十一歳であった。墓は聞法寺にある。

（村上史郎）

イカナゴ漁で村を救った医人

上原典礼

うえはらてんれい
天保三 *1832*—大正十三 *1924*

次男の重雄少年（筆者の養父）が、薬研《やげん》をつかって薬種をこまかく砕いている。薬をもらいにきた患者をやさしくたしなめている典礼医師の声がきこえる。

「あんたの病気には、このあいだあげた薬でじゅうぶんだ。これ以上のむ必要はない。だいじな薬をおもちゃにしてはいけない」。しかられながらその人は、かえって安心した顔つきになり、立ち去っていった。父の仕事を手伝いながら、重雄少年は、厳格なその人格に、なんとなく畏敬の念をおぼえる。

上原典礼は天保三年 *1832* 八月十七日、赤崎村（天草市有明町赤崎）に生まれ、幼にして神童のほまれが高かった。八歳のとき、父周民と死別、やがて日田の広瀬淡窓塾咸宜園《かんぎえん》で、漢籍を苦学する。その後、肥後の藩医深水玄門の門下生として医術を学び、開国日本の先駆者横井小楠の脈を診《み》たという。

安政四年 *1857* 帰村。時に二十六歳。漢方内科医を開業するかたわら、私塾をひらき、子弟の育成に尽力した。郷土の開発に一生を捧げた彼の輝かしい出発だったのである。横井小楠先生のように幕末の風雲に乗じて、天下の志をとげるのもよかろう。しかし自分は「愛する郷土のために、これまで学んだ新知識をいかそう」。典礼はこう決意したのである。明治維新の狂瀾怒濤をよそに、のどかなふるさとで青年医師の平和な日々がつづく。

だが、明治十八、十九年、再度にわたる大火事が赤崎村肥前、江口両部落を見舞った。そこにすむ漁民たちは一夜にして家財を失ない、塗炭の苦しみにたたきこまれたのである。有明海から吹きつける北西季節風にあおられて、火の手は燃えひろがり、明治十八年 1885 一月には、なんと、小学校をふくむ六十戸を焼きつくした。一望、焼野ヶ原である。その惨状をながめながら、敬天思想を主軸として大観的実践的な経学を講じられた広瀬淡窓先生の教えが、上原典礼の人間性と郷土愛の中によみがえる。

どうにかして村民を救いたい。典礼は焦土と化した郷土の復興はイカナゴ漁にたよるほかはないと判断する。しかし、当時、近海に群集するイカナゴの捕獲は不可能とされていた。海産硬骨魚類イカナゴ科（学名 *Ammodytes Personatus*）漢字で玉筋魚と書くこのサカナ。だいたい北方系の魚族であるが、九州方面まで廻遊してくる。体長およそ十二センチぐらい。細長いヤリ形で、美しい銀白色をしている。海面近くを泳ぎまわっているけれども、どうすればとれるのか、そのころの天草漁民はしらなかったのである。

いろいろ苦慮をかさねるうち、典礼は、福岡県下にその漁法がおこなわれていることをつたえきいた。そこで明治十九年 1886 二月、肥前仙蔵、今福伝吉、今福周造、黒木弥三次ら屈強の漁夫四人を選抜し、私費を投じ、同県宗像郡鐘崎村へ派遣した。現地に到着した一行は、網元の雇夫として住みこみ、一生懸命に働いた。骨身おしまぬ青年たちの働きぶり、そして郷土復興の情熱の純粋さに動かされた網元は、四ヶ月目に、秘中の秘とされているイカナゴ漁具漁網の製法と、その操業法を伝授してくれたのである。

イカナゴという魚類は、海面に浮遊しているのはほんの一部分で、大部分は海底の洲、つまり砂のなかに埋まって生活している。だから、おもり石をつけた手繰網で海底をひっかきまわせば、漁獲できる。そしてこの手繰網にはハスワ（マチ）とよぶ補助部分があり、投入すれば海底でひろがり、ひきあげるときは魚が逃げないように網目がちぢまる仕掛けになっているのであった。

欣喜雀躍した四人の若者は六月に帰村した。典礼はふたたび私財を投じ、自宅の庭で製網させ、翌二十年春、試験操業したところ、一網で連日、四、五十貫（約一五〇キロ）の大漁に沸き、赤崎海岸は、イカナゴの煮干しをつくるかまどの火が、夜を日についで赤々と燃えつづけ、肥前、江口両部落は、その利益金で、年ならずして復興することができた。その後、イカナゴ漁法は、天草はもとより、島原方面にまで伝わり、有明海で操業するもの数百帳、全島の年間収益八万円（現在の数億円）にも達するにいたった。

この功績により、上原典礼は明治二十三年 *1890* の第三回内国勧業大博覧会のときほか、数次にわたって政府から褒賞をさずかっている。また当時の天草郡長はそのころの漁業慣習上、当然のこととして、有明海域のイカナゴ水揚高の一割を、上前《うわまえ》として徴収できるよう、官許の斡旋をした。しかし、典礼は「私利私欲のためにしたことではない」。こういって、かたく辞退したという逸話がのこっている。

天草で最初の代議士となった大浦（天草市有明町大浦）の小崎義明とは親交があり、東京から帰るたびに赤崎の自宅を訪ねてくれる小崎代議士から、中央政界の動きを聞くのを楽しみにしていた。「君は国政に頑張ってくれ。僕は郷土発展につくすつもりだ」。典礼は義明にあうたびに、くちぐせのようにこういっていたという。それを実行したのである。

典礼はそのほかにも、村の殖産興業に貢献しており、明治五、六年頃、はやくも翠覆社という協同組合を組織し、舶来種牛ホルスタインを二百円（当時役牛は四〜五円）で導入し、新しい畜産経営に乗り出すなど、医業のかたわら、村の発展に尽力したのであった。

大正十三年 *1924* 満九十二歳で歿した。いまその頌徳碑が旧赤崎村役場前に雲仙嶽をのぞみ、ゆたかな有明海の潮風を、まともにうけてたっている。

重雄少年がやがて済々黌から長崎医専を卒業して父の医業をついだころのはなしである。ある夜、父が呼ぶのでいってみた。「わたしも年老いたので、赤崎神社の氏子総代をやめようとおもう。ついては会計の引継ぎをしたいから、これをしらべてくれ」。

こういって典礼は、風呂敷包みをわたした。重雄青年がなかをあけてみると、小銭がたくさんはいっているだけで収入や支出に関する記録も証憑書類もぜんぜんみあたらない。「何十年ものあいだ、収入金はこの包みよりほかにいれたことがなく、また、お金を使うときは、この包み以外からだしていない。だから心配しなくてもよい」。あたりまえのように、こういうのである。

薬償の勘定も妻のヒサにまかせっきりで、計算ということが大嫌いな父の性格を知っている重雄青年は、金の現在高だけをしらべて村長のところへもっていき、事情をはなして、おことわりをいったところ「お父さんが、そうおっしゃるのなら間違いはないはずです。それで結構です」。こういってくれたので、ほっとしたそうである。

社会的には通用しないやりかただが、自分を信じ、世の中を信じた明治の人、上原典礼を物語るエピソードであろう。

（上原　梓）

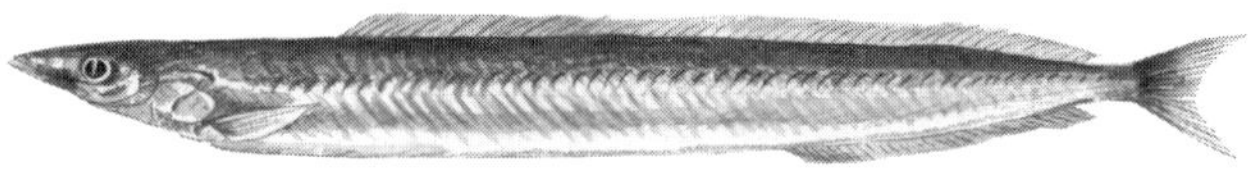

イカナゴ

♣〈まなぶ〉ことは〈まねぶ〉こと

本書編集委員の一人はつねづねそう言って、青少年がその生き方をまねたいと思うような人物、そんな風に仕事がしてみたいと思うような優れた人物を知ることは、少年少女の成長にどれだけ大きな糧となるか計り知れない、と力説する。熊本県教育委員会が道徳教育のための郷土資料として「熊本の心」シリーズを刊行しているのも、まさにそういう趣旨からであろう。そこには天草の人物が八人登場する。

小学校3・4年用　白魚のくる川―宗像堅固
小学校5・6年用　カライモ博士―今福民三
　　　　　　　　大関栃光
中学校用　天草を救った代官―鈴木重成
　　　　　橋にかけた夢―森慈秀
　　　　　女医宇良田唯子
　　　　　イカナゴの海―上原典禮
　　　　　ふるさとに文化の薫りを―濱名志松

その全員が揃い踏みするなど多士済々の本書は、若者の生き方在り方へのヒントを豊富に蔵していること請合いである。

ステージ5

実業の世をひらく

窮民救済の銀主

石本平兵衛

いしもとへいべえ
天明七 *1787*—天保十四 *1843*

財産残余は窮民救済に充てること

幕末の天草に、三井・住友と肩を並べる豪商がいた。御領の銀主《ぎんし》（徳者）・石本平兵衛である。五代目石本平兵衛は、天保四年 *1833* 永代帯刀御免、翌五年幕府勘定所御用達を拝命し、遺産は約三百万両（当時の江戸幕府の財政規模に匹敵）に達した。弘化四年 *1847* 以降、次々と起きた天草の打ち壊し騒動で、多くの銀主・庄屋は打ち壊しに遭ったが、銀主中の銀主ともいわれた石本家はその襲撃を免れた。石本家が代々窮民救済に尽力してきたからである。

五代目平兵衛は、天保十四年 *1843*、幕府中枢の政争に巻き込まれる形で捕縛され、江戸小伝馬町の揚屋に獄死する。死の直前、平兵衛は、家族に、今後一切の商売を辞めるよう指示した。そして、財産目録とその処分法に続けて「財産目録を超えた残余が生じたときは窮民救済に充てること」という遺言を書き残した。寛永の天草島原の一揆後天草に入植した石本家にとって、窮民救済は、家訓だったのである。

石本家の躍進と農民救済のための新田開拓

石本家の商いは、有明海沿岸地域の諸藩との交易が中心であった。江戸期、藩同士の直接交易は認められていなかった。そこで石本家は、各藩の産物や需要を分析し仲介することで利ざやを稼いだ。また九州で安く仕入れた商品を瀬戸内・大坂に運んで高値で売りつけ、帰りの船には九州の需要にあう産物を満載して持ち帰り売りさばく廻船業にも乗り出した。

文化十一年*1814*、五代目勝之丞(平兵衛)は二十七歳の時、後に天保の改革を推進する水野忠邦と出会う。当時唐津藩主であった水野忠邦に、唐津藩勘定奉行が、藩財政を立て直すため大坂の豪商に代わって天草の商人石本平兵衛に年貢米を高値で売却させるよう注進したことがきっかけだった。打診された平兵衛は即座に唐津城に駆けつけ、年貢米五万石の引き受けを確約した。示された米価は相場以上の高値であったが、平兵衛は、藩財政に食い込む為には先行投資を行って信頼関係を築くことが重要だと判断した。以後、唐津藩の交易を一手に担い、水野忠邦とも太いパイプを持つことになる。五代目平兵衛は、同様の手法で柳川・相良・薩摩・肥後等九州各藩の財政に食い込んでいった。

石本家に残る記録によると安永七年*1778*から天保二年*1831*までの約五十年間、火災・風水害・旱魃等の天災が起こる度に、石本家は籾千石、玄米百石、丁銀三千貫等膨大な穀麦や金銀を役所に寄付し、天草全土の窮民救済に力を尽くしている。また農民へも二千五百両に及ぶ積極的な融資を行った。

寛政八年*1796*、「百姓相続方仕法《あいつづけかたしほう》(銀主に対する農民の融資利息分と滞納小作料の債権放棄、及び農民に対する元金での小作地買い戻しを規定した二十年間限定の農民版徳政令)」施行にあたっては、大部分の銀主たちが「言語道断の仕法」と非難する中、四代目平兵衛は積極的に債権放棄に動き「仕法」施行に協力した。

当時石本家が放棄した債権は、百十五両にのぼった。

しかし「仕法」施行後も凶作等で農民の困窮は続いた。五代目平兵衛は、「仕法」終期が近づく文化三年1806から、毎年のように丁銀三千貫等を拠出して窮民救済に尽力した。文化十二年1815の凶作時には、御領、益田、佐伊津、広瀬、湯船原村の農民の年貢銀を皆済させ、食糧の手当も施している。

文化十三年1816、五代目平兵衛は、約六十町歩の大浦楠甫新田干拓工事を手始めに、有明海沿岸諸藩に新田干拓工事を提案する。新田を担保に石本家が工事費を融資し、工事も請け負う。元利償還は造成された新田収穫米で長期に回収。新田の管理は石本家とし、所定の年貢も上納。更に新田での小作人の取り分割合を七割とした。文化八年1811以降「仕法」では六割とされていた小作人の取り分を一割積み増したのである。当然農民も喜ぶ。幕府や藩の財政も潤う。石本家は積極的に干拓新田開発事業にも乗り出すことになった。潤沢な資金を有する石本家だからこそできる新田開発であった。

農民が豊かになれば、国も豊かになる

何故石本家はこれほどまでに農民救済の立場をとったのか。一つには寛永の天草島原の一揆後天草に入植した者として、一揆の背景と天草の歴史に対する思いがあった。そして、交易で利を生み出すためには何よりも世情の安定が必要だという強い信念があった。世情を安定させるためには農民の暮らしぶりを向上させる必要があったのである。

五代目平兵衛が琉球貿易に携わり始めた頃の逸話が残されている。

天保元年1830、五代目平兵衛は薩摩藩から藩財政立て直しのため百万両の融資依頼を受けた。この巨

額融資の対価として薩摩藩が提案したのは、琉球貿易・琉球黒砂糖の専売権と薩摩藩の年貢米専売権であった。黒砂糖は、交易品としては逸品だったが、薩摩藩にとっては慶長十四 *1609* 年琉球を制圧して以来、黒砂糖の生産が伸びず膨大な赤字を計上している不採算部門であった。平兵衛は、さっそく船を仕立てて琉球に向かい、首里城で琉球王に謁見した。平兵衛は「農民たちに黒砂糖対価を支払い、併せて琉球王へも利益の五分を上納する」と提案した。それまで薩摩藩は、琉球黒砂糖を年貢米同様に扱って全量上納させ、農民に対価を払っていなかったのである。琉球王は喜んだが、薩摩藩琉球奉行はこの案に難色を示した。しかし、平兵衛は押し切った。そして「黒砂糖の自由売買を認め、藩への売上げ対価の五分を生産者取り分とする」旨、高札で布告させた。「農民を収奪すれば農民は貧しくなる。国といえども農民の生産物は対価で買い取らなければならない。農民が豊かになれば、国も豊かになる」。平兵衛の強い信念が、琉球農民の快哉をもたらしたのである。

晩年の悲哀

天保四年 *1833*、幕府勘定所御用達拝命により、栄華の極みに立ったかに見えた石本家であったが、逆に幕閣相手の形式事に忙殺され、時間と金ばかりが消費されていった。取引相手と直に相対し、信頼関係を結ぶことで様々な物品や金の動きを操っていた平兵衛が、江戸に足止めを喰らい、商いの現場に立ち会えない時期が二年に及んだ。複雑に物品や金を動かし利益を生み出していったのが平兵衛の商法であったが、その動きを司る平兵衛を現場から失い、石本家は急速に勢いを失っていった。加えて天保八年 *1837*、大塩平八郎の乱により大坂経済圏が消失。物と金銭の流れが停滞し始めた。石本家の資金繰りが悪化していく。天保九1838年、江戸幕府老中水野忠邦から江戸城西丸再建の献金五万両を求められたが、平兵衛は応ずることができなかった。水野忠邦は平兵衛を見限った。

当時、平兵衛は、新たな商いを西洋銃砲の輸入に見出していた。西洋砲術指南役として各藩の注目を集めていた高島秋帆《しゅうはん》と組めば、各藩の軍備増強機運は巨万の富に変わる。ビジネスチャンスだった。一方で、水野忠邦の側近・鳥居燿蔵《ようぞう》は、高島秋帆追い落としのために、秋帆に資金提供をしている石本平兵衛に目を付けていた。そこで燿蔵は長崎奉行に命じ、三十年以上前の事件(石本家が土蔵破りにあった際、勝手に容疑者調べを行い、越権行為で居村払いとされた件)を隠して公儀御用達を拝命していたとして、五代目平兵衛と息子六代目勝之丞を捕縛させた。そして、詮議のためと称して、江戸まで罪人用の唐丸駕籠での移送を命じた。天保十三1842年、夏の盛りのことである。息子勝之丞は四十日に及ぶ炎天下での過酷な移送により体調を崩し、江戸到着後まもなく病死する。平兵衛も無実を訴え続けるが、高島秋帆追い落としの為の動きである以上、詮議にあたった鳥居燿蔵に訴えが通ることはなく、平兵衛も、天保十四1843年三月二十八日、五十七歳で獄死した。

五代目平兵衛は、才能溢れるが故に、巨万の富を得ようとして幕府に近づき、逆に権力闘争に巻き込まれ、自らの命と最愛の後継者を失ったのである。石本家は、平兵衛の言に従って、以後一切の商いから手を引いた。平兵衛の商いは、ひとえに天草の領民(農民)を守るための商いであった。しかし、より大きな財を成そうと志向し、より大きな権力に接近していくなかで、次第に守るべきものの姿を見失った。財を富ますことにのみ眼が移るようになった時、石本の商才は自ら息を止めたのである。

御領の丘の上には、石本家の栄華を見守った石垣が、今も静かに立ち続けている。

(馬場純二)

わが国サルベージの草分け

冨川清一

とみかわせいいち
文政七 *1824*—明治二十八 *1895*

サルベージというのは、沈没・転覆・座礁した船やその積荷を引揚げる、あるいは曳航する専門的作業のことである。その方面で初めに名を成した人物に冨川清一がいる。

冨川清一は代々天草・牛深で薬屋を営む土地の素封家《そほうか》でありながら、どういうものか、海鳴りを子守唄にして育ったせいでもあろうか、家業とは別に活動の場を海に求め、明治元年（四十四歳）には薩摩湾で同藩所有の順幸丸、翌年には近海で同藩の三邦丸を引き揚げて名を上げた。ただ牛深の漁民は操船には長けたが、サルベージに欠かせぬ潜水の技は二江漁民の力を待たねばならなかった。同じ天草のアマでも、下島南端の牛深ではカツオ漁をはじめとする漁船団が花形であるのに対し、下島北端の二江のアマはウニやアワビ、海藻の採集が得意で、太古以来の裸もぐりの技術は他の追随を許さなかったのである。

さて、話はちょっと遠回りする。

佐久間貞一と誠求社

幕藩体制が終焉を告げ士農工商の身分制が解体したとき、明治という新時代への対応、わが身の処し方にもっともむずかしい転換を迫られたのは武士たちだった。それぞれがそれぞれに活路を見出さねばならなかった。旧幕臣・佐久間貞一（嘉永元年 1846 江戸日本橋生まれ）もそんなひとりだった。後年明治日本屈指の実業家となる佐久間は、天下の形勢を探っていた若き日に、はしなくも北海道と天草とを結びつけるアイデアを抱く。事の次第はこうである。明治五年、鹿児島を視察中の佐久間は天草にも足を伸ばしたが、その実情を見るにつけ、ひらめくものがあった。「天草島は猫額大の孤島、地狭うして人多く、為すべきの事業尠《すく》なく、故に賃銀廉《れん》にして生計低し。然れども島民皆能《よ》く労力に堪ゆるありて以て用ふるに足る。然るに翻つて北海を望めば沃土も人煙稀薄にして穣々たる沃野も空しく荒廃に委《まか》すの外なき状態にして政府の開拓使を置きて拓殖の道を講ずるも未だ充分ならず。若《も》し天草の人衆をして此処に移住せしめば彼我《ひが》の利頗《すこぶ》る大なるを念《おも》ひ…」*8 というわけである。このとき政府の北海道開拓計画に呼応して天草島民の北海道移住を促進し斡旋する事業を着想したのである。そして土地の有力者伊野忠親、藤田国英、山崎長賢たちと語らい、北海道開拓を支援する組織作りを提案した。新時代に向かおうとしていた天草の庄屋や銀主たちはこれに同調、出資して明治七年正月、カンパニー〈誠求社〉を設立した。冨川清一もこれに参画しており、同社は北海道開拓事業と沈没船引揚げ事業を二大看板に掲げた。かくて佐久間と誠求社の事業は天草島民の北海道浦河への移住斡旋から始まったが、かの地の開墾事業は早くも絶望的な状態。ここで俄かに注目を集めることになったのがフランス郵船ニール号引揚げ事業であった。そして前代未聞のその仕事を実際に成し遂げた人物こそ冨川清一であり、島田金五郎を筆頭とする二江の裸もぐりたちだったのである。

フランス郵船ニール号引揚げ

明治七年三月、東京日日新聞が「…本月二十日の夜〔伊豆〕妻良《めら》にてフランス船一艘沈没せり」と報じたのは、事故から八日後のことだった。しかも内容がまるで判然としない。辛うじて上陸したフランス人乗組員の申し立てを誰一人解しなかったことが状況把握を遅らせていた。

船はただの外国船ではなかった。実は明治六年*1874*のウィーン万国博覧会に日本から出品した自慢の品々百九十三箱を積み込んで日本へ向かったのがフランス郵船ニール号だった。それが伊豆沖で風浪のため暗礁に乗り上げ沈没したのである。同船はマルセイユの郵便会社所有、長さ四十九間半、幅四間半、三本マストの優秀船で、船長サマト以下九十人の乗員乗客がいた。生存者はわずか四人、悲惨な海難事故だったが、北海道から帰京した佐久間はまたしてもひらめくものを感じた。『佐久間貞一小伝』は書いている、「氏、之《これ》を耳にするや窃《ひそ》かに思へらく、好機至れり、沈没船中の物品を引揚げんには其の収益頗《すこぶ》る大なるものあるべく、天草の潜水業者を利用せば能《よ》く之を成功し得《う》べきを信じ、之を有力者間に通じ、熱心賛同を求め」て内務省に事業許可申請をおこなった、と。つまり佐久間は最初から「天草の潜水業者」ならきっとうまくいく、と考えていたのだ。いっこうに首を縦に振ろうとしない内務省もついには佐久間の提言を容れ、県〔当時白川県〕を通じて誠求社を指名してきた。冨川はさっそく同年五月二十一日付で〈御請書《おんうけしょ》〉を提出する。「今般、墺国〔＝オーストリア〕ヨリ物品積ミ来タリ候郵便船、伊豆沖ニ於イテ覆没ニオヨビ右荷物御取揚ゲ方御処置アラセラレ候段、博覧会事務局ヨリ御掛ケ合ヒノ趣ヲ以テ私儀追々沈没船取リ揚ゲ候手続キ巨細〔＝詳しく〕申シ上ゲ候様仰セ付ケラレ敬承奉リ候。〔私儀〕是マデ薩州、其ノ他紀州、相州、豊州、所々ニテ覆没ノ蒸気船、機械並ビニ物品等、海底二十五、六尋マデノ所ハ稼ギ〔＝探索して〕来タリ候ニツキ、右船、二十間位ノ海底ニ候ヘドモ、揚ゲ方ノ見込ミ十分御座候…」[*9]と、これまでの実績を踏まえ自信満々。しかしなお事は細心の注意が必要で、「取敢《とりあへ》ズ差配人一人、水練〔＝潜り上手〕二人差シ遣シ」、実地検分の上詳細を報告したい、その間の必要経費は誠求社でもつ旨を述べている。誠求社設立から五ヶ月後のことであった。清一の代理として差配人に指名された弟・富川猪四郎は翌六月、二人の水練を引き連れて現地を調査、七月二十七日付で博覧会事務局宛に意見具申を行った。作業内容から経費のこと、利益配分のことまで事細かに見積もられていた。それから八ヶ月、ニール号沈没からちょうど一年となる明治八年三月二十日、博覧会事務局は白川県を通じて冨川清一に事業着手命令を発した。日本政府にしてみればまだまだ不慣れな悩ましい外交事案であったが、北海道開墾で苦杯をなめた佐久間貞一と誠求社にとっては起死回生のチャンス、天草裸もぐりの親方としては勇躍天下にその名を博する晴れの舞台になるはずだ。

いよいよ海の男たちが出てゆく。第一陣は西洋蒸気の郵便船。続く第二陣、第三陣として牛深の鰹船二隻が七丁櫓を漕いで乗り出していった。伊豆までは片道二十日の航程である。紀伊灘、遠州灘の波濤をこえ、予定どおり伊豆・妻良の港に着いた男たちは五月二日に潜りを開始、三百三十七口の物品を次々に引き揚げていった。現場ではフランス領事代理が作業を管理監督した。その目にも素もぐりの男たち、とりわけ水練一級島田金五郎の活躍は鮮やかだった。

ついでながら、引き揚げた中に名古屋城の金のシャチホコがあったと喧伝《けんでん》されたりしたが、これは余りに巨大だとして香港に積み残してあり、難を免れたというのが真相らしい。

後日譚三題

その一。天草の水練はサマト船長の遺体を発見したが、頭部にはピストルの弾痕があり、船長は船長としての責任をとって自死していたことが判明した。政府は頭蓋骨、遺品の指輪、時計、それに書面を添えてフランス本国に送還。フランス政府は日本の処置に謝意を表し、佐久間貞一に感謝状を贈った。引溺死者の遺体は入間村の臨済宗・海蔵寺に埋葬され、のちに高さ六メートルの慰霊碑が建立された。引き揚げた船体はオランダ人某が買い取り、のちに横浜の押野という人物に転売された由である。

その二。誠求社はこの引き揚げ事業で名をあげると、紀州の周参見《すさみ》でも作業をし、神戸、長崎、下関、横浜、函館、大坂、東京、新潟などに支店を設置し、全国ネットでサルベージ事業を手広く営んだ。ただ冨川清一の晩年は、かつての華々しい活躍とは裏腹なものになっていったようである。そして誠求社も次第に衰微の道をたどるが、サルベージ事業は小田床の伊野忠親、用八親子によって引き継がれてゆく。用八はロシアの軍艦二隻をシベリア近海で、また旧幕府の汽船を八丈島で、それぞれ天草の潜り上手を差配して引き揚げた。伊野の会社はその名も〈水練社〉と名乗っていた。

その三。北野典夫（本書209頁）は大著『天草海外発展史』の中に、いかにも北野らしいことばを刻んだ。いわく、

春秋の筆法をもってすれば、後々、日本のロバート・オーエンと称され、また実業家として大成する江戸幕府の浪人佐久間貞一を世にあらわしたのは、実に、天草二江の裸もぐりたちだったといわねばなるまい。

と。船の「板子一枚下」で勇敢に働いた海の男たちも、もって瞑すべきか。

（片白健次）

洋風建築土木の先駆者

小山　秀

こやまひいで

文政十一 *1828*—明治三十一 *1898*

幕末の長崎。大浦海岸を埋め立てた外国人居留地は相次ぐ建設工事で活気づいていた。そこにひときわ生彩を放つ男の姿があった。天草から来た建築土木請負人、小山　秀《ひいで》である。数え年三十六の若さながら、すでにグラバー邸建設を仕上げるなどその名は広く知れわたっていた。在留フランス人のため教会堂建設を思い立ったフューレ（FURET）神父は小山の社中を指名し、文久三年十二月（＝*1864* 一月）に契約が成立した。無論小山たちにとって教会堂の建設などまったく未知、未経験の分野であった。

光まぶしい大浦天主堂

建築工事は、一時期の遅滞を乗り越え、予定をたがえることなくきっかり一年で完了した。

元治元年 *1864* 暮れに天主堂が姿を現すと、その美しさ珍しさはたちまち大評判となり、連日見物人が押し寄せた。「それは世界のいかなる国にも見られない独特の姿と色彩をもった、ふしぎな建築であった。お伽の国の教会堂か、あるいは巨大なオモチャ箱を連想させる何ものかであった」[*10]。

建築史家は日本瓦を葺いた屋根に木造の尖塔がある点、また特に内部の、本来石造のゴシック様式の装飾を木材によって緻密に仕上げている点などに注目し、「それらがまとまって全体がきわめて質の高い内部空間をつくりだしている」[*11]と評する。小山は天草・大島から呼び寄せた船大工たちと地元長崎の指物上手たちとを差配して曲線の多い内部空間、複雑な装飾をもつ教会建築を見事完成させたのである。

ところが今世紀に入り、かつてフューレ神父が小山に示した「設計図」三枚がパリ外国宣教会で発見された。しかしそれは大雑把な外観図と内部平面図にとどまっており、内部構造、特に教会建築に特有のあのリブ・ヴォールト天井に関するものは無く、またそれだけに、「小山秀之進〔注、秀〕ら日本人大工が、この設計図をもとに初めての教会を短期間のうちに造ったことは、驚嘆に値する」[*12]のである。

後年長崎を訪れた芥川龍之介はこの天主堂と対面し、眩しいまでに美しい！と賛嘆した。「天雲《あまぐも》の光まぼしも日本《ひのもと》の聖母《せいぼ》の御寺《みてら》今日見つるかも」。友人小島政二郎宛絵葉書にしたためた一首である。遺稿となった「西方の人」の冒頭にもこの天主堂のことは「未だに記憶に残つてゐる」とある。

ただしかし、元治元年に竣工した天主堂は早くも明治十一・二年に大幅に改造されていた。手狭になったための措置であったが、創建時の御堂内部はそのままに、それを包み込むようにして前後左右二倍に拡張、同時に三つあった尖塔は中央だけとなり、海鼠壁《なまこかべ》の外壁も煉瓦造りに改められた。芥川が対面し、現に我々が見るものもこれであることをお断りしなければならない。

芥川が目を瞠《みは》ったのは天主堂だけではなかった。彼は長崎の「異人、支那人多勢ゐる町は大抵石だたみ」であることに目をとめながら、最果ての町の異国情緒を堪能し、家族に宛てた絵葉書には「長崎はよい所にて甚《はなはだ》感服す」と記した。このように人々を惹きつけてやまない長崎の町、その魅力の重要な部分が小山 秀 を棟梁とする社中によって築かれたのである。

たとえば石畳でおなじみ、オランダ坂。大浦天主堂の付帯工事だった。石は天草から柔らか味のある砂岩（下浦石）を取り寄せて使った。かつてはその石畳の街路を西洋人の馬車が行き交い、カッカッカッカッと新時代の音を響かせたのである。またたとえば、いずれも国指定重要文化財、グラバー邸・リンガー邸・オルト邸の施工を挙げなければならない。南山手のこの一帯は長崎港を見下ろす随一の景勝地で、ご存じのとおり、こんにち長崎観光いちばんのスポットになっている。

小山は英国商人グラバー（T・B・Glover）の誘いに乗って高島炭鉱の開発にも手を染めた。石炭が新時代に欠かせぬエネルギー資源として重要度を高めてゆく中、彼は日本最初の洋式竪坑を設計し完成させるなど高島炭鉱開発に主要な役割を果たしたのだが、しかし小山にとって事業としての高島炭鉱は結果的に失敗した。端島炭鉱（のちのいわゆる軍艦島）開発にも乗り出したが、度々の事故、国の石炭政策の変更は小山やグラバーを直撃。一族を巻き込み莫大な借財を背負って苦しむもととなった。

三角西港を築く

明治九年*1876*、秀は天草へ帰り、小山家八代目を継承した。

以後の半生は、特に三角西港を築造したことで記憶される。この新港は明治十七年*1884*に着工、福井県の三国《みくに》港、宮城県の野蒜《のびる》港とともに明治の三大築港の一つとされ、石炭の積み出しなど日本の産業近代化への貢献が大いに期待されていた。七五〇メートルに及ぶ埠頭のみならず、背後地の道路、排水路、石橋などまでが整然と配置された総合的な都市計画は政府お抱えのオランダ人技師ムルドル（R・Mulder）の設計だったが、この大がかりな西洋式土木工事全体を理解して請負い、資材を集め人を集めて指揮をとり得るのは小山秀を措いて無かった。秀の指揮のもと多数の天草石工が集まり、対岸の大矢野飛岳石《ひだけいし》の切り出し、成形、石積み等に従事し、わずか三年で竣工に漕ぎつけた。西洋人の強固な意志と明治日本の意気とが交差する築港一帯は、時を経ていよいよ堅牢重厚であり、人々を惹きつけてやまない独特の風情がある。

明治三十一年 *1898* 三月、天草の大浦村（天草市有明町大浦）に第三天草高等小学校を建てたのが最後の仕事になった。かつて英国人や仏国人のために数々の邸宅や教会堂を建造した鬼才は、古稀の齢を迎え、ふるさと天草の子供たちのために立派な洋式木造二階建て校舎を完成させたのである。出来上がった校舎に満足の目をやりながらにわかに倒れ、そのまま船で大島の自宅に運ばれたが、五月十七日、波瀾に富んだ生涯を静かに閉じた。

小山家と天草の男たち

秀を生んだ小山家は天草の御領・大島（五和町）の富豪で、貿易や回船、金融などで財を成した。地主として大きな屋敷を構え「島で徳者は大島様よ」と謡われるほど島内随一の銀主《ぎんし》となったが、代々その富を独占せず、窮民の救済に何度も財を放出したことで幕府から褒賞を受け、有力者を襲った弘化の一揆でも小山家は襲撃の対象とされなかった。五代清四郎時雍《ときやす》は十男四女の子宝に恵まれたが、秀はその末子、文政十一年八月二十七日の生まれである。名は初め「秀之進」、のち「秀」と改名した。

意欲盛んな小山家は幕末の長崎に進出を企てる。そして江戸町に小山兄弟商会とでも呼びたいようなカンパニー「国民屋《くたみや》」の看板を掲げた。これが国際都市長崎の、その都市基盤を築いてゆくのである。

西洋列強が植民地化を狙ってアジア各地に進出したこの時代。幕府は開港を決めたものの、大浦海岸二万坪を埋め立てて外国人居留地を造成するという大事業に対し、地元長崎の有力者たちはみな尻込みするばかり。長崎奉行苦悩の日々が続いた。日本の存立と名誉がかかっていた。この大事業を請負い、よく完成に導いたのが天草の赤崎村庄屋北野織部だった。実は小山家の三男で、赤崎村（有明町）の北野家に養子に入った人物である。つとに天草の新田開発で護岸工事、干拓事業を経験して自信もあったが、請負うにあたっては小山家の山林田畑を担保にし、秀を含む四人の弟たちが重要な役割を担ったとされる。居留地が出来ると今度は居留民の住宅、商店、倉庫、そして教会堂の建設へと向かい、小山商会のぬきんでた推進力、天草大工・天草石工の勤勉さと優秀さが評判になった。

織部、秀という稀代の仕事師を頂点にした小山兄弟。そのもとで黙々と――時に暴れたりもしながら――力を発揮した大工・石工・人夫など、名も知られぬあまたの天草人が力を合わせていた。加えて多種豊富な石材、木材、瓦までを天草から運ばせ、そのための船も大島で造ったのだから、今流にいえば「オール・アマクサ」で、切迫した長崎開港の、つまりは日本開国の時代を支えたのだった。

†

新しい話題もある。一に小山秀が熊本県近代文化功労者入りしたこと。二に小山が建造した長崎・大浦天主堂と、熊本・三角西港とが、ともにユネスコの文化的世界遺産に登録確実なこと。それにまた先年、映画「おくりびと」がアカデミー賞をはじめ世界中の映画賞を総なめにするなどたいへん評判になったけれども、その脚本を書いた小山薫堂さんが天草本渡の人で、実は秀の曾孫だということも言っておかなければならない。天草は御領・大島発のおそるべきＤＮＡである。

（田口孝雄）

大浦天主堂内部

関西実業界の大立者

宮崎敬介

みやざきけいすけ
慶応二 *1866*—昭和三 *1928*

ビッグボーイ、上京す

明治の世もいつしか十五年。維新の急変、西郷戦争のあおりも鎮まり、世の中は漸く平穏の日々を迎えていた。大島子村の勇太郎は普段は無口だったが、夕飯時になるといつもにこにこしながら息子の敬介に話しかけた。敬介は十七歳、すでに学齢も過ぎており、大島子音丸塾に学んでいたが、熊本中学への進学は早く断念していた。それは経済的理由でもなく学力面の理由からでもなかった。彼はその若さで天草六大銀主の一つ、池田屋の歳出歳入の仕事に専念していたのである。洋算ができる敬介は数年前からこの帳簿事務を任されており、池田屋本家にとっても手放したくない存在になっていた。

「敬介よい、われにゃこがん旧態然とした上米《うわまい》の計算どまさせて置きとうはなかと」

「………」

「二百年余りの鎖国のおかげで、日本ちゅう国は西洋にそうとう遅れとるちゅう話たい。俺ゃのい、能力のあるこりからん若《わ》っか者《もん》な海外に目ば開いて勉強すべきじゃろう、ち思うとる」

老父母を気遣う敬介を尻目に、父はなお笑って続ける。

「なーん、おっどんがことは何も心配はいらん。どがんかなる」

敬介は慶応二年*1866*、大島子村に生まれた。父角中豊平の四男であるが、子供のない宮崎勇太郎家（実は池田屋の分家）に、幼少より養子となっていたのである。池田屋の膨大な財産と耕地・山林の管理、また土木工事、問屋、上米、酒造、回漕等々多岐にわたる事業経営はこれら分家一族が分担して支えていた。勇太郎家は海浜近くにあった郷蔵《ごうぐら》（凶作に備え、救恤《きゅうじゅつ》にも用いる備蓄米＝囲い米）の管理を任されていたが、明治になって前述のような問屋場の事務に携わっていたのである。

明治十七年*1884*、塾の上級を修めた敬介は、東京は京橋入船町にあったミッション校、三一神学校への進学を決意した。実践的な英語教育に定評があり、東京在住の親戚もここを薦めていた。

「ひとかどの人間になるまでは、島子ん地は踏んじゃならんぞい」

そう言って養父が工面してくれた金五十円を握りしめ、敬介は上京した。十九歳だった。

音丸塾からの推薦状、人物・学力証明に目を通していたウィリアムズ学長は通訳官の説明にいちいち頷いていたが、目の前の色白で端正、謙虚で礼儀正しい青年——とても日本の端っこの片田舎から来たとは思われない青年——が一目で気に入り、「オー、ビッグボーイ！」と賛嘆の声を漏らす。敬介の入学が決まった瞬間であり、同時に波瀾の人生の始まりでもあった。

アメリカ留学と労働争議

神学校での学習は新鮮だった。そこにはキリスト教ヒューマニズムに基づいた整然たる人間愛の哲学があった。前近代的な田舎社会に育った敬介にとって、それは単なる信仰の違いではなかった。物事の考え方が根本から違うことに気づかされたのである。

敬介の知力と学究の精神は学長や教官たちの目を見張らせた。必修の神学部門はもとより語学においてもその成績は群を抜いていた。学長は敬介が人一倍熱心で敬虔なクリスチャンとして成長していることが何よりも嬉しかった。「ぜひアメリカに渡り、更に研鑽を積むように」と勧めるまでになっていた。帰国した暁には敬介を同校の司祭、教官として迎えようという腹づもりであった。

かくて明治十九年渡米。私人として推薦留学の草分けかとも考えられるが、ただこの留学は、学費は免除されても生活費の援助があるわけではなかった。糊口を凌ぐには体裁など構っていられず、土方、ボーイ、皿洗い、牧師代行までやってのけた。大手の食品加工会社の作業員の職にもありついたが、現実は思いの外の重労働。低賃金の上、休憩時間とて無かった。就労者は昼食後や勤務終了時などにあちらこちらに屯《たむろ》しては口々に不平憤懣をぶちまけるばかりだったが、敬介は就労者の不満の原因、経営者のモラル、会社の利益の割合などを冷静に捉えていた。やがて経営者を交えての公聴会が開かれることになった。敬介は「愛」について語りはじめた。愛こそ幸せの根源であると訴え、愛を忘れた資本主義の価値を問うたのである。人間の欲望と搾取のシステム、経営者の姿勢に及んで会場は万雷の拍手で割れた。やがてこの会社にも労働組合が結成され、敬介は推されて執行委員長の座に着いた。おのずから社会主義への傾斜もみられるようになっていく。

後年みずから語ったように、「学長には済まん方向にはってた」わけであるが、ここにも規格に収まりきれない大才の片鱗が見てとれる。

帰朝した敬介は母校に迎えられるのを丁重に、しかし頑なに辞し、袂《たもと》を分かった。みずから期するものの何たるかはいまだ茫として見えぬものの、いったん志を立てて郷関を出た身に、養父が「ひとかどの人間になるまでは…」と言い含めた別辞が心頭を去来する。ふたたび職探しの日々が始まる中、ふと受けた東京商法会議所臨時職員採用試験の会場──。

渋沢栄一との出会い、そして関西実業界の頂上へ

「英語はできるのか?」

会頭・渋沢栄一はじかにそう訊いてきた。そして予定を変更して事務職員は別に雇うことにし、敬介を「わしの秘書に」と即決した。渋沢の傍で書記の仕事に精励するうち、敬介は大手の株を買いそろえて楽しむようになった。三井、三菱、住友、鴻池…と次々に買い漁ると、面白いほどに儲かった。無論浮沈は避けられないのだが、とにかく儲かった。そんな中で渋沢から聞いた珠玉のような訓えの数々──「株にハッタリは効かぬ」「株にベテランは無い。勉強と洞察」「株は生き物で化け物」「小火傷《こやけど》は薬」等々。しかし後で述べるように、敬介が渋沢から学んだものは株取引の心得ばかりではなかった。

巨万の富を得た敬介は東京株式取引所仲買人の大手としてのし上がっていた。明治三十六年、大阪堂島米穀取引所再建を託されて支配人に就任。見事建て直しを果たした敬介の手腕はあまねく人の知るところとなった。またそのころ不振にあえいでいた大阪電灯会社(=後年の「関西電力」の母体。松下幸之助氏が見習いで入ったのもここ)の監査役を兼務していたが、株主総会の席で放った演説が満堂の支持を浴び、たちまち社長に推挙された。敬介は経営刷新に取り組み、社運は好転し発展する。かくして「会社建て直しの鬼才」ともてはやされるようになった彼のもとには、大阪界隈十九社から社長、重役、顧問など

への就任要請が殺到することになる。まさに関西実業界の重鎮として、押しも押されもせぬ存在となっていたのである。大阪電灯と大同電力はすでに生前、その功績を称えて銅像を建立した。

故郷への積善

そんな大立者も郷里の島子、そして天草を忘れることはなかった。経済人たる宮崎敬介は偉大なる師・渋沢栄一から経済の原義たる「経国済民」の精神をたっぷりと学び継承するところがあった。経済活動は「公益」を増進するものでなければならなかった。商工業は近代化し、自立し、道義性を高める課題もあった。私人の利益追求にとどまるべきでなかった。そうした理念の上につよい愛郷心が加わる。敬介は事あるごとに、ふるさとに大枚の寄付をなした。天草郡公会堂建設基金、大島子役場建設基金などが代表的なものである。

一目で有望な若者（ビッグ・ボーイ）と見て取ったウィリアムズ学長も、その後の宮崎の波瀾万丈、そして実業界の傑物（ビッグ・マン）となるところまでは予見できなかったろう。それにしても、彼が大をなすに至った淵源はやはり故郷の島子にあったと言うほか無い。殊に養父・勇太郎の開明的な考え方、加えて池田屋でのタテヨコ計算の日々に行き着くように思われる。

昭和三年十一月十一日、脳溢血で帰らぬ人となった。享年六十一。島子の人々はやがて宮崎の全身像を石に彫り、並外れた郷友の功労に感謝と顕揚のこころを刻み込んだ。像はもとの役場、今の島子地区コミュニティーセンター前庭に、シルクハットを手にして立っている。

（上中　満）

利他行を貫いた炭鉱の父

田中栄蔵

たなかえいぞう
安政四 1857—昭和七 1932

天草市河浦町にある博物館・市立天草コレジヨ館は、地元の先達として二人の人物を紹介している。一人は政治家園田直（本書232頁）。もう一人は、町の発展の基礎を築いた人物で〝炭鉱の父〟と呼ばれる田中栄蔵である。明治・大正期、この地は炭鉱で栄えており、その黄金期を支えたのが当時、〈旭炭礦〉を経営していた田中栄蔵である。一炭鉱経営者が一体なぜ、多くの人々に敬慕され郷土の恩人と仰がれるのか…、その答えを引き出すことはさほど困難なことではない。昭和二十九年十月に発行された『田中栄蔵傳』には、信条や信念に裏打ちされた言動が心温まるエピソードとともにつづられている。そして、そこにはいつも心地よい風が吹いている。まさにこれが田中栄蔵の尊さに違いない。

御用商人の子から実業界へ

栄蔵は、材木業を営む田中仙助の次男として安政四年に江戸で生まれた（幼名、栄次郎、本家は飛騨高山）。九歳で父と死別した後しばらく尾張藩の御用を務めていたが、明治六年、実業界入りを決意し三井組（後の総合商社）に入社した。やがて経理責任者として神岡・三池鉱山に勤務し、明治政府が三池炭鉱を三井に払い下げる際、炭鉱受取の大役に抜擢された。その後、青森、広島勤務を経て、明治三十年、東京本店への辞令を貰う。しかし、ここで転機が訪れる。同じ三井銀行の下関支店長で彼の先輩である井上静雄から旭炭礦（三井銀行が共同経営していた炭鉱）代理人のポストの話が舞い込んだ。明治三十二年、兼ねてよりもっと男らしい仕事をしたいと考えていた栄蔵は、三井に居れば出世間違いなしの重要椅子を投げうって、天草の一町田へやって来た。

その頃は炭鉱経営が一番苦しい時で、代理人・田中の懸命の努力にもかかわらず、やむなく閉鎖解散に追い込まれる。一町田は火が消えたようになった。鉱区の経営は秋田鍬三郎へ、毛利侯爵家へと渡っていったが、不況のさなかでもあり、どうにもならなかった。明治三十五、六年のことである。これを見た栄蔵は困難を百も承知で自営を決意し、敢然として旭炭鉱と四つに取り組んだ。

まず、これまでの人力に頼る採炭法を見直し、輸送力の改善に着手した。軌道の上を馬が炭車を引いて走るさまは当時の人々を驚かせたが、資金調達には四苦八苦、まして私生活は火の車だった。こうした中、日露の国交にも暗雲が覆いはじめる。栄蔵は時局を考え、無煙炭をぜひ国防上に活かしてもらいたいと海軍へ採用方を願い出た。初めは聞き入れてもらえなかったが、度重なる訴えとその熱意に動かされた当局は、試験の機会を与えた。そして明治四十一年、御用炭として合格の太鼓判を取り付けた。これが栄蔵の運命を開くきっかけとなった。

♣**天草の炭鉱と無煙炭**について…記録に残る天草の炭鉱では、天保年間に露天掘りが開始された志岐が最も古い。次いで魚貫でも露天掘りが始まった。一町田で古いのは明治二十年、日向坑を門松才造、秋田鍬三郎らが創業、明治二十五年に奥河内坑を門松才造、島上熊吉らが創業したとされる。また、同年には今富の小島坑も

弦書房

出版案内

2025年

『不謹慎な旅２』より
写真・木村聡

弦書房

〒810-0041　福岡市中央区大名2-2-43-301
電話　092(726)9885　　FAX　092(726)9886

URL　http://genshobo.com/　E-mail　books@genshobo.com

◆表示価格はすべて税別です
◆送料無料(ただし、1000円未満の場合は送料 250円を申し受けます)
◆図書目録請求呈

◆渡辺京二史学への入門書

渡辺京二論 隠れた小径を行く

三浦小太郎　渡辺京二が一貫して手放さなかったものとは何か。「小さきものの死」から絶筆『小さきものの近代』まで、全著作を読み解き、広大な思想の軌跡をたどる。

2200円

渡辺京二の近代素描4作品（時代順）

＊「近代」をとらえ直すための壮大な思想と構想の軌跡

日本近世の起源 戦国乱世から徳川の平和へ【新装版】

室町後期・戦国期の社会的活力をとらえ直し、徳川期の平和がどういう経緯で形成されたのかを解き明かす。

1900円

黒船前夜 ロシア・アイヌ・日本の三国志【新装版】

◆甦る18世紀のロシアと日本　ペリー来航以前、ロシアはどのようにして日本の北辺を騒がせるようになったのか。

2200円

江戸という幻景【新装版】

江戸は近代とちがうからこそおもしろい。『逝きし世の面影』の姉妹版。

1800円

小さきものの近代 1・2（全2巻）

明治維新以後、国民的自覚を強制された時代を生きた日本人ひとりひとりの「維新」を鮮やかに描く。第二十章「激化事件と自由党解党」で絶筆・未完。

各3000円

潜伏キリシタン関連本

【新装版】かくれキリシタンの起源 信仰と信者の実相

中園成生　「禁教で変容した信仰」という従来のイメージをくつがえす。なぜ二五〇年にわたる禁教時代に耐えられたのか。

2800円

FUKUOKA Uブックレット⑨ かくれキリシタンとは何か オラショを巡る旅

中園成生　四〇〇年間変わらなかった信仰——現在も続くかくれキリシタン信仰の歴史とその真の姿に迫るフィールドワーク。

680円

アルメイダ神父とその時代

玉木譲　アルメイダ（一五二五～一五八三）終焉の地天草市河浦町から発信する力作評伝。

2700円

天草島原一揆後を治めた代官 鈴木重成

田口孝雄　一揆後の疲弊しきった天草と島原で、戦後処理と治国安民を12年にわたって成し遂げた徳川家の側近の人物像。

2200円

天草キリシタン紀行 﨑津・大江・キリシタンゆかりの地

小林健造［編］﨑津・大江・本渡教会主任司祭［監修］　隠れ部屋や家庭祭壇、ミサの光景など﨑津集落を中心に貴重な写真二〇〇点と四五〇年の天草キリスト教史をたどる資料

創業された。天草諸島は主に約七割を占める古第三紀層から形成されており、特に天草中部・南部の炭田は、熱変成を受けていない良質の石炭「キラ炭」（無煙炭）が多く埋蔵されている。天草無煙炭は世界でも稀な上質炭で、大部分が灰分一〇％以下、固定炭素八十五％以上、発熱量七千五百カロリー以上という高水準の優良炭であった。旭の無煙炭は、海軍燃料廠に優秀炭（煙が少なく敵艦に発見されにくい）と折り紙をつけられた。声価は天下にうたわれ、旭のマークは信頼の象徴と化した。

時代の流れと盛衰

大正時代に入ると第一次世界大戦が勃発、今まで冷え切っていた日本の経済界、産業界は一気に息を吹き返した。ついに、礦の黄金時代がやってきた。掘っても掘っても足りない石炭は国内で取り合いとなった。すでに栄蔵の長男仙之助が礦務主任をしており、軌条の改良や積出港の建設にも力を入れた。また、崎津に二百～三百トンの船の造船所と私立高等海員養成所もつくり、船による輸送に全面的に乗り出した。さらに、愛国・敬神の念が厚く古江大神宮の造営に莫大な寄進をしたり、本渡と一町田間に客馬車の定期便を開設（大正二年）、益田宇曽越道路の改修（同七年）、一町田信用組合の創立（昭和六年）などと社会事業家として今日の河浦町発展の基礎を築いたのである。彼の一徹の夢はほぼここに到って、旭の無煙炭は全国に知れ渡り、社旗が日々ひるがえった。その後しばらくは好調を続けたが、やがて特需の反動で不調傾向となり、昭和三年四月には旭炭鉱の一大販路であった海軍納炭契約も満了する。世の中は機械革命が起こり石炭から重油を使うディーゼル内燃機関が割り込んできたのである。益々旭の社旗も傾き、一時事業を中止するに到った。何度も荒波を越え堪えてきた彼であったが、親しい社員を解雇せねばならず七十を過ぎた体と共に心痛極まったであろう。

復活、そして最期

彼は今一度旭炭鉱の復活を考え、老いの身にムチ打って東奔西走、新販路開拓に汗を流した。その成果が実り、海軍納炭に次ぐ快挙として、昭和四年から八幡製鉄所に納めることになり、休業数ヶ月で再び旭の社旗がひるがえって息を吹き返した。同五年からは練炭製造も始め、全国にその販路を広げ多大な利益を得た。しかし翌年、心労と多忙から胃を痛めて九大病院に入院。職員を呼び寄せて病床から仕事の指示を出した。彼は闘病生活をきらい、中途退院して福岡市内の自宅に移ったりした。同七年の正月には村の有志や社員を招いて全快祝いをした。しかし、十二月になると胃痛が再発する。彼が病床についてから三日目に容態にわかにあらたまり、十二月六日に永眠する。享年七十六。

訃報を聞いた村人たちの驚きは例えようがなかった。慈父を失ったように落胆し心からその死を悼んだ。二月八日、神仏両式で厳かに村葬が営まれた。寒風の中、島の内外から葬儀に集まった人々で小学校の運動場は埋め尽くされた。各方面から寄せられた弔辞は霊前に山と積まれ、彼の生前の功徳と温かい田中精神を物語った。

語り継がれる田中精神

栄蔵は生前故郷を偲んで朝食にはイチイの葉を包んだ焼味噌を食べていた。非常に物資を大切にする性格で、いつも「勿体ない」の一言を言い、靴下や手袋を何度も繕い着用した。落ちている一本の釘や縄でも、タバコの箱紙や小さな紙切れさえ再利用していた。旅先の旅館では、一度使った割り箸をよく拭いて袋に納め、後から持ってきた割り箸は持って帰り客人用に使用した。

万事がこの調子で節約を旨としたが、気の毒な人を見れば、じっとしていられなかった。不遇の人にはおしみなく私財を投じてこれを援《たす》けている。そこには、何者にも支配をされない純粋でひたむきな信念が潜んでいる。田中栄蔵にとって埋もれた地下資源の開発も、教育によって人材を啓発することも、全く同じだったのだろう。そして、その田中精神が自らの会社経営にうまく活かされていたのだろう。

大の表彰嫌いで、数々の表彰を「私は借金して仕事をしている。いつ夜逃げせねばならぬかも…」と断り続けた。尾州（尾張藩）きっての富豪の先祖の輝かしい業績が無言の中に彼を励ましたに違いない。真面目で勤勉、努力家で几帳面、誠心誠意の真心で人の信頼と支持を得た。義理堅く、人情に厚く、常に温情を以て人に接し、おのずから敬慕の的となった。

彼の座右の銘を次に紹介しておく。

正義を友とし、義務の観念を養い、己を責むること厳にして能《よ》く人を容《ゆる》し、寛大と公正とを以て人に接し、疑心を去り愛を喜び、盲念迷想に支配せらるゝことなく、常に心を平和にして清風明月の如くならしめ、神に信頼して日々来《きた》るべき無限の祝福に感謝すべし。

栄蔵の長男仙之助は、昭和十八年十二月二十八日、父が汗と膏で築き上げた一切の土地建物を、「父の志です」と言って村に寄贈した。山林四反、田畑二町、雑種地八反五畝、宅地四千坪、建物二十棟延べ五百坪という途轍もない、そして尊い贈り物である。

昭和三十八年、熊本県近代文化功労者として顕彰された。そして今日も、郷土の人々に炭鉱の父と仰がれ、その精神は、語り継がれているのである。

（片白健次・川上謙二）

ステージ6

潮路はるかに

アフリカでバルチック艦隊に遭遇した天草人の成功物語

赤崎伝三郎

あかさきでんざぶろう
明治四 *1871*—昭和二十一 *1946*

大山卯治郎博士の驚きと感激

昭和二年 *1927* 外務省派遣アフリカ調査団長法学博士大山卯治郎は、アフリカ大陸東南方マダガスカルのディエゴ・スワレズで、ただ一人の日本人、天草郡高浜村出身の赤崎伝三郎に会った。当時のマダガスカルは、フランス領になって三十年ほどの〝未開〟の地だった。現在もまだ旱魃と焼き畑農業で森林破壊が止まらず、国のシンボルであるバオバブやキツネザルなどの野生動植物が消滅の危機にさらされる後進の国である。赤崎は当時市中のコルベール通りとエティーネ遊歩場一帯に、超一流のホテル〈オテル・ドゥ・ジャポー〉や映画館〈シネマ・ドゥ・ジャポー〉、また東京銀座の商社に発注しての雑貨店などつぎつぎに経営を広げ、威風堂々の赤崎王国を作りあげ、マダガスカルの富豪になっていた。万里の波濤の彼方、懐かしくも慕わしい故国日本からの調査団を迎えた赤崎伝三郎は、〈オテル・ドゥ・ジャポー〉に同地の官民三百余名を招待し、大山博士一行の歓迎会を催す。「万里の異郷でこの成功せる同胞に相見え得たことはまことに欣快であった」と、大山は驚嘆と感激をもって、その歓待の模様を視察報告に書き遺した。

高浜皿山焼の終焉

赤崎伝三郎は明治四年1871に、高浜焼きのふるさと皿山に誕生した。遠祖は天領天草郡大江組大庄屋として近郷八カ村を取り仕切る名門であった。キリシタン一揆以前からのこの地域の指導者階級で、元和三年1617の禁教時代、五九名のキリシタン指導者が、署名花押して提出したイエズス会所属宣教師の活躍を証言する文書に、寛永十四年1637の天草島原一揆で大きな役割を果たした大矢野村ロレンソ惣代渡辺小左衛門（天草四郎の姉婿の兄）、上津浦村庄屋梅尾七兵衛ミゲルなどとともに、「大江村赤崎エステワン」という名が混じる。赤崎伝三郎の遠祖である。天草島原一揆当時大矢野に蜂起したキリシタン勢は天草上下両島の北部海岸を進撃した。この戦線から外れた天草西海岸一帯は一揆参加者が少なく、隠れキリシタンとなり、文化二年1805の〈天草崩れ〉に露見するのだが、棄教した赤崎一族はその後も代々大江組大庄屋としての身分を継続し、四代赤崎伝左衛門の病気引退を理由に、隣郷高浜村に転住した。高浜村庄屋役座上田家とは遠祖より姻戚の縁を結び、代々赤崎家から妻を入れた。平賀源内が「天下無双の上品」と激賞した天草陶石を用いて、枝郷皿山に赤崎窯を開窯する。伝三郎は上田家分家で小学校まで育ち、十六歳で高浜焼の焼き物師父林次の元に帰り、二十二歳で結婚して家業を継ぐ。その当時伝三郎が焼いたと言われる大花瓶が、高浜に現存する〈白磯旅館〉に残っているが、染付の単彩で優美な形ながら、堅牢さを兼ね備え、伝三郎の「美」に対する生来の芸術的感覚が透けて見える。伝三郎がその後の波乱の人生に、繊細な感性を保ちつつ、したたかな生命力を失わなかった精神の強靭さが窺えるのである。焼き物師として生きる方途があったならば、一流の域に達する人生を全うしたことだろう。地理的に僻遠であったために採算ベースに乗せるための販路確保が困難を極め、また日清戦争後の不況のあおりを食い家業は傾いて行った。家産を整理し、運搬のための駄馬悉《ことごと》く売り払ってなお、三千円の借金を残して、高浜皿山焼の歴史は終焉《しゅうえん》する。

地球を半周、マダガスカル島へ

三千円の借金を背負い、伝三郎は長崎で様々の職を転々として、外国人居留地内の長崎ホテルのコック修業に就く。このホテルはイギリスの貿易商フレデリック・リンガーが建てた本格的ホテルで「料理は芸術」という哲学を持つフランス人のコック長の指導下に、伝三郎の料理には生来の芸術性の磨きが加わってゆく。このホテルでの修養の成果が、伝三郎のその後の人生に幸運の一端をつかみ取らせたのである。しかし当時の借金三千円は過酷だった。伝三郎は海外への出稼ぎを思い立つ。

妻の実家の猛烈な反対にやむなく妻トヨを離別した明治三十五年、単身下関から上海へ、さらに香港へ渡る。三十二歳であった。ここで三年半のコック稼業に就き、その年八月仏領インドシナのサイゴンへ南下するが、この地で重病に侵され療養を余儀なくされる。同郷の知人森國五郎の食客となり、後に再婚の相手となる娘チカ子の手厚い介抱を享ける。恢復ののち、チカ子とともにさらに日本人未踏の地をめざして行く。シンガポールからインドのボンベイへ。インド洋を西進し、スエズ運河の南の端紅海先端のジブチを経てアフリカ大陸東岸のザンジバル島へ。この地に滞在する間に仏領となって間もないマダガスカルの情報を得る。赤崎伝三郎夫妻はアフリカ大陸東南端の洋上遥かなマダガスカル島についに旅装を解くに至るのである。明治三十七年一月だった。

バルチック艦隊との遭遇

赤崎夫妻が上陸したディエゴ・スワレズはマダガスカル島北部の要港で、市街地ではフランス語、周辺では現地語が通用するいまだ統制のとれぬ行政体制であった。この年日露戦争が始まる。

フランス植民地軍兵営の前で始めたトタン屋根バラックのバー経営も順調に推移し、七か月後には千円の借金返済が出来た。その頃日本侵攻を目指すロシアのバルチック艦隊が、日英同盟により、英国領のスエズ運河を運航できず、アフリカ大陸南端の喜望峰を大廻りし、ディエゴ・スワレズに入港して来た。当時、ロシアはフランスの同盟国であり、マダガスカルは仏領であった。敵性国日本人伝三郎の命の保障など望むべくもない熾烈な情勢であった。合計三十八隻の大艦隊は、ディエゴ・スワレズで膨大な量の石炭積み込みの作業を終え、漁村ノシベで長期休養に入った。

伝三郎の愛国の血が沸騰した。インドのボンベイ日本領事館宛にローマ字綴り日本語で打電するという命がけの行動に出る。このことがのちの対馬沖海戦の勝利に寄与する一端となるのだが、敵性国人として、再三再四現地官憲の厳しい取り調べを受けることになった。生死を分ける恐怖の中で、商売を開始せざるを得なかった伝三郎だったが、物価暴騰の情勢は赤崎に好都合であって、たちまち二度目の借金返済を可能にした。日露戦争に勝利したのち、伝三郎のこの命がけの行動は、日本海軍から高い評価を得、感謝状が贈られている。

現白磯ホテルに残る伝三郎の遺品の中に、フランス語の芸術作品のような会計帳簿類がある。几帳面な経営法と威厳あるカイゼル髭。当時の伝三郎を象徴するものであった。大正五年発行の『植民地大観』に「酒類の品質上等にて廉価、食物は廉価にして滋味に富むとの好評を博して繁盛し、地所及び家屋数戸を所有し、資産も作り信用を博し順境に入れり」との記述がある。
〝洗い出し〟工法による洋館の外装は百年近い歳月を経て、雨漏りに黒ずんだ部分もありながら、色褪せず堅牢な美しさを保っている。三層の屋根の重なりの重厚な和館の玄関を訪うと、養子八十八氏の子息巧一さんの笑顔があった。あの顔にカイゼル髭を載せたら伝三郎ではないかと二人に共通した顔立ちの良さを、私は無作法にもしげしげと眺めた。国登録有形文化財となっても雨漏りひとつ直す予算も組まれぬ今となっては、荷厄介かもしれぬ伝三郎の残した広壮な邸は、しかし細部を見れば伝三郎の繊細な芸術性が到る所に、躍如と面目を保っていた。

「今浦島」の祖父、そして父

当時の新聞に「今浦島」ともてはやされた伝三郎は、錦衣帰郷後、祖国に故郷に、その生涯を掛けた浄財を贈り続ける。老朽化した麦藁屋根の高浜小学校、皿山分校を瓦葺の近代的校舎に生まれ変わらせ、また社会事業面でも日本赤十字社、村の在郷軍人会などへの寄付を惜しまなかった。

伝三郎が帰国した日本はその後軍国主義の時代へのめりこみ、戦争へ突入する。そういう時代ながら伝三郎は、日本各地を巡る旅をし、病弱の妻チカ子を労り、静かな晩年を全うした。

栄光の祖父・伝三郎を語り、祖父の栄光を守るべく辛労を重ねながら不慮死した父・八十八への尽きせぬ惜別を語る巧一氏の笑みの裏に惻惻たる寂しさが滲んでいた。幾度かの筆者の訪問にもいつも笑顔で案内の労を取ってくださったが、歴史の波に翻弄された身内の、筆舌に尽くせぬ思いは語らぬ覚悟の柔らかな語り口であった。

（山口睦子）

ベトナム独立運動にかかわりつづけた実業家

松下光廣

まつしたみつひろ
明治二十九 *1896*—昭和五十七 *1982*

私たちは、第二次世界大戦後、アジア、アフリカ、ラテンアメリカなどの諸地域で多くの国々が植民地の重い鎖を断ち切り、西洋列強の支配から次々に独立していったことを承知している。しかし、明治末年にベトナムに渡り、終始一貫、その民族独立運動を支援しつづけた天草出身の実業家がいたことを私たちは余りにも知らない。松下光廣、男気のベトナム人生を追う。

十五歳でベトナムへ

明治四十五年 *1912* 一月、十五歳の少年松下光廣は仏印（フランス領インドシナ）への渡航を決意、ハノイから一時帰郷中の伯母・橋口セキとともに故郷大江村（天草市天草町大江）を後にした。県立天草中学校（旧制）の選抜試験合格を棒に振り、両親の強い反対を押し返しての思い立ちであった。

明治の天草では南洋に活路を求める男女（カラユキどん・カラユキさん）が珍しくなかったが、日露戦争後はいっそう海彼への関心が高く、とりわけ隣の高浜村から聞こえてくる赤崎伝三郎（本書148頁）のマダガスカルでの成功譚は村の少年たちの〈海のかなた〉への憧れを掻き立てていた。それにマダガスカルもベトナムもともにフランス領であり、村人の尊敬の的・ガルニエ神父（本書82頁）がフランス人であり…近代の日本人一般が漠然と抱いてきた「フランス」への憧憬とは少し違うものがあった。

長崎を船出した二人は香港を経由し、一週間かけてベトナムへ。伯母はベトナム第二の都市ナムディンでフランス人相手の雑貨店を構えており、光廣少年はまずはその家に居候することになった。

光廣はフランスの将校についてフランス語の、ベトナム人教師についてベトナム語の習得に励むかと思えば、早稲田大学法科の講義録、商科の講義録、商業英語のテキストまで取り寄せて独学した。それも毎朝四時に起きて洗濯屋でアルバイトをしながらのことである。居候に区切りを付けたかった。

渡越から三年、光廣は池田洋行や富茂洋行で貿易業務に従った。石山ホテル（天草の島子出身石山ゆき経営。岸田国士の戯曲のモデルになるなど有名だった）に足しげく通ったのは情報入手のためでもあり、またホテルが客に出すパンの切れ端などを弁当代わりに貰って口を糊するためでもあった。大望のためにはわずかの出費も惜しまなければならなかった。渡越から六年、サイゴンの三井物産出張所に採用された光廣は、ますます商社マンとして貿易業務全般を体得してゆく。それら苦学力行の日々、豊富な業務経験は後年の自社経営の基礎となったが、彼はただのモーレツ社員ではなかった。そのころ松下は日本から河上肇の『貧乏物語』を取り寄せて読むような人だったし、文化の国ならぬフランス帝国主義の獰悪さ、そしてその支配下で苦しむベトナム人の現実を目の当たりにしていたのである。

ベトナムの歴史は侵入してくる外国勢力に対する抵抗の歴史だったといわれる。そのベトナム人に勇気を与えたのが日露戦争に勝利した日本であった。「同じアジアの小さな島国が大ロシア帝国を打ち破ったのだ。日本に学べば、自分たちだっていつかは……」と彼らは考えた。すでに三百人近い若者が反仏独立の志に燃えて日本に渡っていた。「おりゃあ南洋に行って偉うなって帰って来る」と言って故郷を出た光廣だったが、行った先のベトナムは、その時期そうした気運——日本の維新に学べという「東遊《ドンズー》運動」の只中にあったのである。松下は持ち前の正義感あるいは義侠心のゆえに、おのずからその渦中の人となっていった。後年、当時を振り返ってこう語っている。「私がただ日本人というだけで、志士たちは、信頼してやってきたにちがいありません。その時から私は、訪ねてきた志士たちの独立と自由への切々たる悲願に魂の底で共鳴し、古くは中国の弾圧に苦しみ、さらにヨーロッパ植民主義者の圧政に呻吟苦悩しているベトナム民衆に同情の念を強くするとともに、その桎梏を打破すべく命をかけて抗争している革命家たちの言動に深く感動させられたものです」*13

破竹の〈大南公司〉、そして反仏独立運動

大正十一年*1922*、二十五歳になった松下は島原出身の前田キサと結婚した。ハノイの〈鮫島ホテル〉を買収したのもそのころである。この年は松下の渡越十年目に当っており、彼はここを先途と打って出た。ついにハノイ中心部に宿願の貿易会社〈大南公司〉を旗揚げしたのである。松下は大南を称することで自分がベトナム民衆の支援者であることを宣言したも同然だった。かたわらベトナム人が裸足で気軽に出入りできる日用雑貨店を出店、大いに喜ばれた。松下はいつしかベトナム人の感覚と目線をみずからのものにしていたのである。大南公司の社長室には反仏独立運動の志士たちが頻繁に訪れた。ハノイ市民は大南公司を「昼は商社、夜は革命運動の司令部」とささやいた。

反仏独立運動の志士たちが盟主と仰いだのは、グエン王朝の王子クォン・デ侯であった。クォン・デ

侯は明治三十九年1906日本に亡命。以後世界の各地を転々としながらも、終焉の日（昭和二十六年四月六日）までの大部分を東京に潜伏した。フランス官憲の要請を受けた日本警察の監視が厳しい中、東遊運動のベトナム青年、大川周明の大アジア主義に共鳴する日本青年などがその身辺を固めた。すでに文通関係にあったクォン・デ侯と松下とは、昭和三年1928になってようやく台湾で初めて会い、固く手を取り合う。以後深い信頼関係の中で松下は侯や志士たちに本格的に資金援助を開始し、侯は松下をベトナム探題＝みずからの現地代理人に任じ、同志たちへの連絡、結束の要とした。

大南公司は総合商社として着実に発展し、大会社となった。ベトナムだけでなく、タイやビルマなどまで営業範囲は広まり、支店は九、出張所は三十以上、従業員は最大九千人を数えた。総合商社は何でも扱った。日本の要請で飛行場も突貫工事で作った。マレー沖海戦でイギリス戦艦を轟沈させた海軍機はその飛行場から進発したのだった。

戦後の松下光廣

日本の敗戦は松下からすべてを奪った。勢いを盛り返したフランスは松下を戦犯容疑で追う。昭和三十年に至ってもなお松下のことは匿名で書かれねばならなかった。フランス文学者小松清が書いた松下の面影を次に…。小松もまたベトナムに心を寄せ、クォン・デ侯と親交のあった日本人の一人だった。

「インドシナではD王国とまでいわれたほど手広く商売をしていたM氏は、（…）敗戦と共に、サイゴンを飛び立った最後の飛行機で、インドシナを脱出して日本に帰ってきた。インドシナに残した財産の全てを失ったのは云うまでもない。それだけでなく、一時は、フランス官憲の追求を受けて身辺の不安を感じる時があった。しかし、裸一貫で仏印三界にまでのり出し、四十年に近い努力の末、あれだけの大を成しただけあって、帰国してからも、戦後の苦難に立ち向かって活路を開いた。（…）肉づきのよい、日に焼けた赭《あか》ら顔のM氏は、一見いかにも努力型の、精力的な体軀と闘志に溢れた気魄の持ち主だった。ひき締った口、三日月型の額の傷痕が、M氏の風貌に凄みを加えていた。しかし、出ばった下腹に柔らかい両手をそっとおいて、眼尻をさげるようにして話すときの彼の表情には、強靭な性格につつまれた、情に脆い、やさしい人柄を感じさせた」[*14]

†

昭和五十年ベトナム戦争終結。戦後の国情は松下をまたも「追放」したが、その危険な最後の日々にも松下は残ってビエンホアの孤児院に通い、戦争が生んだ数多くの孤児たちを守ろうとした。天草大江村の孤児院〈根引きの子部屋〉の記憶が重なっていたかもしれない。また松下には「日本人望郷寺」を建てる気持ちが早くからあった。遠い外地で母国に想いを馳せながら死んでいった多数のカラユキさん・カラユキどんを弔うためである。実現しないままの帰国となったが、松下心底の念願だった。

最晩年の二年間を、松下は後添いの千代とともに故郷の大江で過ごした。村人は松下が日課のように何《が》医院を訪れるのを訝《いぶか》ったが、実は何家と親類筋の何盛三《がもりぞう》という人物は、クォン・デ侯と松下を東京で最初に引き合わせようとしたほどの同志だったのである。胸をたぎらせた「あのころ」への想いは尽きることが無かったであろう。しかし、松下は固く口を閉ざし、誰にも「あのころ」を語ろうしなかった。唯一、北野典夫（本書209頁）以外には…。昭和五十七年二月九日、天草第一病院で波瀾に満ちた八十六年の生涯を閉じた。葬儀は大江の生家で天理教式により営まれた。

（松浦四郎）

長崎三大女傑の一人

道永エイ

みちながえい
万延元 *1860*—昭和二 *1927*

明治の長崎を舞台に活躍した天草出身の女性実業家——道永エイ。ホテル経営で成功し、日露親善の橋渡しとなった女傑は、ホテルの所在地に因んで「稲佐のお栄」、「稲佐の女王」と呼ばれ、またロシア海軍と深く関わったことから、「オロシアお栄」とも「ロシア海軍の母」とも呼ばれた。

ロシア海軍との出会い

道永エイは幕末の万延元年 *1860* 二月、天草は大矢野の登立村（現、上天草市大矢野町登立）に生まれた。当時の天草は狭い耕地に多くの人口を抱え、「毎日がカライモとイワシんシャア（＝菜、おかず）」と言われる貧しさを幾分なりとも助けようと、若い男女は次々に出稼ぎに出て行った。エイも十二歳で長崎県野母崎の茂木に渡り、子守奉公や旅籠〈さざなみ屋〉の下働きなどを重ねて成長した。

さざなみ屋の年季が終了した明治十二年、同じ天草出身で稲佐のロシア料理店〈ヴォルガ〉経営者の諸岡マツの世話で、近くのロシア海軍士官宿泊所の食堂で働くことになった。この職場を得たことがエイの一生を決定づけた。

エイはそこでロシア語の習得につとめた。満足に教育を受けていない娘がロシアの将校たちと自由に会話できるようになるには、相当の苦心を要したことであろう。それから二年、不敵にもロシアの軍艦バルトに密航さながら乗り込み、極東の港町ウラジオストックへ渡る。その後も同港へは三回渡航し、仕入れた大村湾の真珠をイタリア商人に売り、何十倍もの利益を上げたとの商才エピソードを持っている。またロシア海軍とともにイギリス統治下の国際都市・上海へも出かけて見聞を広め、西洋式のマナーなども身に付けていった。

エイの語学力は、長崎県に提出するロシア人宿泊願い（日・露両国語）を自分で書き、わずらわしい書類手続きを滞りなく済ませるまでになっていた。このようなことがロシア海軍に認められ、エイは二十四歳の若さで士官宿泊所の総責任者に抜擢されたのである。

翌年、――これは事情がよく分からないのだが――諸岡マツなどの勧めで島原の北有馬から八歳になる女の子・チヨを養女に迎え、家族を持つ身となった。

ホテルの名は〈ヴェスナ〉

二十九歳になったエイは、明治二十二年*1889*、浦上淵村の高台に三百坪の土地を借りて三階建てのホテルを建設、Весна́〈ヴェスナ〉の看板をかけて独立開業した。「春」を意味するそのホテル名は、ロシアからの客にはどんなにか心地よく響いたことだろう。長い長い極寒の日々を過ごすロシアの人々にとって、春の到来を待つ心はまことに格別だからである。またエイ自身、人生の春が巡って来たことを象徴するホテルにしたかった。

そのころ稲佐は「稲佐租界」とか「ロシア村」とか呼ばれ、ロシアの極東艦隊が定期的に入港、また将兵が居留するバタくさい界隈へとその姿を変えていた。ホテル〈ヴェスナ〉は艦隊が往来するたび連日の賑わいとなった。そのためロシア海軍の母・お栄の名は首都ペテルブルクでも知られ、皇帝は彼女に勲六等の勲章を与えたという（西日本新聞、昭和五十一・十一・六「肥後猛婦列伝」）。

ホテル開業から二年後の明治二十四年四月二十七日、シベリア鉄道の起工式を終えた皇太子ニコライ二世が軍艦三隻を率いて長崎に寄港。歓迎式典が行われる五月四日までの間、非公式にロシア人墓地訪問や名所散策をして時を過ごした。この時皇太子に拝謁したエイは一行の接待役をつとめ、民間人として両国親善に貢献するところがあった。好感をもって長崎を出発した皇太子であったが、五月十一日、巡査に切りつけられるという全く予期せぬ事態（大津事件）に遭遇する。

稲佐のお栄

明治二十七年三月、エイは未婚のまま、男の子を出産した。長崎の人たちは、ロシア将校クロパトキンの子だと噂した。真相は明らかでないものの、まるで根も葉もないことではなかったようで、エイが長崎市内平戸小屋烏岩神社下に自宅兼ホテル Heвá〈ネヴァ〉を建てる――今度はロシアで名高い河の名をとって命名――と、陸軍大臣となったクロパトキンが軍事視察の名目で来日し、二十日間も宿泊している。クロパトキン帰国後、エイの戸籍に「長男・敬」が入った。日露戦争勃発前年のことであるが、一途で健気な〝母親〟の姿がそこにある。

戦後エイは、捕虜となったロシア陸軍のステッセル将軍（乃木大将との水師営の会見で有名）を〈ネヴァ〉

に迎える。将軍の宿舎として、長崎県がエイのホテルを指定したのである。エイは紋付で出迎えた上で平時の将軍待遇を心がけ、極上の紅茶、菓子、果物等でもてなした。ステッセルは上海へ移されるまでの四日間をネヴァでゆっくり過ごし、出発に際してはエイに礼を述べつつ、長崎県知事への礼状を託した。これが知事の手もとに届くや、一躍「稲佐のお栄」の名が広まった。

天草生まれの真骨頂

日露戦争の勃発はおのずから国民の間に反ロシア感情を増大させ、親ロシアで名を馳せた道永エイは俄《にわ》かに世間の冷たい風当たりにさらされる。しかしエイはそんな逆風に耐え、そこは実業家らしく、自分の出発点となった野母崎の茂木に〈茂木ホテル〉を旗揚げした。講和条約締結の日（明治三十八年九月五日）に合わせたオープンは、今まで自分を育ててくれたロシアとの別れの儀式にも似ている。

昭和二年五月十一日、エイは平戸小屋烏岩神社下の自宅で六十七歳の生涯を閉じた。まことに男勝りの、普段は控えめながら出る時は出る、また何事をも「これがのさり（運命）」と引き受けて不平は言わず、あっけらかんとして辛抱も献身もいとわぬ「天草女ご」――その鮮やかな軌跡であった。

†

墓は長崎市大島町（前平戸小屋町）にある。戒名、量昭院明誉瑞顔童栄善大姉。墓の傍らには《お栄さんの道》という碑が建っていて、九州一円の緑茶をアメリカに売り込んだ「大浦お慶」、幕末の女性ドクター「シーボルトおいね」とともに、「稲佐お栄」を「長崎三大女傑」の一人に数えている。

（山川清英）

宇良田タゞ《うらたただ》

豪快にして温情豊かな女医

明治六 *1873*―昭和十一 *1936*

宇良田タゞを知る牛深の人たちは、異口同音に
「名前と違《ちご》て、とつけもにゃぁ女子《おなご》じゃった」
と言う。名前とは裏腹に、なにかにつけ並外れた女性だったというのである。
明治二十三年 *1890*、十八歳のタゞは同じ牛深の豪商・塩屋の若主人浜田保七との縁談に応じたものの、二・三ヶ月後には「わたしはもっと勉強がしたい」と言って出奔、熊本で薬局を営む親類筋に下宿しながら熊本薬学校に学んだ。二年後には正規の薬剤師として新細工町で漢方薬局を開業したが、向学心の強い彼女はさらに医師たらんと志す。背景に眼病に苦しむ人々、眼科医のいない地域の現実があった。

日本近代医学の黎明期、日本女性初のドイツ留学

周知のように、新日本建設を目指す明治政府は漢方医術を排し西洋医術を採用したが、現実には洋方医は至って少なく、その養成は時代の国家的急務であり、各地に公私立の医学校が開設された。また政府は医学の範をドイツに求め、ドイツ人教師を招いて医学研究と医師養成の体制を確立してゆく。国費

による医師のドイツ留学は明治三年1870に始まったが、以後意欲的な医師たちは私費を投じても相次いでドイツへ渡る。彼らの熱心な勉強ぶりはかの地で評判だった。ちなみに森鷗外のドイツ留学は明治十七年から、北里柴三郎のそれは同十八年からである。

タゞが熊本の薬局をたたんで上京し、入学を果たした医学校は私立済生学舎といった。明治期に医師になった人の半数はここの出身だったといわれ、世界的な細菌学者・野口英世や東京女医学校（のちの東京女子医大）を創立した吉岡弥生など、近代医学草創期の俊秀が数多くつどっていた。そんな中で猛烈に勉学したタゞは、…敷布団を縦二つに折って寝る、ゴロッと転げ落ちて目を覚ます、それでまた机に向かう…という按配で、こういう〝就寝〟法はのちのちまで続いた。明治三十一年、早くも医術開業試験に合格、日本で六十一人目の女医として内務省の医籍に登録された。タゞ二十五歳。

医師となったタゞは北里柴三郎の北里研究所に野口英世などと共に入所し研鑽を積む。北里博士がドイツに渡って研究し世界的に名を成す業績を上げたことは言うまでもないとして、我らは宇良田タゞの人生に最も大きな影響を与えた人物としてもこの偉大な細菌学者を忘れることは無いだろう。

明治三十六年1903一月の〈日本女医会新年会〉は、〈宇良田タゞドイツ留学送別会〉を兼ねて東京九段の富士見軒で行われた。タゞは北里博士の紹介状を携え、横浜からドイツ・マールブルクに向け出発した。八重の潮路を越えてゆく、地球半周の旅である。タゞ三十歳。

†

タゞの生家・宇良田家は、天草で「銀主」と呼ぶ指折りの富豪で、遠祖は唐津寺沢藩の武士。天草島原一揆ののち士分を捨てて天草・牛深へ渡った。以後、海産物の交易を中心に新田開発などよろず商いをして、屋号を〈萬屋〉と称した。ところが父の玄彰は高名な自由民権運動家となり、次女のタゞはその慈愛と自由思想のもとですくすくと育っていったのである。留学に当たっては、渡航費用をはじめ向こうでの学費・書籍代・生活費など一切は父の玄彰が用意した。

ドイツに渡ったタゞはマールブルク大学に入学した。大学での修学は朝七時から夜七時までぎっしり詰まったカリキュラムとスケジュールの中で行われた。タゞが眼科を志望したのには、故郷の牛深には目を患う者が多く、しかも眼科医がいないという事情があったからだといわれるが、当然医学部の履修範囲は広く、朝からは病理と内科と外科、午後に眼科、というせわしい日々を送った。

渡独から五ヶ月、最愛の慈父玄彰が亡くなった。腎臓を患って福岡で入院加療中の父は、病床から遥かな娘を思ってこんな歌を詠んでいた。

敷島ノ日本ハ今ヤ花ザカリ異国イカガ春風ノ吹ク

娘は悲しみのうちにも気を強く持ち、それこそ〝西洋医学の本場〟で修学力行の二年間を送った。

中国で診療、病院の名は〈同仁病院〉

明治三十八年*1905*二月、ドイツ国家から医学博士Doktor der Medizinの称号を与えられたタゞは、間もなく遊学の地を離れた。タゞの帰国を報ずる六月十五日付「九州日日新聞」の記事がある。

天草郡牛深郵便局長宇良田小三郎氏の令妹タゞ子は、東都に上り北里博士に就いて医学を研究し、開業免許を取得の上一旦帰郷せしもタゞ子は尚飽きたらず更にドイツへ出発せしとは当時の紙上に記載せしが（…）独逸《ドイツ》大学に於いて日本女子のドクトル学位を得たるはタゞ子をもって嚆矢《こうし》とする由《よし》、実に天草、否、本県の名誉といふべし。

郷里の天草・牛深では大漁旗を押し立ててこれを出迎えた。タゞは生家を改造して暫く開業していたが、その学才・力量の非凡なることを知った学習院女子部から講師に迎えられ、懇請黙《もだ》しがたく上京する。のちには、明治天皇の侍医に、との話まで出るに及び、庶民のための医療を考えるタゞは学習院を辞し、神田連雀《れんじゃく》町に〈宇良田眼科医院〉の看板を掲げた。そして明治四十年、恩師北里柴三郎博士夫妻の肝煎りにより、伝染病研究所の薬剤師で島原出身の中村常三郎と結婚。当時としては、遅い春の到来であった。博士はよく「君は世界のドクトルなんだ。狭い日本よりもっと広いところ、本当に君を必要としているところで力を発揮したまえ」と声をかけていたが、いよいよそれは新天地中国・天津での病院開設となって現実化する。病院の名は〈同仁病院〉とした。鉄筋コンクリート三階建てで、天津の日本人租界（＝居留地）の中にあった。診療科目は眼科・産婦人科・内科・小児科とした。医師はタゞのほか日本人女医が二人。看護婦四人は天草から来ていた。夫の常三郎は一階で薬局と印刷所を経営した。

女医であること

大柄のタゞは男と間違えられることがあった。まだ済生学舎の学生だったころ、学校からの帰りに人力車夫が、「旦那、まいりやしょう」と声を掛けたというエピソードがある。男勝りの体躯で、袴の裾を蹴飛ばすようにして歩く彼女は〝女偉丈夫〟の観があったであろう。しかしそんな外観とはうって変わって、彼女はほんとにやさしい女医さんだった。

今とは比較にならないほど、貧しさゆえに医者にかかることもできない人が多かった時代である。「タダせんせい」は貧しい患者からはお金を取らなかった。それどころか、患者についてきた子供にはちょっとしたお金を握らせたり、往診先では患者の布団下にそっとお金をしのばせて来ることもあった。相手に応じて日本語、英語、ドイツ語、中国語を使い分けながら、誰彼といわず、それこそ一視同仁、分け隔てなく接した。また中国の上流家庭の婦人たちは決して男性には肌を見せたがらないので、女医のタゞはその面でも多くの人から頼られたという。開業以来多忙を極めつつ、タゞは女医として、これ以上ないような充足感の只中にあった。「医者になって、ほんとによかった」。

しかし昭和に入ると日中関係が悪化、排日運動が強くなり、眉を曇らせる日々が続く。そんな中、夫の常三郎がにわかに病死する。タゞは次々に病院にやって来る患者、往診を頼んでくる患者を診ることに追われ、思うように夫の看病ができなかった。初めてタゞは女医になったわが身を責めた。「自分は医者なのに……」「自分が医者であるばかりに……」。ジレンマに慄《おのの》き、激しく愁嘆した。

病院の一部も日本軍に接収されるに及び、タゞは帰国を決意。昭和九年に、二十余年にわたった中国での医療活動を終え、天草・牛深に帰った。牛深はすでに往時の賑わいを失っており、タゞを寂しがらせた。ふたたび上京、大森区池上洗足《せんぞく》町で〈中村眼科医院〉を開業したものの、タゞ往年の生気は次第に翳《かげ》りを見せはじめ、北里門下生、特に赤痢菌を発見した志賀潔博士、癌研究所の稲田博士、吉岡弥生などとの交流、それに中国からの留学生の世話に、足る思いを抱いてゆく。かつて奮励努力、献身利他の道を歩んだ女偉丈夫も、今やその身体は肝臓癌に蝕まれつつあった。昭和十一年六月十八日永眠。

患者第一、自分はお金や名誉よりも尊い仕事を残したい、がタゞの口癖であった。自由民権運動に半生をかけた父玄彰の生涯を思わせる、波瀾に満ちた心やさしい女性の一生であった。

（片白健次）

ステージ7
文学・歴史・言論

〝知の巨人〟の天草懐郷

吉本隆明

よしもとたかあき
大正十三 1922—平成二十四 2012

吉本隆明の業績

平成二十四年三月十六日、家族と猫を愛し、また愛された一人の老巨人が肺炎のため東京でこの世を去った。

大正十三年 *1924* 十一月二十五日東京都月島にて誕生した吉本隆明。八十九歳を重ねた人生であった。テレビ、新聞は、こぞってその死を悼み、生涯の功績を称える記事があふれた。「戦後思想の巨人」「常に時代と格闘」「大衆と歩んだカリスマ」「戦後思想界に大きな影響」「戦後思想界担う」「若者を引きつけた吉本思想」……見出しは最大級の賛辞をつらねた。

吉本隆明は詩人であり、評論家であり、思想家である。戦後一貫して日本の思想界をリードした人として評価されている。しかしそんな表現だけでは収められるはずもないこともまた事実なのである。

吉本隆明の没後、全集が刊行されることになった。本人は生前、実現は難しいと思っていたらしいが、平成二十六年から刊行が開始され全三十八巻と別巻一の合計三十九回の配本予定となっている。全巻配本まで九年がかり平成三十五年までの大事業となる。長女ハルノ宵子は「調節自由の枕として購入を」

とユーモラスに勧めているが、一冊だけで十分枕の高さになりうる大冊である。

録音された講演の数も桁はずれである。「五十度の講演」に収録されたもののほかに、また今は吉本隆明プロジェクトとしてインターネットで公開されている講演は百八十を数えるという。著書と講演のあわせた驚異的な仕事量のみでも大いなる業績といえる。吉本は「仕事で語り、求め、問いかけたことのすべてを、まるごと知るなんて、本人だって家族だってできるわけない」という。

膨大な仕事は、文学から政治、宗教、社会思想にとどまらず、ロック音楽、アニメ、ファッションなどに代表される、サブカルチャーに至るまで幅広い。六八年の大学紛争時には、代表作『共同幻想論』を発表、個としての思考の自立を説き、大学生たちの圧倒的な支持を得た。高度消費社会を前向きにとらえ、大衆の行動に意味を見出した。同時に、常に常識を疑い、権威と闘い、時代とともに子育て、老人問題、宗教、原発問題などに真っ向から取り組み時には物議を醸す発言もした。

経歴の中から

吉本は父順太郎、母エミの三男である。祖父権次と父順太郎は在所たる天草郡志岐村（苓北町志岐）で一〇〇トンクラスの船をつくる造船所を経営していた。それが関東大震災後の不況下に行き詰まり、大正十三年春、一家は夜逃げ同然に出奔する。そのとき、のちに「隆明」と命名される命が母エミの胎内に宿っていた。すなわち吉本隆明は父祖の地・天草から胎児として上京し、半年後、京橋区月島で呱々《ここ》の声を上げたのである。吉本一家が移り住んだ月島は東京湾を埋め立てた工業地帯で、造船所や関連の工場もあった。震災復興事業が進む中、大工の腕を持つ父順太郎には再起を期すに適した場所であり時代であった。

　その後の吉本家は十一度の転宅を繰り返す。隆明は昭和十七年米沢高等工業学校応用化学科に入学、十九年には繰り上げ卒業、東京工業大学電気化学科に入学し直ちに勤労動員でミヨシ油脂、魚津カーバイド工場で働きそこで終戦を迎える。昭和二十二年東京工業大学を卒業、二十六年東洋インキ製造株式会社入社、昭和三十年退職。長井・江崎特許事務所に隔日勤務し、昭和四十五年に文筆業で完全に生計を立てることを決心するまでこれを続けた。吉本はすでに宮沢賢治や高村光太郎などの強い影響下に詩作を始めていたが、本格的に文筆活動に入るのは組合活動で失職するこの時からである。

「日本の大衆を絶対に敵としない思考方法を編みだそう」とした吉本は、昭和三十五年六月十五日安保闘争国会デモで先頭に立ち、逮捕され、二晩留置される。昭和三十六年に谷川雁、村上一郎とともに創刊した雑誌「試行」（11号以後は吉本の単独編集）は三十六年間続いた。『言語にとって美とはなにか』『共同幻想論』『心的幻想論』『最後の親鸞』など次々に著作を積み上げていった。

吉本隆明と天草

吉本隆明自身は天草に住んだことがない。天草を訪れたことが二度あるだけである。しかし天草への思いは、不本意ながら郷里をあとにしなければならなかった祖父、父のつぶやきや愚痴を繰り返し描くことで自らの懐郷の思いを綴っているのではないだろうか。吉本の著作の数々に天草の記述がことのほか多いのは天草への思慕の強さではないだろうか。それは『吉本隆明「食」を語る』『家族のゆくえ』『幼年論』『少年論』『父の像』などの著作の中に窺うことができる。

吉本は三木成夫の『胎児の世界』という著作に出会ったとき、「ここ数年のわたしにひとつの事件だ」と驚きを隠さなかった。なぜならそこに描かれた胎児の世界は自らの経験を投影しているからである。たとえば「羊水の中の胎児は、この世に誕生する十月十日の間に人類の生命進化のプロセスを再現する」という理論は、自分が母親の胎内にある時に天草から月島への胎内での記憶に関わるのではないか。その思いが詩集『記号の森の伝説歌』（昭和61）とつながって行く。冒頭に「ずっと太古に／視えない空のみちを／鳥と幻だけが通れた」を掲げる「舟歌」は、胎児の夢を乗せた舟と文字という意味であろう。詩集には天草の地名が何度となく出てくる。中には志岐の古戦場・仏木坂の名も見える。

吉本が八十歳を越えてから編んだ『思想のアンソロジー』という著作は、大江匡房を冒頭に、親鸞、漱石、鷗外など古代から現代にいたる古典の中から随意に選び出した人とその章句を古今の思想の記述の断片として選りだし、解説を加えたものである。膨大な書物と向き合い思索を重ねてきた吉本が、アンソロジーという形式でつづった集大成とも言えるものである。中に、天草方言についての考察が含まれている。それは「螺噛《にしが》む」という言葉についてのもので、父母から聞いた言葉のうち、標準語で「苦虫を噛みつぶす」というのを、天草らしく海に生息するこぶしのような小螺や、さざえ・あわびのような大螺の腸《はらわた》の苦さで表現していることに着目し、表現が見事だと感心している。そして方言が地域において標準語であると指摘し、地域の独立性を天草語にもあてはめている。方言の違いとは民族語の違いであるという観点から、この論考の中に天草を一つの民族として意識し捉えていることを述べている。『思想のアンソロジー』は自分の仕事の締め括りとして始めた作業であると自ら述べるように、決して軽い内容のものではない。であれば、この中に入れた方言が天草への強い思い入れであることを感じ取ることができるのではないか。

†

また吉本は、家族を大事にすること、生活することの価値を尊んだ人でもあった。昭和三十二年黒沢和子と結婚、同年長女多子《さわこ》が、昭和三十九年に次女真秀子《まほこ》（後年の作家・吉本ばなな）が誕生。妻和子は俳人であり、長女多子は父母と同居して病床の両親を介護するとともに漫画家ハルノ宵子として活躍する。天草風の正月の餡餅《あんもち》や雑煮について父と楽しげに掛け合いながら「開店休業」という名で連載したというし、また父隆明が珍しく「この文体はいいね」とほめたという、ばななのライフワーク『王国』四部作の最終場面は、天草の海で締めくくられていた。

ＮＨＫの番組〈戦後史の証言「知の巨人たち」〉の第五回は、吉本が取り上げられた。番組は吉本の社会への大きな影響力と家族への愛着が描かれたものであったが、その仕事場である書斎に天草の産土《うぶすな》神社の神札を祀ってある映像が流れたときかすかな驚きを禁じ得なかった。娘が受けて祀った神札を吉本は大事に思っていたという。自身は、生涯のうちに一度も生活したことはなかったにせよ、生前は天草の海に魂を授かり死後は天草の海に魂を帰している。まぎれもなく吉本隆明は天草の心を携え続けた人だったのである。

（宮﨑國忠）

濱名志松

「五足の靴」の光芒に導かれた郷土史家の短歌人生

はまなしまつ
大正元 *1912*—平成二十一 *2009*

生い立ち

魚貫崎（旧牛深市）は、何処からともなくいつも潮騒の聞こえる村落である。天草で一番早く春が来る暖かい土地で、年も越さないうちに藪椿が咲く。浦越という所から山道を登ってゆくと標高二〇〇メートル程の山の中腹に一軒の崩れた廃屋と立派な墓碑があらわれる。ここが濱名志松の生家跡である。真新しい墓石は、養子に出た濱名が実家へ手向けたものである。生家を守るものが居なくなった今、せめてものの濱名の心情が滲む。濱名は大正元年、田代太一郎、サオの四人の子の二男として生を享けた。祖先は鹿児島からの移住者で、太一郎は周辺の山林を手に入れ、五反歩の水田を開き、算盤に長けて、周辺の百姓たちの借金の利息計算等もしてやる才覚のある人だった。慎ましく質素ながら自給自足の生業は不足なかった。兄保は、後継ぎとして農業に従事し、書を良くし、文芸に秀でた。弟学は昭和十九年に比島方面で戦死するが、頭脳明晰で、顔立ち好ましい青年だった。一家のそれぞれが何らかの才能に恵まれて優秀で、律儀で、まじめな良き風習が家内にあったのである。濱名は生家の良き風習を生来のものとして、長い一生を怠る事がなかった。

「五足の靴」との出会い

昭和十四年濱名は応召された中国武昌の野戦病院に入院していた。ここで生涯を魅了され、導かれてゆく「五足の靴」に出会う。天草での投稿仲間だった従軍看護婦山隅ウメノから送られた見舞いの一冊北原白秋著の『明治大正詩史概観』という本のなかに、その僥倖のような出会いがあった。「邪宗門詩風の曙」という項に明治四十年夏の新詩社同人の五足の靴の旅が書かれてあった。当時すでに高名を得ていた与謝野寛、北原白秋、木下杢太郎、平野万里、吉井勇の五人が濱名の教師としての赴任地大江村の天主教会をめざして旅し、ガルニエ神父を訪ねたのだった。濱名は詩人たちへの憧憬と知識への渇仰に衝き動かされる。執念は幸運を招いた。傷病除隊となって帰還する濱名の背嚢深く、この一冊は大切に秘されたのである。

兵役除隊となったのち大江青年学校へ復帰し、御領青年学校勤務となった三十二歳、濱名ツエ子との養子縁組が整う。ツエ子は長崎の女学校に学び、養父辰五郎の軍需産業の会社の成功で裕福な家庭に育った。農家の二男の濱名には過ぎた縁談であった。濱名の生涯を「五足の靴」へと導いた山隅ウメノの眷恋は成就叶わぬ運命にあった。しかしながら連れ添ったツエ子は五人の子を育て、夫の仕事や研究に内助を尽くし、おおらかな包容力のある伴侶であった。当時としては大柄で、愛らしくふくよかな容貌は、何処かツエ子とウメノに共通するものだった。

「五足の靴」から派生してゆく研究

濱名は良き伴侶を得て、天草の教育界に名を成しつつ「五足の靴」の研究に力を注いだ。五足の靴顕彰を思い立った昭和二十七年、当時「五足の靴」でただ一人在世していた吉井勇の歌碑を建立する。吉井勇との交流から、木下杢太郎研究家で作家の野田宇太郎と知り合い著作『パンの会』を贈られ、「五足の靴」の紀行文の存在を知った。濱名にとっての「五足の靴」は、天草島の貧困が産んだ「からゆきさん」哀史や「天草の唐芋食らい」と蔑まれた青年師範学校での屈辱を雪いで余りあるものであった。濱名の膨大な研究の成果の底流に変わらず韻いている他者への愛。天草という貧しい辺地を生国とするものが、負わねばならぬ宿命の、いわれなき差別への不憫があった。この他者への愛の視野に「からゆきさん」研究があり、「五足の靴」がめざした大江天主教会のガルニエ神父の無私の愛への傾倒があった。それはまた天草を生国とするものの当然として隠れキリシタン研究へ繋がる。

濱名の九州キリシタン研究は、実地踏査を極めて『九州キリシタン新風土記』という七四四ページに及ぶ大部の著作に結実した。

濱名の研究は「五足の靴」から様々に派生して羽ばたいて行ったのである。

「五足の靴」顕彰への悲願

吉井勇の歌碑を皮切りに、ようやく落ち着き始めた戦後の社会の理解を得て、各地の「五足の靴」を顕彰する歌碑、詩碑建立に濱名は奔走し心血を注ぐ。昭和四十一年に与謝野鉄幹・晶子歌碑が高浜の十三仏公園の東シナ海を見霽《みはる》かす丘の上に建てられた。四十二年には天草キリシタン館前庭の水鉢に、北原白秋の詩碑が浮かぶように設置された。詩碑の文字は白秋自筆原稿が刻まれた。自筆原稿が見つかった時の喜びを、濱名はよく語った。四十九年与謝野鉄幹・晶子歌碑が天草の松島に建てられた。平成十三年には復元に尽力し、「原型を崩すな、いろんなものを作るな、木を切ってはならない」と細かく保存に拘り続けた五足の靴文学遊歩道入口に、濱名自身の歌碑が建った。その歌碑は急坂の峡道に消えてゆく明治の五人の若い俊秀たちの背を、目を細めて見守っているように見える。平成十六年ロザリオ館前庭に木下杢太郎詩碑、十八年には平野万里歌碑が建った。五足の靴を顕彰する濱名の悲願はここに一応の達成を見た。昭和五十九年には濱名七十三歳の年「五足の靴顕彰短歌大会」を立ち上げる。天草の辺地の小さな短歌大会が全国短歌大会として育ち、今年三十回を数える。校長在勤時の昭和三十八年からは校務のかたわら、開設された本渡婦人会短歌教室の指導を勤めた。昭和四十四年五十七歳で歌誌「岬」を創刊し、当時の熊日新聞の「天草歌壇」の出詠者や、天草各地の短歌愛好家達五十二名が同人として集った。文化遠く隔つ天草の地に、濱名が撒いた一粒の種は芽吹きの時を迎えそうそうとそよぎ始めた。

稀有な邂逅

「五足の靴」に導かれた濱名の生涯には得難い幾多の出会いがあった。綺羅星のような光芒を放つ出会いである。「五足の靴」への先鞭をつけてくれた山隅ウメノ。高齢になった濱名は、生涯を関わることになった「五足の靴」の原点を、幾度も繰り返し語って倦む事がなかった。

夢を実現させた昭和二十七年の吉井勇との出会い。自分の歌碑の前に瞑目し、五足の靴の旅を偲んだ吉井の即詠は、その後吉井の研究家塩谷勝によって第二歌碑となり第一歌碑の隣に建つことになった。吉井を通じて知り合った野田宇太郎は、戦後間もない昭和二十二年、戦火に行方がわからなくなっていた「五足の靴」の紀行文を発見し、著作「パンの会」にその存在を知らしめた。濱名は若き日の俊秀たちの、溌溂たる才能に満ちた紀行文に瞠目したのである。

大きい旅行カバンを携えた木俣修との、天草国際ホテルでの歓談は深更に及んだ。本渡の街を「風格ある町」と評した木俣の歌の木柱を、濱名は後年、自分の歌碑の傍らに立てた。

「街道をゆく」の司馬遼太郎との取材の日は、かってない荒天で、廃業した崎津の旅館〈紋付屋〉などを訪ね、思い出話を聞き、下田のホテル望洋閣で吹雪く天草灘を見ながら一緒に温泉に入った。司馬との交遊は亡くなったあとも続き、自作の小粒の天草みかんを夫人に送り続けた。大悟法利雄、阿部太、劇作家の菊田一夫、作家の堀田善衛、女優の新珠三千代などその交友は枚挙にいとまがない。菊田一夫が「私を育ててくれた養母は、島原生まれのからゆきさんだった」と述懐したことを濱名は生涯忘れず語り続けた。すべては「五足の靴」の研究に収斂してゆく天恵のような邂逅だった。

†

平成二十年十一月三日近代文化功労者顕彰式に濱名の晴れ晴れとした笑顔があった。昭和十四年中支武昌から追い続けた夢、その夢から派生した膨大な研究の悲願が報われた晴朗な晩秋の一日だった。翌年一月九十六歳にて永眠。濱名の人生にいつも寄り添った短歌は夥しい嵩《かさ》であるが、ここにあえて三首をあげたい。

赤烏賊の干し連ねたる路地出でて崎津の海の風に吹かるる
いつ果つるいのちか知らず枯草を敷きて憩へば夕あかね映ゆ
土踏めば土のかなしみ石踏めば石のかなしみ原城址歩《ゆ》く

（山口睦子）

天草に近代的俳風を興した女流

小見山摂子

こみやませつこ
大正三 *1914*—平成八 *1996*

飯田蛇笏の称揚

天草を代表する俳人、小見山摂子。牛深は早浦（天草市二浦町早浦）の旧家に生まれ、いわゆるいいところのお嬢さんとして育つが、九歳の春に母マサを亡くしたため、県議、代議士だった父七十五郎に伴われて十代、二十代の大半を熊本や東京で過ごした。多様な都人士との接触・交友は当然彼女を大きくした。物怖じもけれんも無い、率直な人品が磨かれ、人を惹きつけていた。

熊本で暮らした十代から俳文芸に親しみ、早々と後藤是山の門に入る。熊本俳壇に一時代を築いた指導者・是山は、天草でも多くの俳友と交わり、いくつもの佳句を残した（本書273頁）。今なお「是山先生」と呼んで懐かしむ人は多い。小見山摂子もそんな是山門の一人として出発したのだった。

上京後は、生涯にわたって師弟の契りを結ぶことになる長谷川朝風（日本画家にして飯田蛇笏の高弟）、更には蛇笏その人に人柄を愛され、才能を引き立てられた。蛇笏の山廬に自由に出入りするなど誰もが望んで得られることではない。

摂子の若いころの作品は主として蛇笏主宰の俳誌「雲母」に掲載されたが、戦前の「雲母」は国立国会図書館も所蔵しておらず、戦後のものを含めても我らが確かめ得たのは数句にとどまる。

吹雪あけカナリヤほそく鳴きそめぬ
産馬に霜夜の手燭据ゑにけり
小春日の親馬となり耳を張る
夏痩せていたいたしくも脂粉の香
たちどまる神父不吉に秋の暮

蛇笏は右の第一句を「これは又作者独自の軽快な把握」と言って推称し、第二・第三句には「完璧」との評語を惜しまなかった。また戦後間もない昭和二十二年早々に「新時代俳句の鑑賞」と題する文章を俳句雑誌に寄せたが、そこで高浜虚子、加藤楸邨などの一流に続けて小見山摂子の句（右の第四句）を取り上げ、芭蕉や芥川まで持ち出して詳細に評釈した。これは全集ともいうべき角川書店版〈飯田蛇笏集成〉にも収録されていないもので、あえてここにその後半を引用する。

夏痩せした一女性に接した、いとも健康なる作者が、深く劬《いたは》りの情を遣《や》り、いたいたしいことであると感じながら、一面又その女性から発散する可也りきつい臙脂、白粉の香を、むつと感じてゐるのである。その点、作品の最も肝腎なところで作者自身亦女性の身でありながら、さう強く脂粉の香を感ずといふことは、さらでだに暑苦しい炎暑の中に、何か一閃厭《いと》はしいといふものに似た、或種のかるい憎悪感がひそむのを見逃すことが出来ない、然《さ》ういふ微妙な心理が作者にやどつてゐることである。／斯《か》うした心理的に深く突つ込んだ作品の表現は決して容易なるものではないが、この場合、毫《ごう》も韻文性を失せず近代感覚の表現に於いて、まさに成功の域に達してゐるのである。

――「現代俳句」昭和22年2月号。単行本『現代俳句の批判と鑑賞』（昭和25）に収録――

後年、蛇笏の後継者・飯田龍太も『鑑賞歳時記』に右の第五句を取り上げ、彼女への期待を表明した。

「天草俳壇」を牽引

摂子には驚くべき伝説がある。飯田蛇笏が色紙を書いてあげようと言うのを、「そんなのいらないわ」と言って断ったというのである。周囲が口々に「何という勿体無いことを…」と呆れ、「一体なぜ？」と訝《いぶか》るのも当然といえば当然である。しかし彼女を知る人たちはまた、彼女はみずからは句集を出そうとしなかった、賞など欲しがる人でもなかった、と語る。「旧家に生まれ、小学生時代には女中さんに弁当を持たせて登校し、母親を早く亡くして、全盛時代の父親に従って生活していた〝怖いもの知らず〟」*15の彼女らしい執着の薄さが透けて見えるようだ。

戦後牛深に帰ってからの摂子は緒方定という至って誠実な、また文学性豊かな伴侶に恵まれて幸福だった。長崎の仮寓でも東京小石川で過ごした時期も、夫は主として小説に、妻は主として句作に充実した日々を送り、入選、入賞を喜び合うことも度々だった。しかし昭和四十一年、最愛の人が他界。摂子は失意のうちに牛深から本渡へ移り、複数の俳誌に属して句作を続けた。独りになった彼女を俳句が支えていた。平成六年、満を持したかのように俳誌「天草俳壇」（主宰・平野卍）を創刊する。同人とは真剣に向き合い、おざなりを言わなかった分、厳しいと評されながら厚い信頼を得ていた。

彼女はまた小説家の顔も、劇作家の顔も持つ。昭和十七年に書いた小説「落葉松」はその年の「雲母」十月号に掲載された。昭和五十三年前後には天草の歴史に材をとった演劇台本「樫の林の物語」「朱欒の花」の二作を書き上げ、舞台にのせた。上演にかける情熱と、誇り高くも謙虚柔軟だった姿が語り草になっている。*[16] 平成八年五月十八日、膵臓癌のため天草地域医療センターで死去。翌年十月、「天草俳壇」同人は『春暁　小見山摂子遺句集』を編集発行し、七十人が追悼句を寄せた。同書は第一回天草文学賞を受賞。盟友平野卍は「凛々と花散る君もかくありし」と詠んで彼女を偲んだ（『句集　戸島』）。

正木ゆう子、摂子秀句を読む

次に掲げるのは『春暁　小見山摂子遺句集』を味読した正木ゆう子さんの鑑賞文（本書のための書き下ろし）である。当代きっての読み巧者に導かれながら、我々も小見山摂子後半生の俳句世界に分け入ってみたいと思う。

（田口孝雄）

俳人小見山摂子の世界

●つはぶきの黄に大灘の日がすさび

牛深の人であれば、灘は牛深灘か。花に海を配した大景の句でありながら、結句を「すさび」即ち「荒び」としたところに、作者の心の奥処が覗かれるようだ。あるいは「すさび」は「遊び」かもしれず、二つの表記の振幅は、この作者の掛けた謎とも思われる。灘は潮流の速い海。または航海の難所。灘を見遥かして育った魂には、灘の海鳴りが染みつくのかもしれない。「すさび」がそう思わせる。写生といえば写生。しかしありのままの景と受け取りつつも、読む者の脳裡には、言葉の働きによって、潮の飛沫にけぶる日輪と、石蕗《つわぶき》の花の黄金とが重なり合い、絢爛たる像を結ぶ。荒涼の種を秘めた絢爛たる果実のような、独特の世界である。

●海鳴りやくらきへ椿咲きこもり

作者にとっての海鳴りとは、旅人が偶《たま》さか耳に止めるような苟且《かりそめ》のものではないだろう。耳を圧して轟くばかりでなく、体内ふかく染みついて、外からの轟きに共鳴する生理とでもいおうか。言葉からそのような肉体感覚が伝わってくる。だからこの句も単なる写生というアリバイを保ちつつ、一方で、「くらき」が身体の内部であるような深読みへと読者を誘う。肉体の内部に咲いて、外界へは咲き出なかった数多の椿。そうした深読みを経て、読者はやっと安心し、写生句としての本来のこの句を味わうのである。

●ただひとりゐても現し身樗咲く

不思議な句だ。ただ一人居ても現《うつ》し身《み》。その通り。なぜそんな当たり前のことを作者は句にしたのか。おそらく作者には、此岸《しがん》と彼岸《ひがん》の境を無いもののように感じる指向が抜きがたくあるのだろう。現世への拘泥の不足、とでも言おうか。詩人の常としての生き難さがあった人ではなかっただろうか。そしてそれに伴う、あるいは裏腹ともいえる深い寂しさ。この句にはそんな我と我が人生への静かな肯定が感じられる。喬木となり、その高さゆえに地上からはけぶるように見える樗《おうち》（＝栴檀）の紫。昇華された寂しさは、詩にとって、触れられぬ花のように尊く、真珠の核のように不可欠なものである。

（正木ゆう子）

いたみの農民文学者

島　一春

しまかずはる
昭和五 *1930*―平成二十 *2008*

ペンで飯食おうでちゃ、やおいかん

島氏がご健在の頃の話である。夕食を終えてゴールデンバットを吹かしながらテレビの時代劇を眺めていると「どがんや、達者ょしとるかい」。月に一度程、電話があった。島氏の話は、いつも他愛ない日常会話からはじまる。文学者である島氏から友人扱いして戴くのは誠に光栄なことではあったが、その交友のきっかけが如何なる事であったか、はっきりとは思い出せない。多分、島氏の『無常米』等の著作に対し小生なりの思いを綴って手紙を出したことに始まったのではなかったろうか。

わが家の家庭の実情と、島氏の境遇とは実に似通った部分があった。貧苦に喘ぐ三反百姓、無知文盲なるも爽快なる母、結核を患った兄弟等々。違っているのは兄弟の数ぐらいのものである。島氏はわが家のことも事細かに知っていられた。私の姉（庄内美代子）の短編をよく読んでおられたらしく、一種の娑婆観に対する共鳴かとも思う。

五十を過ぎて「ガクモンのヒダルカ（ひもじい）ってすばい」と私が言えば、島氏は、自分も同じだ、調べに調べ、辞書と首っぴきで勉強していると言われた。『わが心の歎異抄』執筆に当たっては、親鸞に関係する本を二十冊余り読んだと言われる。「ペンで飯食おうでちゃ、やおいかんとさい」とも。

聖教《しょうぎょう》読まずの聖教読み

島氏は、結核のため二十代の大半を病院の療養所で過ごした。薬包紙四枚を貼り合わせ升目を引いた私製原稿用紙に原稿を書き続け「詩と眞實」の同人となった。その後、農民文学会に入会し、作家・伊藤永之介氏に導かれ、文学への道を拓いていくことになる。病に臥せってもなお本を読み続け、文章を書き続けた島氏の根本には、母の姿があった。島氏の母は、貧しい境遇故に七歳から子守奉公に出て、生涯片仮名書きと平仮名読みしかできなかった。二十歳で紡績女工を辞め天草に戻り、中風で半身不随になった祖母の行水や清拭、下の処理を引き受けた。説教会に詣りたいと請われると、祖母を背負って部落の説教会にも通った。祖母が背中越しに母に語りかける。「おれは人さまにまさる善かこともでけんじゃったが、人さまに後ろ指さされるような悪かこつもせんじゃった。一所懸命に働いた。人さまのゆうに二倍は働いたじゃろ。ばって、こがん躯になって、しみじみ考えてみれば、人間の自力なんぞは、たかが知れとる。五十三年生きながらえて、残ったものはなにもなかぞ」。七年の看病ののちに祖母が亡くなった。その後も説教会に通い続けた母は、常連衆の「後生願どん」の一人となり、説教僧の言葉を心と躯で受け止めて消化した。聴くことで教えの真実を知り、深く信じた。島氏にのさりを語り、娑婆を聞かせた。「物や金の無かとは恥じゃなか。心の貧しかこつが恥。人さまへの憎悪の光は汝れにそっくり射し込んでくる。すべて人は相互照射で結ばれとる」。母は、聖教読まずの聖教読みであった。

母の愛

島氏も貧乏故に旧制中学校には進学できなかった。進学させてくれろと父に頼んだが、父はうつむいたまま一言もなかった。島氏は父のふがいなさを憎んだ。国民学校高等科一年の時、黒石原の航空機乗員養成所に官費で入学できることを知り、再び親に頼んだ。「なんて！　飛行機乗りの養成所にいく……それだけは、やめてくれろ。しゃっち志願すっとなら、汝れがこの家ば出て行く日に、おれも首縊って死ぬぞい。そっでもよかか」母が頑として承知しなかった。しかし、島氏は、両親を振り切って志願書を出した。どうしても勉強したかった。出立の日は、朝から激しい雨が降り続いていた。母は前夜からロイマチス（リュウマチ）で手足の鈍痛に悩まされていたが、朝四時に起きて島氏に弁当を作り、仏壇に酒を供えた。島氏と一緒に仏壇に手を合わせ念仏を称えた。仏壇の湯呑みの酒を島氏に呑ませ、母も呑んだ。「汝れは忘れても、仏さまはいつも汝れば守っておらすとぞ」静かな声だった。父に伴われ港に向かう坂道の途中で振り返ると、ロウマチスで弱る脚に杖をついてよろめくようにして出てきた母が、戸口に微動だにせず立って見送っていた。唇が動いていた。激しい雨と風の音で聴き取れなかった。島氏はそんな母を愛した。そして、母が眠る天草をこよなく愛し続けた。

養成所に母の手紙が届けられた。便箋四枚に小さな鉛筆書きの片仮名文字が埋め尽くされていた。検閲した教官が島氏を呼び出した。「その手紙は、おれはまるで読めない。まさか暗号じゃないだろうな」「おまえの母さんは、学校には行ったのか」「返事をしろ」。島氏は教官を睨みつけたまま無言を保った。教官は苛立った声で怒鳴り、拳で島氏を殴った。三発目に床に倒れた。起き上がりざま「教官殿こそ日本人ですか」。島氏が初めて口を開くと、「なにい！」。その後三十分間教官の鉄拳制裁が続いた。島氏は最後まで謝らなかった。母を侮辱した教官に反抗している自分が誇らしかった。終戦後天草に戻ると仏壇の棚に島氏の茶碗が供えてあり、麦飯が入っていた。島氏が家を出てから一年四ヶ月、一日も欠かさず供えられた陰膳だった。

いたみとのさり

島氏の文学とは、明治から昭和初期の天草庶民への限りない慈しみであろう。庶民の生活の一コマ一コマは時の流れとともに人々に忘れ去られて行く。その忘却が、島氏の〝いたみ〟となり〝達観〟となり、どうしようもない〝宿命〟として捉えられている。

　或るとき杯を交わしながら〝のさり〟について語り合った事がある。「おいげんアボ（兄）は未熟児で生まれて、医者どんも匙ば投げとらいたそうですたい。ばってん、おふくろは「『おいげん子は死なせんと』ちて、看病して、ようよんこて命ば取り留めたってですたい。ばってん、今度は疱瘡に罹《かか》らいて、また死ぬ目に遭《お》うたそうですたい。その時おふくろは『まこてーこん子は、どいぎゃんのさったもんじゃろかい』ちゅうて泣きながら看病しよらいたそうですたい」。わが母の懐《おも》いは島氏の母の思いにも重なる。天草の故人たちが口にしていた〝のさり〟とは、単に「幸運」というのではなく、本人が背負って生まれた「宿命」を指しているという結論であったように思う。

　家内も、島氏の著作を読みながら「島先生はほんとに優しかね」と言う。家内も氏の〝いたみ〟を読み取っていた。大柄で屈強の体躯、武骨然たる面構えからは想像も及ばぬ温かい心の持ち主であった。

草の声を聞く

島氏の添え書きの中に「愛ありて心の花開く」「野の草の声を聞く」「雲の声を聞く」「祈りは深し」等々の言葉を戴いた。これらの言葉は、島氏の生きざまの中から滲み出た言葉であろう。読書という代理経験から得られたものだけではない。己の置かれた境遇、そこから派生するさまざまな苦悩・葛藤に裏打ちされている。だからこそ沁み入る。

島氏の出自である天草郡大道村（上天草市龍ヶ岳町大道）は、天草上島の南目の村で、不知火海を隔てた向かいは芦北で、文字どおり風光明媚な地である。しかし、江戸期には砥岐組と呼ばれ、後ろには倉岳・龍ヶ岳・白岳などの山々が聳え立っていて、郡内でも平地を有しない貧村であった。元々天草の村々は龍ヶ岳町に限らず水田が少なく、七割から八割方は水呑（小前）百姓であった。島氏が育った大道村は、県内でも屈指の貧村といえた。貧農を象徴する語に三反百姓という語があるが、同じ三反百姓でも畑と田圃では大きく違う。畑の三反では農家として成り立たないのである。故に父は一年の大方を出稼ぎに出掛け、ロイマチスで苦しむ母を助けて糊口をしのがんと長男としての自覚と責務を背負って必死に気張った姿が見える。運命は無情である。こうした貧苦に喘ぎ、必死に生きる青年にも結核という死の病が襲いかかった。同時代の若者たちの中には、熱砂の中でのたうち回る蚯蚓《ミミズ》のごとくにして世を去る者もいたが、島氏は幸いにも早期発見と早期療養のお蔭か活命を得た。以後長い療養生活となるが、療養所（栖本）での苦悩と葛藤、学習と人間洞察の思惟は、その後の文筆活動に大いなる影響を与えたはずである。

（上中　満・馬場純二）

島　一春（しま・かずはる）

昭和五年龍ヶ岳町大道村に、三反百姓赤瀬徳太郎・イチの長男として生まれる。本名赤瀬一春。大柄にして強健。多感にして小学校時はガキ大将。読書好きで成績優秀、級長を務めた。昭和十九年大道国民学校高等科卒業後、貧困のため進学を断念。同年航空機乗員養成所に入り新潟に移る。終戦により帰郷。昭和二十年採石場に、二十四年大牟田肥料会社に勤務。二十六年肺結核を罹患し五ヵ年療養。貴重な学究・思索の期間となった。二十八年「詩と真実」同人。二十九年農民文学会入会。編集人の伊吹六郎や作家の伊藤永之介に出会い、深い理解と励ましをもらう。三十五年上京。文筆活動で身を立てる事を決意。天草新人文学賞。三十二年「老農夫」で地上文学賞。三十四年「無常米」第三回農民文学賞。四十二年長編小説「燃える蝶」。以降四十八年歴史評論「殉教の島天草」、五十年随筆「大地は死んだのか」、五十二年長編小説「燃える海」、五十八年小説「北の炎」、六十一年小説「北の大地に燃ゆ」（韓国語翻訳出版有り）、「一万人の産声を聞いた」、「母のいる風景」、六十三年長編歴史小説「はるかなる天の海」、平成元年「わがこころの歎異抄」、同三年「野苺の首飾り」、「山河に愛ありて」（集中「われここに生きる」は中学道徳副読本所収）、同四年「きざまれた風光」、同五年「椿坂」、同七年「天草灘にひびけ鎮魂の譜」等々を執筆。平成五年には写真＝大野康孝、文＝島一春「天草　光と風」もある。平成七年熊本県近代文化功労者として表彰。晩年は郷里龍ケ岳町大道東浦の高台に新居を構え、精力的に執筆活動を続けたが慢性の糖尿病が次第に悪化。ふみよ夫人とともに互いを労りあった晩年であった。誰もが羨むほどのオシドリ夫婦。平成二十年六月十一日、最愛のふみよさんに先立たれ、その十一日後の六月二十二日、まさに後を追うごとく逝去。享年78。

福岡藩の藩校を主宰する…

江上苓洲

えがみれいしゅう
宝暦八 1758—文政三 1820

筑前勤皇党・江上栄之進の難

明治維新を目前にした慶応元年1865十月、福岡黒田藩では藩を揺るがす大きな事件が起きていた。勤王派藩士が粛正された乙丑《いっちゅう》の獄である。家老の加藤司書、月形半平太のモデルともなった月形洗蔵、中堅藩士の江上栄之進らが後に筑前勤皇党と呼ばれる一グループを形成していたが、佐幕寄りの藩主の逆鱗に触れて、同年六月藩士百四十人余が逮捕されたのである。そして、十月下旬に加藤以下六人が藩内の各寺院で切腹、栄之進以下十四人が刑場桝木屋で斬首、その他が流罪、追放などであった。

この事件のため、福岡藩では有用な人材を失い、大藩であるにも拘わらず維新政権での発言権もなく、人材を維新政府に送り出すこともできなかったとされている。

『日本維新人物誌』（明治36）では筑前人として、平野次郎（国臣）、月形洗蔵、野村望東尼、そして江上栄之進の四人だけが紹介されている。栄之進らは明治三十五年に復権し、正四位~五位の贈位を受け、栄之進は正五位で、靖国神社にも祀られている。

佐佐木信綱が編んだ『国民歌集』（明治36）に、栄之進の辞世の歌が収められている。志半ばにして三十二歳で散った無念さが窺える歌である。

鬼神《おにがみ》も　あはれと思へ　もの、ふの　命にかへて　盡すこゝろを

苓洲、亀井南冥の門を叩く

この乙丑《いっちゅう》の獄を溯ること八十七年前の安永七年 *1778*、栄之進の祖父である江上源《はじめ》（伯華と称し苓洲と号した。以下苓洲）は漢学者の父訥斎《とっさい》と共に生地の天草・富岡を出郷し、訥斎の知友であった福岡の儒医亀井南冥《なんめい》の門を叩いた。苓洲二十一歳の時である。

江上苓洲は天草富岡町に宝暦八年 *1758*、儒者江上訥斎の嫡子として生まれた。母は同町の森氏である。富岡の儒者玉木兮子は甥に当たり、その子に西涯がいる。苓洲の名は源、字は伯華、源蔵と称し、苓洲と号した。

苓洲入門の七年後には福岡藩は亀井南冥を主宰とする甘棠館《かんとうかん》（西学）、竹田定良を主宰とする修猷館《しゅうゆうかん》（東学、現在も学校名として残っている）の二つの藩校を天明四年 *1784* に開校させ、開校に当たっては苓洲もよく師南冥を補佐したという。その折りには十人扶持をもって訓導となり、儒者として福岡藩士の身分になったのである。

苓洲、甘棠館主宰者となる

順調な運営が続いていた甘棠館ではあったが、藩からの圧力や修猷館との学派的な対立、また南冥の性格に起因すると思われる事情からか、開校から十二年後の寛政四年 *1792*、南冥はその職を免ぜられる

こととなった。苓洲とともに南冥門下の双璧といわれた秋月藩の原古処が早めに郷里に帰ったため、南冥後を引き継いで教授となったのが苓洲である。父南冥に勝るとも劣らぬ学者となった亀井昭陽はまだ十三歳の少年であった。その折り、苓洲は藩の納戸組、さらに馬廻組に昇進し、知行百石を給され、知行はそのまま孫の栄之進まで引き継がれた。甘棠館は、度重なる火災などの難で寛政十年1798には廃校となるが、その間六年間は福岡藩校の最高責任者として任に当たったのである。富岡の江上家は「舛屋」という商家であったが、苓洲は学問のみで藩士となり、大藩の藩校を主宰するまでに昇り詰めたのである。

異郷の地で学問によって身を立てた天草人、それぞれ繋がりはないものの竹添進一郎（大矢野）、上田及渕（志岐）、西道仙（御領）、そしてこの江上苓洲をもって天草の四天王と称してもよいかと思われる。

甘棠館閉鎖後隠居する

藩校が廃止される折り、苓洲の才を惜しんだ藩ではさらに上席の身分を提示したが、苓洲は「自分はもともと儒者として仕えたもので、武芸の心得もない。よって退身したい」と申し出、子供には文学を捨てさせ武芸に励ませることを願い出て、隠居してしまった。このことから苓洲は謹厳にして実直、むしろ守拙の人であったと評されている。その子六右衛門（善述）は苓洲の期待どおり福岡藩の弓術師範役として名を馳せた。その子栄之進もさらに祖父の学問、父の武道を引継ぎ、文武両道の藩士になった。

甘棠館閉塾の年の寛政十年、父訥斎が年六十六歳で病没した。南冥とも親しく交わり、尊皇思想家高山彦九郎とも交友が深かったという。死去したのは福岡で墓は郷里富岡の西生庵にあるが、訥斎の生活の本拠がどこにあったのかはよく分からない。死の二年前に苓洲は訥斎の肖像画を描いている。

苓洲、福岡の地で死去

隠居後の苓洲の動静はよく分からないが、閉塾から二十二年後の文政三年*1820*、福岡で死去した。墓は南冥の一族の墓と共に現在の福岡市中央区地行の浄土真宗本願寺派の浄満寺にある。慶應元年に難にあった孫の栄之進の墓も並んでいる。四十五年後に栄之進が藩主から斬刑に処せられようとは思いも到らなかったであろう。ただ、栄之進にとっては高山彦九郎と親交が深かった尊皇家曾祖父の訥斎から苓洲、善述と尊皇思想が昇華したものと言えるかもしれない。苓洲の墓の背面に碑文が刻まれているが、風化して読めないものの、ありがたいことに昭和三年に発刊された「福岡県碑誌　筑前之部」（荒井周太編）にその碑文が収められている。撰者は亀井昭陽である。

苓洲は、郷里富岡でも寛政八年*1796*に没した歌人春秋亭田中忠雄などの墓碑銘を書いている。また、江戸中期には豊前中津藩の飛び地であった筑前国伊都郡深江村（現在の糸島市二丈深江）の鎮懐石八幡宮の神社縁起を「苓洲江上源伯華」の名で文化十一年*1814*に撰文している。同社は神功皇后ゆかりの社で、九州最古の万葉歌碑があることでも知られている。

書幅等もいくつか残されているようだが、その数は少ないと言われている。著作としては、「大学講義」、「成章閣漫草」などがある。ただ、師亀井南冥の膨大な著作についても深く関与していただろうということも推察できる。また、詩文もよくし、「暗の夜に涼めど膚はぬがぬなり」の発句は広く知られているとのことである。

広瀬淡窓、苓洲について記す

日田咸宜園《かんぎえん》主宰の広瀬淡窓は寛政九年 *1797*、十六歳の時、亀井南冥の塾に入るが、後年苓洲について次のように懐古している。「福岡ニテ。同僚生。前後二十人ホドトモ有リ（…）又江上苓洲ノ門人。天草ヨリ来ル者四人アリ。荒木彦太郎。尾上文治。道田荘松。江間兵作（…）天草ノ四子。別後消息ナシ。兵作ガ子太郎。後年予カ塾ニ来レリ。其父ヲ問フニ。死シテ既ニ久シト云ヘリ」

また、「西学ハ亀井氏之ヲ主《つかさど》ル。即甘棠館ナリ。始ハ南冥先生教授タリ。蟄居ノ後。江上源蔵代ツテ教授トナル。其下ニ訓導三人。源蔵ハ。名ハ源。字ハ伯華苓洲ト号ス。天草ノ人ナリ。南冥ヨリワカキコト十五歳。篤行篤学。龍門第一ノ人タリ」。さらには、「亀井長女ヲ以テ。江上ニ妻《めあは》セントス。江上之ヲ辞ス。後次女ヲ山口ニ妻セントス。山口之ヲ受ケタリ。後年ニ至リ。江上ハ亀井ト師弟ノ情乖離《かいり》セリ」と、南冥の娘との縁談を断ったため、後に師弟愛が薄まったようなエピソードを書いている。ただ、南冥は終始、苓洲を最も信頼し、第一の高弟に遇し、自ら「門下生の顔回（孔子の第一の弟子）」と称していたほどで、師弟の間に亀裂がはいったことはないと思われる。

苓洲の唯一の肖像画は、亀井南冥・昭陽親子や一族の資料を常設展示している福岡市の能古博物館（亀井文庫）に所蔵されている。許しを得てここに紹介する。

なお、桝木屋に散った栄之進は二男で、長男の伝一郎（澄、舎衛）も乙丑の獄に連座し、刑を受けていたが、慶応四年 *1868* の新政府大赦令で復権し、江戸の神道家・平田篤胤の門人であったためか、明治五年に宗像大社の宮司となった。江上家の末裔は糸島市に在住である。

（歳川喜三生）

竹添進一郎

明治の漢学者で外交官

たけぞえしんいちろう
天保十三 *1842*—大正六 *1917*

生い立ち

竹添進一郎は明治期の日本を代表する漢学者である。天保十三年 *1842* 三月十五日、天草郡上村（上天草市大矢野町上）生まれで幼名は満、長じての名は光鴻《こうこう》、字《あざな》は漸卿《ざんけい》、号を井井《せいせい》といい、通称が進一郎である。父光強（順左衛門・筍園）の先祖は佐賀の蓮池にあった豪族小田光正であったが、竜造寺氏に追われて島原多良岳の麓に住み竹添と称し、後に三室（雲仙市吾妻町北東部の旧村）に移ってから代々同地の里正（庄屋）であった。光強は儒学者広瀬淡窓門下十八傑の一人である。咸宜園《かんぎえん》卒業後も門弟たちと頻繁に日田を訪れ淡窓との親交を保っていた。淡窓の回顧録には、光強は医業の傍ら大矢野に開塾していたとある。天草への移住の経緯は不明ながら、天草で初めての咸宜園入門者を輩出するなど、光強は天草の儒学振興に力を注いだ。進一郎は、そんな父の影響で幼い頃より儒学に触れ、神童の誉れが高かった。

細川藩の士分へ、そして勝海舟との出会い

肥後藩医の推挙で熊本へ遊学することになった進一郎は、日本有数の文章家と言われた硯儒・木下

韡村《いそん》の塾に席を置き、そこで頭角を現してゆく。十五歳であった。

進一郎は、木下塾での無二の親友、井上毅（のちに文部大臣）とともに木下門下の麒麟児と称えられ、二十一歳で塾長となった。慶応元年*1865*、二十四歳で藩校時習館に入り、時習館ではわずか二年で訓導助勤となった。当時、農民・平民から武士の身分になるには相当困難だったと思われるが、進一郎の才覚もさることながら木下のはからいで士分に取り立てられた。また、光強の門人が代官所役人であったことや竹添家の血筋が肥前蓮池藩の武士であったことも大きく作用したに違いない。

時はあたかも幕末動乱期、尊王攘夷論や公武合体論で日本が揺れる中、進一郎は、藩命により京都、江戸、奥州を訪れることになる。鳥羽伏見の戦が始まった中でも京都の肥後藩邸では延々と勤皇か佐幕かと議論が続く中、進一郎はしきりに本国と京都藩邸を往復して政治活動を行っている。いよいよ戦火が東北まで及ぼうとするとき、藩命で関東の情勢を探るため江戸へ向かう。同行したのは、古荘嘉門、植村虎平太であった。竹添たちは幕臣の勝海舟を訪ね、時勢を論じた。竹添は初対面の勝に臆することなく問うた。「奥羽越二十八藩同盟して西軍に立ち向かおうとしている。これに応じて薩長を挫く策は無いのか」と。

竹添の論が正論ではあるが、西軍の勢いを身をもって感じている勝は動かなかった。国家大経を論じる竹添の見識の深さに驚いた勝に対して、勝にいなされた形になった竹添たちは半ば憤慨して仙台へ向かった。その折、勝は自分の写真を贈っている。万一の時の役に立つようにとの勝の配慮に違いない。竹添は、その後、終生親に密に勝と交流をもつことになる。勝との出会いが彼のその後の人生を決定付けたと言ってよいだろう。

竹添たち三人は仙台へ向かったものの戦況は刻々と進んでいた。奥羽諸国との会議にも同座することができたが、奥羽鎮撫総督府参謀の世良修造は斬殺されており、薩長を中心とする西軍の勢いを止めることはできなかった。

帰郷、そして中央政界へ

竹添たちの奮闘空しく、奥羽越列藩同盟も崩壊し、合津藩の全面降伏により戊辰戦争が終結した。維新政府が樹立され、廃藩置県が実施された明治四年に竹添は熊本で私塾を開くもすぐに玉名の伊倉に居を移し、遜志齊を開塾して子弟の教育に当たった。

維新政府は人材を必要としていた。すでに、佐幕も勤皇もなかった。明治七年、玉名の塾舎が台風で倒壊したため、かつての知友勝海舟の勧めで上京、しばらく修史局や法制局で働くことになる。

森鷗外の師として知られる依田学海の『学海日録』には、明治八年九月に竹添が修史局に入った経緯が書かれている。

「…重野副長、余が分課替の事を談ぜらる。第三課長松修撰、竹添進一郎を第一課より得んことを欲すといふ。よりて第一課人員をかきたり。即ち第二課より余を第一課に遷《うつ》さんとすといふ。…」さらに依田は明治三十年五月十七日に「…帰途、竹添進一郎にあふ。進一郎木綿の服・浅黄の股引を穿《うが》ちて(=はいて)、いかにも素朴の体なりき。その飾らざるはいとよし。この人、詩文ともに当世の希《まれ》なる人なり。されども時務には疎《うと》しと見えて、先年朝鮮の事は大に失策せり」と記しているが、転属された不満が垣間見えるような文章である。

海舟日記では、明治八年十一月十二日、「竹添進一郎、森有札、公使拝命、支那行きにつき紹介相頼む。益田長雄」さらに、同月二十三日、「竹添進一郎、森へ随行仰せつけられる旨・礼。…」とある。特命全権公使森有札の随行員として清国に渡ることになったのである。

中国との外交ではほとんど筆談であったため漢学者が必要とされた。竹添の清国随行は竹添の漢学力を買われてのことであった。随行に際し竹添は師・木下韡村の弟で、当時修史館にいた木下真弘を外務一等属の身分で同行を求めた。竹添の先輩格ではあるが、木下の漢学の力量を必要としたためと言われている。

中国では、天津領事館、北京公使館の書記官としての身分であった。この時、中国内地を旅行することを思い立つ。北京から上海まで百十二日間の長旅であった。この時の旅行記が竹添を一躍有名にした『桟雲峡雨日記並びに詩草』（明治10）である。この日記は、日中の文人に広く読まれ、伊藤博文ら日本政府の高官たちの一層の知遇を得ることになった。中国奥地の辺境の地を侮辱することなく、常に中国への憧れと新しい発見への驚きが文学的に表現されていると識者は評している。今でも、大学の漢文教育のテキストとしても活用されている。帰国後は、大蔵省書記官となり、幾度か清国に渡り、李鴻章らと交渉するなど重要な外交を果たしている。

明治十七年*1884*、日本政府を巻き込んで、朝鮮の守旧派と反政権の開化派のクーデターが勃発、開化派に与した日本政府の協力で一時は開化派が政権を取ったが、清国軍の介入で形勢が逆転。日本軍もろとも開化派の兵士はアメリカや日本に亡命することになった。〈甲申の変〉である。翌十八年竹添は、この責任をとって弁理公使を辞任した。政府の指示に従っただけで、竹添の失敗ではないとの見方もあるが、竹添はこのことについては、一切弁明らしきものはしていない。

朝鮮事変の後は、帰郷したりして暫く逼塞《ひっそく》状態であったが、明治二十六年、東京帝国大学の教授となり漢文学を講じた。初代の京都大学総長になっていた木下広次や文部大臣の井上毅の懇請によるものだった。しかし、二年後の、二十八年三月にはその井上毅が死亡し、木下塾以来の盟友を亡くして気落ちしたのか、その年の九月には竹添も大学を辞めてしまった。以後は、小田原に閑居して読書、著述に専念した。

同三十七年 *1904*、後に帝国学士院賞を受け、文学博士号を授けられることになる『左氏会箋』が刊行された。

同四十一年 *1908*、天草の門人である尾上晋や天草中学校生（旧制）の協力により、父順左衛門の墓を本渡の慈眼院より玉名の伊倉に移しているが、その折、墓石の運搬に中学生が手伝ったことを聞いた竹添は感激して、翌年天草を訪れ、「玉成」の二文字を大書して中学校に贈った。この扁額は、永らく同校の講堂に掲げられていたが、現在は天草高等学校の校長室に掲げられている。

長女を幼くして亡くし、二女の須磨子は講道館創始者の嘉納治五郎に嫁がせていたため、嘉納夫妻の長男である履信（詩人・画家）を養嗣子としていた。大正六年三月三十一日死去。七十六歳であった。

日本最初の文学博士・重野安繹をして経世の大文章と言わしめた『桟雲峡雨日記』には、伊藤博文と並んで勝海舟が跋文を寄せている。正にわたしたち天草人の誇りである。

昭和二十九年度の熊本県近代文化功労者としても顕彰されている。

（歳川喜三生）

天草を代表する歴史家

松田唯雄

まつだただお

明治三十 *1897*—昭和三十四 *1959*

天草近代年譜

天草の歴史家の第一人者を挙げるとすれば、それは松田唯雄であろう。天草史研究の始祖は「天草嶋鏡」を著わした高浜村庄屋の上田宜珍であることは多くの研究者が認めるところである。ただ、これまで山ほど出版された天草史に関する書籍での頂点となると、私的には、昭和二十二年にみくに社から発行された松田唯雄の『天草近代年譜』を挙げたい。戦時中で、しかも本渡馬場郵便局長の傍ら成し得た天草史学界の正に金字塔であった。天草史を紐解くとなれば、まずこの本を机上に置くことになる。

この年譜は、慶長八年 *1603*、二月十日の項「徳川家康、将軍職に補せられる」から始まり、明治二年 *1869*、「是歳　会所詰年番、三ヶ月組交代と為る。……志岐組大庄屋平井為五郎相詰む」で終わる天草の近世史である。年譜形式の内容は江戸時代に限られているが、八百頁に達せんとする大著の中で、古代から明治維新までの通史、付属資料には天草の庄屋一覧、主な人物の評伝等も掲載されており、正に天草の一大歴史書である。「天草諸島は、郷土史研究の伝統がふるい」と言った司馬遼太郎が、中でも「…松田唯雄『天草近代年譜』はじつにすぐれたものである」と第一に称揚したことも思い起される。

ただ、近年この近代年譜については、出典が不明であることを残念がる向きもある。このことについては、松田自身も気にかけており、当初は末尾にいちいち出典を明記するつもりであったようで、同書の例言では次のとおり述べている。

「最初の起稿に当っては、それぞれ出所を明らかにして書き進んで行ったのだが、其の何《いず》れもが一応筆者に於いて咀嚼し、務めて読み物風に吐き出して行く手前、項尾に一々カッコ付きの但し書きでは、どうにも全体の感じを毀《こわ》すこと甚だしいので、重々失礼とは存じながら、二度目に稿を更に浄写するに際し、思い切り割愛の手に出た次第である。此の点幾重にも大方の寛恕を仰ぎたい」そして、引用文献についても三頁に渡って列挙している。公刊されている日本史や世界史年表にいちいち出典を記することはないので当然の措置であろう。この出典の確認作業を松田以降の天草史研究者が為すべきであろうことは、松田もその後書きで期待を込めて記している。

松田の軌跡

天草が生んだ稀代なる歴史家（敢えて郷土史家といってもよいが）、松田唯雄は明治三十年五月五日、天草郡富岡町（現在の熊本県天草郡苓北町富岡）に、医師である父松田斎、母広嘉の長男として生まれた。富岡の尋常小学校を経て、熊本中学校に入学する。大正四年に同校卒業後、医者の道は選ばずに東洋大学文学部史学科で国史学を学ぶ。大正八年に帰郷するとすぐに、苓洲銀行富岡支店に入行した。しかし、昭和五年には全国的な金融不況のあおりを受けて苓洲銀行も閉鎖したために退職し、苓洲銀行の創立者であり、当時県議会議員であった小見山七十五郎（旧早浦村庄屋の出）の熊本宅に下宿して、郷土史研究に専念することとなった。

その三年後の昭和八年には、近代年譜に先立ち早くも五六〇頁にも及ぶ『天草富岡回顧録』を出版した。発行者は父親の松田斎で、唯雄はまだ三十六歳の若さであった。いくら大学で国史学を学んだといってもこれは驚異の早さであろう。その後の松田の研究は主に郷土新聞の「みくに」や「天草民報」紙上で発表されていった。その成果は、昭和三十一年に刊行された『天草温故』（日本談義社発行、二一〇頁）、松田の後継者であった田中昭策の『天草歴史談叢』（昭和五十七年）、さらには栄夫人を代表とする刊行遺族会、みくに社の井上重利を代表とする刊行会により『松田唯雄遺稿集全三巻』（平成元年）が刊行され、単行本を除くほとんどの著作が収録されている。遡って昭和二十三年には、当然のごとく第一回の天草文化賞を受賞した。

本渡北小の校歌を作詞

この遺稿集には、栄夫人を始めとする遺族の皆さんの思い出話が収録されており、近親者から見た松田像が窺える。中でも、「古き城の根　朝日うけ　しののめつぐる　鳩の群れ…」で始まる昭和二十五年三月制定の本渡北小学校の校歌は松田唯雄の作詞であるが（目の前の本渡馬場郵便局長であったために依頼されたのであろうか）、当初難解な詞は子供たちから所謂ダメ出しを食らって、がっかりした松田は必死になって幾度も書き直したという栄夫人が残したエピソードは、厳格なイメージの松田からすると実に微笑ましいものである。

余談ではあるが、校歌といえば、天草の棚底小学校と城河原小学校の二校は詩人で童謡作詞家の野口雨情の作であったが、残念ながら両校とも閉校となり、校歌も消え去ってしまった。松田の詞は今でも歌い継がれている。

また、松田が精力的に調査研究を行った期間は、正に戦時一色となった時期と重なる。反戦論者ではなかったが、松田自身は戦時色には染まらなかった。警戒警報発令中も電燈に黒い布をかけたその下で執筆を続け、竹槍訓練には一回も参加せず、国民服にも袖を通さず、白絣の着物を粋に着こなし、肩身の狭い思いをしている家族の意など介せず、「竹槍をもつ手にペンを執って何が悪かろう」と話していたという。写真に見るその風貌は、正に大正デモクラシーを引き継ぐ文士然としたものである。

江間日記と松田唯雄

平成二十七年二月、『江間日記』が松田の遺子松田功氏によって刊行された。富岡町付山方役人であった江間家の幕末期の日記で、江間家の親戚筋にあたる福連木村庄屋尾上家に所蔵されていたものを同家の調査に訪れた松田らが発見したものであった。感激した松田は、早速昭和十一年に創刊された「天草史談」で翻刻の連載を始め、終刊となる十六号まで続けられたが、残りの大半は戦時中であったため世に出ることはなかった。松田が残していた全史料の翻刻文を森下安雄氏が清書し、松田功氏、故鶴田文史氏、平井建治氏、松浦四郎氏らの尽力により八十年の年月を経て日の目をみることになったのである。天草は、上田宜珍の『天草島鏡』に匹敵する宝を持つこととなった。

天草の文化を支えたみくに社の吉見教英は、青木秀穂の『天草郷土史譚』の序文の中で、次のように書いている。「元田氏の年表を基礎に青木氏の本著を読み、松田氏のものを読めば、大体に於いて天草の歴史というものがわかると思う」。

戦前の天草史研究はこの三人によってなされたと言っても過言ではないだろう。この中で最年少の松田の活躍が今の天草史研究の基礎を構築していった。

また、松田の業績を語る場合、あまり話題には上らないが、富岡回顧録に収録された「風俗篇」を忘れてはならない。近代民俗学の祖といわれる柳田国男が昭和の初めに民俗資料という言葉を使い始めた頃、ほぼ富岡の民俗伝承を網羅していることは特記すべきことである。同時期には浜田隆一が『天草島民俗誌』を刊行している。上田宜珍には「天草郡風俗問状答」というのがあるが、それ以来の天草の民俗研究であり、松田と浜田の著作はこれまで文献や金石文等による郷土史研究が民俗分野にも広がりを持つことになった記念すべき論考である。

松田は晩年、本渡市の文化財保護委員長を務め、天草史談の復活にも尽力し、熊本県史の割り当て分の執筆途中であったが、昭和三十四年四月十三日に病歿した。まだ、六十一歳の若さであった。

今やインターネット等により、正誤は別として、あらゆる情報を寸時のうちに入手できる。しかし、このような時代であっても松田唯雄の『天草近代年譜』は依然として輝き続けているのである。

（歳川喜三生）

天草学の花神

平田正範

ひらたまさのり
大正八 *1919*—平成九 *1997*

平田正範は大正八年 *1919* 旧本渡市亀場町（現 亀場町亀川）渡辺家にて出生。後に平田家に迎えられる。旧制天草中から早稲田大学商学部に進学。卒業後は東京にて政府の合弁会社に勤務。この略歴では主旨の評伝に載せることは困難であろう。

これからこの人物の特異な人生を述べていきたい。

前述したように、学生時代から社会人としては通常である。尤も当時、大学進学は一握りの人間に限られた時代であるが。昭和十七年タカ子夫人と結婚。学業・就職・結婚と順風な人生をスタートさせた。

死生観の中から

「寝汗をかいていた」と平田は懐述している。後の闘病生活を余儀なくし、平田を苦しめた肺炎症の前兆である。白血球減少症に罹患し、帰郷せざるを得なかった。熊本大空襲（昭和二十年七月一日）を自宅の屋根から遠くに見える赤い夜空を見ながらこの国の将来を憂いた。やがて日本は終戦を迎える。戦後の新制中学の教壇に立ち教鞭をとる傍ら、物心ともに荒廃した天草にて〈天草青年同志会〉を結成。

その事務局長として奔走する。天草を考える序章であろう。この会からは後の国会議員・県議会議員など政治を志す多くの人材を輩出した。しかし平田は病床に居た。その時間は実に十年に及ぶ。潮騒の聴こえる離れで巨匠ルオーのキリストを見つめ、死生観に遭遇する。快気後、平田はこれまでの政治的な行動ではなく、失われていくこの島の古いかたちを求めた。それはこの島のこれからの一つの指針になると思考したからである。

民俗を歩く

米穀商を営みながら、戦後、急速に変貌するこの島のかたちを憂え、失われつつある古い天草を求めノート・カメラを携え歩く。調査はフィールドを基本とした。古老を訪ね歩いては丹念な聞き取りを行い膨大な記録を残した。〈天草の民俗と傳承の会〉の創設もこの頃である（会員32名、「民俗と伝承」一号・昭和47）。二代目会長（初代は有働駒雄）として会を牽引した。

民俗で最初に手掛けた論考は「天草の山の神信仰」である。これは天草の農耕儀礼を探求した内容である。また「九州の生業2」（一九八一）では天草の漁業概説を紹介した。五和町にて開催された神奈川大学日本常民文化研究所主催の「天草文化講座」（昭和60・12・8）では「天草の神々と民俗」として基調講演を行う。この講演は「歴史と民俗2」（昭和62）に収録されている。また富岡漁業協同組合所蔵の「熊本縣漁業誌」（明治23）を発見し、その復刻に尽力した。『松島町史』（昭和62）では民俗編を担当・執筆。これは天草郡市史で最初の分野であり、その知識に裏付けされた克明な内容であった。これを機に各市町村史（誌）に民俗編が加わることになるのは平田の功績である。また『有明町史』（平成12）では編纂委員を務め、今でも天草各地には平田の足跡が残る。その中で 海を迎える様な建立の鳥居を持つ十五社宮の存在に疑問を持つ。丹念な調査と深い思慮の結果、「ジュウゴシャ サマ→ジュクサ サマ」の古形から竜神信仰の結論を得る。これは天草が古来から海の恩恵を受けてきたことに依り、研究者が指摘する琉球弧の最北端が天草であることの事例となる。

多忙の中でも、山野を歩き古い石造物に目を留め、人々の信仰の証を確認し、海浜では海の恵みに気づく。その恩恵に感謝しいつまでも渚に佇んだ。

文献史学の探求

平田のフィールドはやがて、文献史学に及ぶ。それは四十代の頃、旧家所蔵の古文書調査で同行した田中昭策氏がその内容を流れるように読む姿勢に大いに刺激され、これを機に発奮しそのエネルギーは屋外から机上の作業へと傾向化する。天草古文書会が創立されたのもこの頃で、盟友北野典夫と共に講師として活動した。それは天草古記録集として16号まで発行され、この集成は天草近世史の第一級の資料集となっている。

田中昭策・武内新吉・北野典夫と第一級の研究者であり平田の盟友が昭和の終りから平成初期にかけて相次いで物故する中、天草研究は平田に掛かることになる。そのことは平田が企画していた、これまでの民俗調査の総括に入ることを結果的に拒むことにもなった。それは高浜村（現 天草市天草町高浜）庄屋上田宜珍日記の翻刻に着手することになったためである。日記の性格は、庄屋としての行動から村の行政・日々の日常的な事柄まで含む。この事業は単に翻刻者ではなく、天草を熟知している人物でないと細部及び、本質的な課題の解決にならない。平田にしか出来ない事業であった。

上田家文書は県文化財指定（昭和53）のため部外持ち出しは出来ず、当家にて翻訳された。通勤・翻刻・注解・校正の繰り返しの作業は長い坂を上るが如くに近い。日記は私的な性格も持つため、くずし方が激しく、解読は困難を極めた。判読できない文字が見つかると、古文書解読事典を最初から丹念にページをめくり続けた。それは平田の真骨頂である「真摯」である。また休息時には、近くの白鶴ヶ浜に足を運び貝殻を拾う。小さな貝殻に生命の神秘さに魅かれるのである。それは以前体験した死生観と重なり合うのであったのであろうか、潮騒の中を歩いた。

上田宜珍日記は第一回刊行（昭和63）の文化三年1806から順次刊行され欠年を除いて全二十巻の大事業となる。その内容は不明部分の多い天草研究の解明に大きく貢献している。この功績に対し熊本県から平成六年〈熊本県文化財功労賞〉を授かる。社会的な評価は高まるが、平田はその賞状を引出しに仕舞うと机上作業に没頭する。時間の全てが自己確認の作業であった。

しかし、この事業の半ば病魔が襲う。平田は病室まで資料を持ち込み、最後になった大仕事の完結に向う。そしてその責任を自らに課し事業完成を見届けると、平成九年三月十二日、静かに旅立つ。

花神

平田家は人の出入りの多い家で、民俗と伝承の会の例会時や懇親会・天草考古の会の結成もこの家であった。文化的、そしてリベラルな会話のある一種のサロンで、そこには古今東西の書籍と蓄積された学識人が存在している。まさに「天草学の発信所」（石牟礼道子）であったのである。突然の訪問者も多かったが、いつもご夫人（タカ子氏）共々にこやかな笑顔で迎えた。またそのスタンスからあやふやな文化行政に提言し幾度も衝突した。「権門に屈せず 富貴に阿《おもね》らず」（北野典夫）であった。

また平田は盟友の遺稿集刊行も手掛ける。『天草の方言』（昭和55・有働駒雄）、『天草歴史談叢』（昭和57・田中昭策遺稿集）などをご遺族理解のもと中心となり刊行した。故人の記録の散逸を防ぎ、その業績に正当な光を当てた。

縁であるか、平田の死後、貴重な隠れキリシタン論考を〈民俗と伝承の会〉三代目会長の濱崎栄三と献作 父子が、『宗門心得違い始末』（平成13）を刊行する。これは平田が地元新聞に連載し注目を浴びた内容である。また後年の平田から直接の指導を受け、学問への扉を開かせた「平田ゼミ」の当時の若者のメンバーは「この島のかたち」（平成24・あまくさ雑記七号）としてこれまでの業績を遺稿集として編纂・刊行した。

平田の仕事は民俗と通史という両輪を歩きながら、天草全般を網羅、そして俯瞰するという膨大な仕事を行った。それを「天草学」と呼称するならば昇華させた数少ないひとりとなる。また次世代への文化というバトンの継承を行った指導者としての側面も評価できる。

花神とは中国でいう 花咲か爺 のことであると云う。平田は天草の枯木の蕾に多くの花を咲かせた。天草が平田を必要としたため、この小さな島に花神を派遣したのであろうか。

上田宜珍日記 文化三年の序章で「翁（上田宜珍）は見事であった。見事としかいいようがない」と感嘆した文章を書いた。平田を知る者は、この上田宜珍と重なるのである。見事であった。

（山下義満）

天草の郷土史に殉じた熱血漢

北野典夫

きたののりお

大正十五 *1926*―平成五 *1993*

盟友平田正範と共に

昭和五十三年四月に発足した天草古文書会（堀田善久会長）で、北野典夫は平田正範、田中昭策らと共に中心的な役割を担った。程なく田中が病に倒れたため、平田と北野の二人が翻字を行っていった。発足から都合十五年、〈天草古記録集〉として第一号の「高田家所蔵遠見番関係文書」から第十六号の「上田家、尾上家、西島家所蔵天草郡村々明細帳（下）」までの八冊（合冊があるため）が刊行されている。十六号が刊行されたのは平成五年三月であった。堀田会長はこの号で廃刊の弁を述べ、北野は三か月後に永眠した。有明町史と併行して心血を捧げた最終稿が北野の手元に届いたかどうかは分からない。

〈天草の民俗と伝承の会〉の盟友であった北野と平田は毎日のように電話で話し合い、またファックスで文書を確認し合っていた。平田は、天草の高浜村庄屋上田宜珍《よしうず》（本書55頁）の『宜珍日記』の刊行というとてつもない仕事に取り掛かっていた。夜中でも明け方でも構いなく電話してきたのは北野の方で、それには閉口したよと、半ば嬉しそうに生前の平田は話していた。酒を飲んでも眠れず、遠慮なく電話を掛けられるのは平田以外にはなかったようだ。有明町史に全身全霊を注ぎ込んでいた頃である。

石牟礼道子は熊日の連載エッセイ〈草の道〉の中で、北野を「天草という島にほとんど殉ぜんばかりだった人」と書いているが、晩年の北野にはぴったりの表現である。その頃、天草の民俗と伝承の会の末席を汚していた筆者は、パズルのような古文書をすらすら解読していく二人を憧憬の目で見るより他はなかった。平田のきっかけは聞いたことがあるが、商船学校出の北野がいつ古文書解読力を身につけたのかついぞ聞きそびれてしまった。恐らく独学であろうが、読むばかりではなく、漢詩への造詣も深かった。昭和二十年代の後半から熊本大学にいた中村正夫（後に九州大学教授）が赤崎村の調査に訪れており、それがきっかけであろうと、平田は話していた。

北野の三部作

北野典夫は天草郡赤崎村の旧庄屋北野家の分家に、大正十五年福岡県で出生している。静岡県で幼年、青年時代を過ごし、戦後十年ばかりの闘病生活を経て、天草の郷土新聞「みくに」の記者となった。北野の流麗且つ簡潔な文章はこの時養われたのであろう。新聞社退職後は、有明町役場に入庁し、文章力を買われて広報担当に従事した。役場退職前は保育園長を勤めていた。その後、文筆活動に専念し、次に掲げる著書を堰を切ったように矢継ぎ早に刊行していった。

昭和四十七年八月に天草文化協会から処女作『天草の郷愁』を刊行。昭和五十年八月には同じく天草文化協会から『天草のこころ』を続けて刊行した。

昭和五十三年九月には、みくに社から『海鳴りの果てに―天草海外発展史―前編』、同五十七年八月には『南船北馬―天草海外発展史―後編』を発行、昭和五十六年一月には、『波濤を越えて―天草海外発展史―中編』を刊行した。この海外もの三部作は昭和六十年十二月に装い新たに葦書房から『天草海外発展史上・下巻』の二冊本として出版された。昭和五十九年六月には、みくに社から『十字架の旗の下に―天草キリシタン史―』を刊行、後の昭和六十二年四月に葦書房から新装再版された。

昭和六十一年十月には『大和心を人問わば―天草幕末史』を刊行、平成元年十一月に同じ題名のまま、葦書房から刊行された。これは、平成二年二月に第十一回熊日出版文化賞を受賞した。この海外発展史、キリシタン史、幕末史をもって北野の三部作と言われている。この三部作はいずれも史料を博捜して解明し洞察した歴史の真実、その醍醐味を精彩ある文体と郷土愛で綴った成果であり、優劣はつけがたいが、北野の名を一躍高めたのは『天草海外発展史』であった。今やこの書を古書店で探すことは困難となっている。

北野は車の運転はしなかった。この広大な天草をどのようにして取材していたのか。二、三百メートルぐらいでも車を使う者にとっては、驚きというより他はない。

広範な執筆、講演活動

北野の主な執筆活動の舞台は、主に天草の郷土新聞「週刊みくに」であった。時代の趨勢で郷土新聞が絶えてしまったが、別稿で論じられているとおり、天草の文化活動に果たしたこの新聞の役割は大きい。北野は単行本を上梓する一方で、昭和五十八年八月から有明町広報紙上で、「ありあけ物語」と題した連載を始めた。これは、昭和六十一年十二月まで、有明町役場退職を挟んでの五十三回の連載であった。この「ありあけ物語」と並行していた昭和六十二年四月刊行の『松島町史』では、中世（共著）・

近世（共著）・明治を執筆し、それが終わると平成三年十二月刊行の『本渡市史』で、近世中・後期と近現代（昭和）を執筆していた。平成元年十二月には、天草歴史文化遺産の会が発行した『天正の天草合戦誌』で、「概観／中世の天草」と題して執筆を行っている。

執筆活動の他に講演活動にも精を出しており、中でも北野が所属した天草の民俗と伝承の会は、昭和六十年十二月、神奈川大学日本常民文化研究所と共同で「地域における歴史と民俗」と題した文化講座を開いた。その中で北野は「天草の十五社信仰」をテーマに論じた。竜宮信仰から天草の、そして日本の文化を説得力のある北野流で発表した。また北野は一貫して鈴木重成を顕揚したが、その兄・鈴木正三《しょうさん》の思想と行動、天草人の心性とのかかわりにいち早く着目し、文筆でも講演でも進んで正三を取り上げた。昭和四、五十年代に正三を知る天草人はごく稀だった。

†

北野は稀代の名文家である。歌人でもあった北野の著作は文体にはりと艶があり、文学性を湛えたダイナミックな歴史叙述は、どれも読み物として人気があった。記述の中に時として会話文が挿入されていたりして歴史小説の観を呈する場合さえある。そのため、北野と近しい人でもはじめは著者の創作ではないかと思うらしい。後になって史実と知って驚いた、というような話を幾度か聞いたことがある。幕末の長崎で活躍した、北野の本家筋、赤崎村庄屋・北野織部と御領大島の小山秀（本書130頁）などは北野典夫がメジャーにしたと言っても過言ではないだろう。

この命、ふるさとに捧げん

これら一連の仕事の延長として、また集大成として、『有明町史』が北野を待っていた。その編纂作業が正式に稼動し始めたのは平成元年からであったが、以来五年間、北野はこの仕事に心血を注いだ。これがすべてだった。そのことが北野の寿命を縮めたことは誰の目にも明らかだったが、しかしこれは北野がみずから選んだ道であり、むしろ本望だったと思いたい。ふるさと天草を熱愛し、歴史の究明と叙述に情熱を注ぎきった北野は、平成五年三月三十一日、ついに帰らぬ人となった。

『有明町史』が刊行されたのは、北野の死去から七年後、平成十二年三月であった。一三五八頁に及ぶ大著の実に七割方が北野の執筆である。そこには数葉の「(故)北野典夫遺稿文」が付されている。「有明町史原稿執筆を終えて」と副題が添えられている。実に穏やかな文章のように思える。名文家の北野であるが、最盛期の燃え滾るような文章ではない。生前の言動の端々には保守的な面も垣間見えた。しかし、その遺稿文には次のような言葉もある。「…もちろん、マルクス史観も、棄てるのは惜しい。働く人、貧しい人への共感なり同情がなければ、自由主義体制も健全には育たないはずである…」。

北野は、自分を支えてきたのはふるさと天草に対する限りない思慕の情であったと自著に記している。『有明町史』の完成本を手にすることはできなかったが、人生の最後に原稿用紙一千枚を郷里有明へ捧げたのである。戒名「壮烈院展誉白雲居士」は、みずから付けたものであるという。生前にはそぶりも見せなかった自負を垣間見るような気がする。

生前には賞を受けるのは本意でないと話していたが、前記熊日出版文化賞(平成2)の他、天草文化賞(昭和57)、信友社賞(平成4)などを受けている。

(歳川喜三生)

ステージ8

あの頃、この人

幻の天草大統領

堀田藤八

ほったとうはち
明治二十九 *1896* — 昭和四十六 *1971*

明治四十四年 *1911*、本渡尋常小学校で参謀本部から派遣された山田中佐の時局講演会があった。その講演を聞きに行った藤八は、中佐の、「月給とりは難木にとまる」という言葉を聞き、眼から鱗が落ちた思いを覚えた。これまで針の筵に座る思いで学校の固い椅子に座っていた自分が馬鹿らしくなった。本渡高等小学校を退学して自分で商売を始めた。

大八車に雑貨を積み、天草全島を引いてまわった。十六歳、独立商人の自負に高揚した。高等小学校には天草じゅうから中学校進学のために秀才が集まっていた。同級生にはのちの医師の梶原猶次郎や元庄屋家の木山惟重などがいた。藤八の家は天草中学校の正門前にあった。先祖伝来の田圃の大部分を町が買い上げ県立の中学校が建てられた明治二十九年に藤八は生まれた。両親は百姓かたわら正門前で生徒相手の文房具雑貨の店を開いていた。

商人になった藤八は、跡取りの兄が世界大戦に参戦した日本の青島攻撃において戦死したのを受け、跡取りとなり早々と結婚させられた。

同年輩の中学生から、チャン、とあだ名され、からかわれもし愛されもしていた。このころの悔しさが生涯のバネになった。だが、剣道が好きで強かった。中学校の道場では日頃の恨みをはらすことが出来た。後には教師と間違われるほどになった。一年帰休上等兵で兵役を終え、四人目に念願の男子を得、一念発起して大事業を志し、そのころ船の尾に繭市場や天草公会堂が出来て賑わいはじめた街の一角に大きな家を建てた。建てた家の使い道は宿屋しかない。こうして全く未知の商売、旅館〈苓洲館〉を開業した。大正十二年である。その時、二十八歳。

旅館の仕事は大方は女の仕事。藤八には有り余る時間があった。藤八は剣道に励んだ。剣豪宮本武蔵に心酔し、「五輪書」に隠された武蔵の合理精神に惚れ込んでいた。負けない剣、戦わずして敵を制する。常に向こう一倍の力を蓄える精進をこそ、と心得た。剣士を自称する藤八は、自分は商人の片輪だと言っていた。金儲けに専念できない。天草の為になると思えばただで泊めた。例えば龍精六。彼は天草の風景の価値が日本中に真に誇れるものであることを初めて教えてくれた画家である。

天草に先進文化をと、国産第一号の自動車オートモ号を二台導入。最初のタクシー業、最初のレストラン、最初の機械式ランドリー、開業。だが大かたは早すぎた。これからの青年にはレシプロエンジンの知識をと自動車学校を開校。さらに空に眼を向けよと、航空ページェントを主催。いずれも大浪費であったが悔いは無かった。

進んで文化人と交わった。天草を訪れる文化人の多くを苓洲館に泊めた。

天草が政争に明け暮れるのを嘆き、政党解消を唱える松岡洋右を招き天草人士を驚かせたが、講演会には会場・天草劇場に舞台から道路まで溢れる聴衆が集まり、空前の混雑を呈した。その後、満鉄総裁になった松岡洋右の招待を受け、満州を視察した。松岡は藤八を最高のもてなしを以て迎えてくれた。

満鉄全線の一等パスを発行、藤八は大和ホテルなど一流のホテルのもてなしを経験、観光事業に新たな視点を得ることが出来た。

百姓の家に生まれ、旅館を経験することで、この天草を興す産業は観光しかないことを確信した藤八は、観光キチガイと言われるほどに天草の観光の発展を画策した。学歴が無いことを自覚する藤八は常に誰かを頭に立て自分は実働に徹した。風景協会設立に際しては、みくに社長の吉見教英を、城山公園道路建設では元警察署長を会長に立て、実務は藤八がすべてをこなした。国立公園を目指して運動を展開し、戦争で運動が中断されていた時も独り東京の本省の役人に陳情を繰り返していた。徳富蘇峰を訪ね天草の風光明媚を力説して「苓洲の風光天下に冠たり」と一書を頂き、運動の小道具とした。この知遇は戦後の活動の大きな糧となる。

大東亜戦争の勃発は藤八の胸を躍らせる大事件であった。国家の大事業に自分も何か貢献したいと、従軍を志願した。伝手を得て日本初の宣伝隊の一員となり、ジャワ上陸作戦に参加した。同僚には大宅壮一を始め当時一流の文化人が顔をそろえていた。戦争や世界観について、藤八が考えたことも無い人種との交流は藤八の視野を大きく広げた。戦中のジャワは、敗戦国の哀れな原住民に君臨する日本人には天国であった。残留希望の多いなか、執着心の無い藤八はジャワを一年で後にした。戦争に負けることだけはご免だとの強い教訓をえて帰国した藤八は、当然のように徹底抗戦論者であった。我が家苓洲館を天草防衛の林司令官の宿舎に提供し、苓洲館にしか無かった構内電話システムを全て天草農学校に置かれた司令部に寄贈した。

戦争は突然、天皇陛下の玉音放送をもって終わった。

ジャワでの経験から敗戦国のみじめさを知る藤八は、自分が組合長を勤める旅館組合に課せられた占領軍の宿舎提供を、みな尻ごみするなか、没収覚悟で苓洲館を提供することにした。占領軍の海兵隊は予想に反して紳士的であった。ついこの間まで日本軍の司令官の宿舎だった苓洲館が、アメリカ海兵隊の宿舎に変身した。物資豊かなアメリカ兵は日本人には到底入手出来ない食糧などを惜しみなく置いて行った。

アメリカ占領軍司令部GHQは、剣道を全面禁止した。剣道を生涯の指針として励んできた藤八にとっては耐えがたいことであった。息子・善久の嫁の父、警視庁剣道師範の森正純は一年志願の少尉だったので終戦直前に召集されてフィリピンで負傷し捕虜になり帰郷していたが、再度警視庁に呼び戻され、警棒術の指導を始めていた。

剣道復活も遠くないと予感した藤八は、剣道禁止を無視して天草に剣道場建設を企画し、上京のたびに在京の天草人をまわり建設資金の募金を始めていた。

昭和二十七年、念願の剣道が解禁されたのを好機ととらえ、本渡市港町の市有地を借りて道場を建設し、〈天武館〉と名付けた。昭和三十二年に剣道七段教士の称号を得た藤八は、天草剣道連盟会長として剣道三昧の生活を取り戻した。

百歳までは生きる、と豪語していた藤八は病気に対して傲岸《ごうがん》であった。膝に痛みを覚え、ある病院で打ってくれた副腎皮質ホルモンの効き目に驚き、人の忠告も聞き入れず注射を続けた。結果、その副作用で思わぬ早い死を迎えた。享年七十六歳。葬儀には交通整理の警官が出動した。授けられた戒名は

苓洲院殿禅剣悟道大居士

（堀田善久）

昭和 14、15 年頃の苓洲館

堀田藤八（ほった・とうはち）

明治二十九年、本渡町川原に呑内、さとの二男として生まれる。いつも腕白大将、木のてっぺんで俺の腹は宇宙腹ぞと叫んで天下とりの気分。勉強がにがて、高等小学校を退学して、大正元年、十六歳の時、独立商人となり天草一円行商開始。同三年、日独戦争の青島攻撃において兄藤吉戦死、藤八堀田家の相続人となる。同四年醸造家山川峰太郎長女タカと結婚。同五年徴兵により久留米十八連隊入隊。同六年、一年帰休上等で除隊。同九年、長男誕生。同十二年、旅館苓洲館開業。昭和二年、上京、国産自動車オートモ号購入。同3年、本村線定期自動車運行開始。同四年自動車運転免許取得、タクシー開業保有自動車五台。同六年、自動車運転教習所開設。同八年、苓洲館新館建設、航空ページェント主催。同九年、松岡洋右政党解消演説会主催、本格レストラン開業。同十年、徳富蘇峰を訪問。同十一年、満鉄総裁の招待で満州視察。同十六年、徴用により麻布3連隊入隊。同十七年、文化部隊としてジャワ島攻略に参戦。同十八年マレー、仏印視察帰国。同二十一年、美容院開設。同二十二年、元祖パチンコ開店、東京麻布宮村町に土地千五百坪取得。同二十四年、麻布の土地売却。同二十八年、苓洲館を合資会社に改組。同二十七年剣道解禁、天草剣道連盟会長。同三十二年、天武館落成、館長就任。同四十六年十一月十九日死去。

吉見教英

天草浮揚に邁進した新聞人

よしみのりひで
明治二十四 *1891* —昭和四十三 *1968*

天草の戦前戦後を、文化や観光という面から振り返るとき、そこにくっきりと浮かび上がる一つの輪郭がある。「吉見教英とその時代」と言ってみたいような輪郭だ。かつてこの島には南蛮文化の時代があり、文化・文政期の盛り上がりがあったことを思い出させる、「華」の時代だった。

戦前の広汎な活動

最初のピークは大正末から昭和初年代である。当時天草は文化的な面で非常に活気ある一時期を迎えていた。元田重雄・松田唯雄などが郷土の歴史探究へ、吉見教英・堀田藤八（本書216頁）などが天草の風光顕揚への情熱を燃やしたのもその一端である。歴史の方は〈天草史談会〉、風光の方は〈天草風景協会〉の結成となった。後者はやがて〈天草観光協会〉に衣替えし、吉見は国立公園期成会を結成して「天草をなんとしても国立公園に！」と奔走する。

しかし昭和九年春の一次選考（瀬戸内海、雲仙などが選ばれた）、秋の二次選考（阿寒、阿蘇などが選ばれた）とも天草は時期尚早の感があった。それでも吉見はくじけず、すでに二年がかりで準備していた写真集『天草写真大観』を単独で取材、執筆、編集して〈みくに社〉から刊行、愛する郷土に捧げた。中村初義の天草更紗で布張りした豪華本である。徳富蘇峰が寄せた色紙「苓洲風光冠天下（苓洲ノ風光、天下ニ冠タリ）」は堀田藤八由来のものであるが、吉見にはいちばん欲しい言葉だった。支庁長北田正重など島内外の広汎な支援者の後押しがあり、吉見はひるまない。宣伝のため「天草小唄」の制作にも熱を入れ、牛深は亀浦出身の若きテノール歌手・横田良一（本書274頁）を後押ししてレコード化を進め、天草の名を大いに高めた。

†

吉見教英は明治二十四年 *1892*、天草郡御領村大島郷に生まれた。すなわち北野織部や小山秀（本書130頁）と生地を同じくしている。父の弥代吉は島内の小学校長を歴任した教育者であった。

明治三十三年大島小学校を卒業すると、御領の組合立高等小学校を経て済々黌に進学する（はじめ天草分黌、のち熊本の本黌へ移る）。熊本師範学校本科二部を卒業して小学校教諭となるが、上京して新聞記者に。一年後台湾に渡りふたたび小学校の教壇に立ったが、またしても現地で新聞記者となる。そのころメソジスト派のキリスト教徒となり洗礼を受ける。

大正十二年 *1948* 帰郷し、翌年には本戸村小松原に〈みくに社〉を起こして新聞「みくに」を創刊した。紙名は信奉する聖書から。当初は月刊、のちに週刊。

吉見は新聞経営に独自の方法を編み出し、個性的な紙面づくりに腐心した。郷土を離れ島外で活躍している多くの有能な人士を読者に取り込み、郷土のニュース、殊に人々の動き、うわさを、コラム〈知った人、知らぬ人〉で取り上げて目玉にしたのである。その上で購読料を無料とし、特志に頼った。郷里を懐かしむ人々からは予期以上の特志が寄せられ、これが新聞発行を支えた。こうして維持した紙面には郷土史家などに貴重な研究論文活字化の機会を与え、またみずからの言論表現の場とした。新聞を始めるにあたり、吉見は自分の理想を語っている。――自分は人のやりたがらないこと、自分の利益にはならないが天草のためになりそうなことをやりたい、と。このように巧みな新聞経営が吉見の理想主義を支えていたが、戦争は吉見の自由を許さず、紙名も「郷土」と改めざるを得なかった。

戦後の二つの峰――文化協会設立と国立公園指定

第二のピークは戦後すぐに訪れた。敗戦からまだ四ヶ月というのに、その年十二月、本渡町公会堂で〈天草青年同志会〉が旗揚げした。窮乏と混乱の中から立ち上がった天草青年は祖国の再建、新時代建設のために活発に議論し活動してゆくのだが、その半年後の昭和二十一年六月、今度は早くも〈天草文化協会〉の設立が決まる。田島博章をはじめ青年同志会の役員数人が文化協会設立発起人に名を連ねているのも見逃せない。この時期のこのような動きは何とも驚くべきことであって他に類例を見ない。価値観が動揺し、食糧が著しく欠乏した時代。空腹を抱えた人々が、メシノタネにならない、文化開発に邁進しようというのである。「わたしはメシよりもこういうことに飢えていたのだ」という人々が吉見のみくに社に集まっていった結果だった。吉見は当然のように推されてその初代会長となる。後年第四代会長として協会中興の名誉をになう堀田善久は、この時期のみくに社を「戦後天草の文芸復興の拠点」だったという。[*17] まさに天草ルネサンスの時代であり、その中心に吉見教英がいた。

吉見は国立公園指定の審査員のひとり下村海南（一八七五―一九五七）とは、新聞人同士、クリスチャン同士、しかも歌よみ同士であり親交があった。昭和十二年、吉見は本渡・丸尾ヶ丘に下村を案内した。

　このあたり天草学林のあとといふあら草にまじるコスモスの花　（下村海南）

天草は昭和三十年に国定公園に指定後、翌三十一年には「雲仙天草国立公園」となって、吉見の宿望はついに達せられた。吉見は下村の歌碑のかたわらに、小さな小さなみずからの歌碑を添えた。

　コスモスの花咲く丘はふるさとの海見はるかす思ひ出の丘　（吉見教英）

国立公園指定実現に至るまでのさまざまな苦心、裏話などは吉見自身の著作『続天草島』に詳しい。これは昭和の大合併に際してみずから編纂した『復興天草の全貌』にも該当部分が抄録されている。

吉見が世才に長けていたことも確かである。しかし気持ちが真直ぐで、知恵も情熱も本当に豊かな愛郷者だった。昭和二十四年に出した随筆集『天草島』の序文に「『天草島』は自分の故郷、『天草』と言はれると自分の名かと思ひ『天草』といふ字を見れば自分の事のやうに心を引かれた天草におくるこの本は、私の拙い自叙伝でもある」と書いたとき、その心情にはいささかのけれんも無かったであろう。

〈朝日　明るい社会賞〉を受賞

みくに社で仕事をした吉永忠志によれば、朝日新聞社の創刊八十周年記念〈朝日　明るい社会賞〉の第一回受賞者に選ばれた吉見への授賞式は昭和三十四年五月二十六日夜、吉見の自宅で行われた。

　綜合美術展を開催して地方芸術の振興に寄与するかたわら、天草文化・観光両協会を設け、文化的に不毛の地といわれた離島天草の文化水準を今日の地位に高めました。……

そんな表彰状とともに賞牌、副賞（五万円）を受けた吉見は「ひそかに敬愛する朝日の賞とあって子供のように喜んだ」という。[*18] ただ「ひそかに敬愛」云々には、かつて下村が朝日新聞社副社長だったことも関係していよう。

吉見は昭和四十三年五月四日に世を去った。七十七歳だった。同七日、みくに社葬、キリスト教式によって葬儀・告別式が天草教育会館二階講堂で執り行われた。思えば二十年前、天草文化協会が設立総会を開いたのも、第一回天草文化賞の授与式を行ったのも、全く同じこの場所だった。吉見を送るには最も似つかわしい式場だった。とはいえ、人々はこの人を失って霧中に立たされたかのごとく、天草文化協会は以後三年間、活動休止状態に陥るのである。

平成三年二月、熊本県は第一回〈くまもと県民文化賞〉を天草文化協会に贈った。賞状には細川護熙知事の自署がある。関係者は思いがけない受賞を喜ぶとともに、四十五年前に協会を旗揚げし礎を築いた初代会長に思いを馳せた。そこで、創立六十周年の節目にあたる平成十八年には改めて初代会長・吉見教英と第四代会長・堀田善久に〈天草文化特別功労賞〉を贈ったのだった。

ところで世間にはあまり知られていないが、天草文化協会が贈る天草文化賞の賞状の末尾は一般の慣行と異なり、「天草文化協会」の六文字が大書されているだけで会長名は記されない。この〝欠落〟はむろん創始者吉見の謙虚にして深い知恵から生まれた。その精神を受け継ぐ天草文化協会は、他の市町村文化協会とは全く異なる独自の地歩を築いてきたのである。

（田口孝雄）

菩薩行の禅僧にして社会教育家

安田祖龍

やすだそりゅう
大正三 *1914*―昭和四十七 *1972*

「時が人を選ぶ」ということがあるのではないか。幕末維新が勝海舟や西郷隆盛を必要としたように、関東大震災後の東京が後藤新平を必要としたように、時代の転換点にはいつも、まるで歴史に要請されたかのような人物が現れる。安田祖龍誕生以来五十八年の軌跡は、改めてそのことを思い出させる。敗戦後の郷土のためにナニモノかがこの人をとっておいてくれたのに違いない。

素描「安田祖龍」

明徳寺住職の安田祖龍は戦後の青年団活動に挺身したことでも知られる。ほとばしる情熱と歯切れのよい演説で青年たちの士気を鼓舞。二十二年天草郡の、翌年には県の連合青年団団長に迎えられ、抜群の指導力を発揮した。安田はまた若くして県の教育委員をつとめた。戦後教育が抱える諸課題に果敢に立ち向かい、六年間は委員長として熊本の教育の振興に尽瘁した。その業績は戦後の熊本県教育の発達史そのものと言われた。このように安田は宗教界に身を置きながら青年団活動のリーダーとして、また県教育界の大立者となって混乱期の人々に自信と勇気を与え、祖国復興、天草再建の先導役を果たしたのだが、安田を知る人々はその風貌姿勢について概ねこう語る、――安田さんは温和、誠実、それに実に闊達な人だった。父親譲りか、けっこう血の気の多い一面もあった。機知に富み、礼に厚く、人情の機微を知って交遊は広く、各界に知己を得てその敬慕を一身に集めた、と。それだけに昭和四十七年九月八日、突然の輪禍はあまりに痛ましく、世の大きな嘆きとなった。公務出張からの帰りだった。

小宮地に生まれ、明徳寺に入る

安田祖龍は大正三年*1914*一月一日、天草郡宮地村小宮地（現、天草市新和町小宮地）に生まれた。幼名は尚といい、父清五郎、母コヨの三男である。生まれたとき産声がなく両親は死産かと恐れたが、産婆の機転で奇跡的に息を吹き返し、大きな産声を上げた。産婆は「この子は大きくなったら坊さんのような、人助けをする人になるだろう」と予言したという。

父清五郎は分家して独立した安田家の二代目である。生来無口で一見温和ながら気性は激しく、反骨精神旺盛だったといわれる。天草一円を歩いて米の仲買いをやっていた。母コヨは勝気で利口な「がまだしもん」であり、百姓仕事を一手に引き受け、五反歩の田と二反歩あまりの畑を耕作していたが、次々に生まれる子供たちを抱え、生活はかなり苦しかった。しかし「今からの人間には学問が必要」との清五郎の信念は揺るがず、六男四女全員を大学に進学させた。ちなみに二・二六事件の青年将校・安田優は尚の次兄である。

小学五年、尚少年は突然「坊さんになりたい」と言って本渡の名刹・明徳寺の門をたたき小僧になった。天草中学校在学中に得度、「祖龍」を名乗る。のち横浜にある宗門子弟育成校・西有学林へ転校。同校を卒えると改めて世田谷学園中学に入学、八年卒業。九年から十三年まで出征、衛生兵伍長として南京城攻略戦に加わる。激しい戦闘の中で左手指に銃弾を受け負傷、兵役免除となった。帰国後の昭和十五年には駒澤大学に入学、同十七年に卒業した。しばらく西有学林で教鞭をとっていたが、明徳寺住職寺尾耕雲方丈遷化の報を受け急遽帰郷。檀信徒に乞われて由緒ある明徳寺の法統を継いだ。時あたかも昭和二十年、祖龍三十歳。二十三世住職となって以来、千軒に及ぶ檀家の教化、寺門の護持に精励するとともに、曹洞宗熊本第二宗務所長、九州地区布教管区長など要職に就いて宗風の宣揚に貢献した。

異聞二題

❶墨染めの衣か羽織袴…。和服姿は安田のトレードマークであった。安田は生涯洋服を買ったことが無かった。住職としては勿論、教育委員として学校を訪問する時も、県議会の議場にあっても常に和服をまとった。こんな異聞もある。県の連合青年団長時代、ある宴席に墨染めの衣で出席し、参加者とともにスクエアダンスを踊ってCIE（GHQ内の民間情報教育局）から大目玉をくらったというのである。

❷昭和二十一年に始まった昭和天皇の全国巡幸。敗戦後の困窮と失意の国民を直接激励しようとのお気持ちからであった。天草では町村会を中心に島内各種団体が天草へのおでましを県に陳情した。

席上、桜井三郎知事が「天草へんまで、どうして……」と発言したため安田祖龍、堀田藤八が激怒。立ち上がった安田は「天草へんとは何事ですか。天草も日本のうちですばい。二十万余の島民がおります。どうしてもお渡りが叶わなければ飛行機の上からでも…。それも無理なら天草は（日本から）独立します！」と言い放ち、一同席を蹴って県庁を後にした。帰路の船上、こんな会話が交された。

堀田　方丈さん、天草が独立した時ゃ誰が大統領になっとですか。
安田　そん時ゃ堀田さん、あんたですたい。
昭和二十四年五月、天皇陛下をお迎えした天草島民は熱狂し、万歳の嵐と日の丸の波に揺れた。

県のトップ・リーダーとして

熊本日日新聞社は、昭和三十四年、安田に〈熊日社会賞〉（現在の熊日賞）を贈った。評していわく、「（安田氏は）終戦直後の混乱期に心のよりどころを失った青年たちの中に身を投じ二十二年郡の青年団長になった。同氏の鋭い才能と中庸を分とする宗教的信念に指導された青年運動は、敗戦踊りを脱却して協議体の健康な活動へ着々と実を結び、体育、弁論などの面で開花した」と。

事実安田は、いまだ通信・交通も途絶えがちな離島天草郡内の津々浦々まで足を運び、若者と膝をまじえながら「ともに祖国再建に立ち上がろう」と訴えたのである。若者たちはたちまち心服し、安田のもとに結束していった。当時安田がしばしば口にした言説がある。

「まず己を修めよ。しかして家を興し、地域、国家に貢献せよ」

時移って昭和四十四年十一月三日、天草連合青年団OB会は、有明海を隔てて九州本土を見はるかす本渡十万山に「青年の碑」を建立。佐藤栄作総理大臣染筆の「魂」の一字、安田の自撰による祖国復興誓願の賦が刻まれた。「祖国復興と郷土再建に若き熱情を専注したる堂々たる天草青年団」歴代の有志は毎年十一月三日になるとこの碑の前に集まり、国旗を掲揚し、来し方行く末を語って旧交を温めてきた。会は明徳寺の山号に因み「向陽会」と称した。

昭和二十三年、教育行政の民主化を目指して公選による教育委員会制度がスタートし、熊本県でも七人の公選教育委員が誕生した。県青年団長として東奔西走していた安田は、第二回教育委員選挙を前に猛烈な立候補要請に直面する。人々は口々に離島ゆえの後進性を言い、特に教育の水準を引き上げなければと言い、安田さんあなたが立たなければ…と迫った。人々の切実な愛郷心が安田の義侠心に火をつけた。安田は二位で当選。「お坊さんが寺から娑婆の選挙に出るとは！」などの批判もあったが、その壁を敢然と打ち破り、仏教者が社会進出する突破口をつくった。教育委員の選任が任命制に切り替わった三十一年、桜井知事は安田をひきつづき教育委員に任命。翌年、安田は委員長に就任した。

就任から一年、にわかに勤務評定問題がおこり日教組と激しく対立。県庁二階の委員会室はバリケードで封鎖され、二日間にわたって監禁状態となったが、安田は教育長横山治助氏（のちに肥後銀行頭取）とともにこの試練を乗り越え、県教育界の正常化に尽瘁した。その後も寺本広作知事、沢田一精知事のもとで道徳教育、教育課程の改正、中学・高校の増設など課題山積の県教育行政の舵を取り続けた。天草関係では水産高校、一町田農業高校、天草聾学校の独立、天草工業高校の新設などをやり遂げた。なにしろ三代の知事のもとで教育委員をつとめたのは後にも先にも安田だけである。

退職校長会会長だった平島喜久雄氏は、安田を回想してこう称えた。

「思えば、先生の生涯は、人を助け世を救う不退転の菩薩行であった」

長男の清文は明徳寺の法灯を継ぐ二十四世、次男公寛は本渡市長・天草市長を歴任し、天草の存在感を一気に高めるとともに、市町再編期特有の困難な諸課題解決に尽瘁した。

（田口孝雄）

ステージ9

島の現実、国の行く末

水俣病公害認定と日中友好条約の締結

園田　直

そのだすなお
大正二 *1913* ―昭和五十九 *1984*

生涯、生彩ある政治家だった。旧軍の落下傘部隊長は政界のあばれん坊でもあった。剣道七段、合気道八段の武道家。しかし気配りと繊細さが豪腕と同居していた。

園田を紹介するのに盟友中曽根康弘との比較がよい。中曽根は風を読むのにたけて「風見鶏」などとケナされても首相になった。二人は昭和二十二年、民主党から出馬。初登庁の日、たまたま永田町の路上で出会う。「おお君があの園田か。がんばろう」と日本再建を誓う。園田は前回落選、村長をしていた一町田周辺に「落選御礼、敗れて泣かず、ご支援に泣く、それかたし再起の誓い」とビラをベタベタ張り回していた。中曽根は元海軍の主計将校。熱海の徳富蘇峰のもとに通い歴史や憲法を勉強した。星条旗の烙印を押された憲法などと書簡のやりとりもしている。吉田政権に批判的で、吉田が目につきやすい東海道沿線に「首相公選」の大看板を立てていた。一方では「有髪の尼」と呼ばれていた松谷天光光の心を射止める競争をしようと園田と張り合っていた。ともに河野一郎派に属し、園田の「直球」、中曽根の「変化球」のせり合いであった。

園田をめぐっては官房長官や国対委員長時の政界裏話や、熊本の自民党県連の内紛調整、知事交代の調整など話題は豊富ではあるが、ここでは①それまで産業振興面から通産行政の一環として処理されがちだった「公害」を国民の健康被害からとらえ直す一大転換をさせた「水俣病公害認定」②鄧小平と意気投合してソ連の圧力をはねのけ日中友好平和条約を結んだ外務大臣③身代わり演説などで園田を助けた天光光夫人の「内助の功」の三点に絞る。

水俣病の企業責任を明確にせよ

水俣病は水俣湾産の魚介類を長期かつ大量に食べることによって起こった中毒性中枢神経系疾患である。その原因物質はメチル水銀化合物であり、新日本窒素水俣工場のメチル水銀化合物が工業廃水に含まれて排出され、水俣湾内の魚介類を汚染し、その体内で濃縮されたメチル水銀化合物を保有する魚介類を地域住民が食べることによって生じたものと認められる。

昭和四十三年九月二十六日、水俣病を公害と認定する政府の正式見解を園田厚相が発表した。園田厚相はすでに二十日から熊本入りし、二十二日には水俣市役所で水俣病患者互助会やチッソ幹部と面会、湯の児リハビリセンターでは胎児性患者の訓練状況を見た。国の責任者として初めて水俣病患者と会い、深々と頭を下げた時間であった。

市長室では橋本水俣市長、渋谷出水市長、山本患者互助会長、中津副会長、チッソ島田副社長、徳江水俣支社長らを前に園田厚相は「今度の公害認定で水俣市民その他から寝た子を起こすようなことだという批判も受けたが、公害対策と水俣市の将来の発展のために水俣病にけじめをつけたい。この問題で国、県、市と企業のそれぞれの責任を明らかにすることで新しい水俣市がスタートするようにと念じています」と加害者と被害者の立場を明確にした対応を促している。

「この世に生をうけながら意識を失ったまま〝生ける人形〟としてベッドに横たわる子、肉親を次々に失った人々、船を売り、漁具を売って途方に暮れた人たち。その悲惨な生活を考えただけでも、これほど原因のはっきりしている事件をウヤムヤにしておくことは出来ない」。対岸の天草でも漁民が大打撃を受け「健康を、いのちを、漁場を返してくれ」と叫びながら工場に押しかけた。「おカミちゅうもんはわしらシモジモについてくれるもんじゃなか」という天草の老漁民の嘆きの声が耳に残っていたという。しかし「お国入りのみやげに公害認定と、公害を選挙に利用するなんて、そんな男じゃない！」とタンカも切った。

「経済発展との調和」を削除

公害の見方の一大転換があった。それは力説されていない。

「これまで公害問題は通産行政の一環であった。それは企業中心の考えで、公害はたまたま派生した問題にすぎなかった。企業の繁栄が人間に幸福をもたらすものならば、人間を不幸にする企業の繁栄はあってはならない」が園田の信念であった。

公害基本法の第一条目的の第二項に「経済の健全な発展との調和が図れるよう」との文言がある。国民の健康を多少そこねても経済発展を重視しようとする姿勢があった。通産とのバランスを取ったつもりでも、公害はいっこうに減らなかった。

東京都では四十四年住民の立場に立った健康で安全かつ快適な生活環境を第一とする公害防止条例を定めた。条例が法を越えていた。これが全国的に影響を与え、四十五年末のいわゆる公害国会で基本法の一条二項を削除する改正法案が可決された。

第二次佐藤内閣の時である。園田は政界で「アウトサイダーだ。オッチョコチョイだ」と言われても信念を貫いたと言える。

中国から注目されていた園田

それ以前の昭和三十年代、園田は中国から注目されていた。最近、東京大学出版から『中日関係史1978―2008』という中国側の記録集が出版された。園田は若くして外務次官の経験があり、ポーランドの独立では特派大使も勤めている。地元天草では次期外務大臣ともささやかれた。これらを中国側も察知していた。時の福田政権に対する中国側の見方も興味を引く。福田首相は政治的決断力に乏しく、自民党内で田中角栄首相と互いに争った「角福戦争」のためもあって余裕がない。そんな政権下できわ立つ功績として官房長官から急遽園田を外務大臣に起用したことをあげている。

時に復活鄧小平が「日中条約は一秒の決断」説を流していた。こまごまむずかしいことを考えるな、条約締結は一秒の作業だ―。これには男気園田の回線が合った。外務省当局も燃えた。条約に覇権反対が盛り込まれているが、それはソ連など第三国を指すものではない、との禅問答みたいな合意で決着した。

昭和五十三年 *1978* 十月二十三日、鄧小平と園田は東京でメデタク批准書の交換をした。

恋愛の責任は私が取る

「白亜の恋」でビッグなスキャンダルとして世間を騒がせた松谷天光光（当時三十歳、東京七区）と園田の恋愛事件。東京の報道機関の十大ニュース投票では上位に入っていた。父正一（当時六十一歳）の革新系と保守系が毎日の食卓でいがみ合う「食卓反対論」もあれば、同僚議員らの結婚推進論が沸騰した。「その責任、私がとる」との園田の決断は、天草のよし子夫人との離婚であった。よし子夫人との次男が現在議員をしている博之である。

天光光は結婚後も政治活動を続けたが、同時に直とは同志的心情があった。もともと青山高等女学部、東京女子大、早稲田大法学部卒と政治家志望の女性であった。二十八歳で「我がいのち民族死活の危機に捧げた」と東京の街角に立った最年少女性議員の意気は持ち続けたのである。園田なきあと昭和六十一年熊本二区で博之と対決、落選。以後ロンドン郊外にマナースクールを開設したり、日本・ラテンアメリカ婦人協会会長、日中平和友好連絡会会長などに活躍し、平成二十四年には河浦町の天草コレジヨ館に世界五十七ヵ国百十七体の人形を寄贈して「世界平和大使人形の館」をオープンさせた。二十七年一月二十九日、九十六歳で永眠。その名さながらに光を放ちつづけた一生だった。

†

二十八年四月、園田直の三十三回忌法要が営まれた。園田家累代の墓地は浄土宗の名刹・崇円寺《そうえんじ》（河浦町）にある。墓碑には直の戒名が右側に寄せて刻んである。「乗願院殿直誉晃山理道大居士」。左側は天光光のために空けてあるのだろう。それにしても俳優・高倉健がたびたびここを訪れ、園田の墓前に額づいたことは世に知られていない。二人は武道を通じて心底《しんてい》深く親しんだという。

（西村一成）

吉田重延

地方自治と天草モンローに生きた

よしだしげのぶ
明治四十二 *1909* — 平成元 *1989*

世の中には役好きが多すぎる

「私の信念は新日本建設と地方自治の確立。これを通じ郷土の発展に後半生を捧げる」。昭和二十八年四月の吉田茂のバカヤロー解散による総選挙で吉田は初陣を飾った。二区で園田直とともに天草から二人当選の宿願を果たした。吉田はその当選の時から人生設計を考えていたかのように、「後半生」と言っている。この時、四十歳。代議士七期のあと八十歳で亡くなった。

その後の選挙演説でも「世の中には役好きが多過ぎるから争いが起こる。代議士になった以上は次官、大臣を望まぬ者はいないが、その前に人のため、郷土のために働くことはことさら大事なことと信じる」が口癖になっていた。天草思いであった。そして信念の通り離島振興と天草架橋を推進した。

片や天草を地盤としてライバル関係にあった園田がパフォーマンス十分、外務大臣として日中友好平和条約締結に成功したり、長年放置されていた水俣病患者の救済に糸口をつけてくれたりした。比べて吉田は万事ハッタリのない地味な政治家であった。「地方自治に政治生命をかける」。これはまるで市町村長のモットーであるが、その政治手法に興味を覚える政治家ではある。園田を「鳥の目」にたとえるならば、吉田は「地をはう虫の目」で地方を見ていたのであろう。

吉田の学歴は東京帝国大学農学部実科卒となっている。風変わりだ。栖本の地主の長男。おっとり型。仲間とケンカするより仲裁役多し。昭和五年帰郷して農業。未熟のため八年県庁入り、小作官補農林主事、地方事務官。自作農育成や小作調停の仕事を通じて新しい農政の方向を学んだという。十八年若者も農業指導者も戦争に出ていってしまった。実家が心配になり帰農。羊を小作農家に飼わせて子羊を無償譲渡したり、山林を格安で払い下げたり、小作人に委員会を作らせ、その年の小作料を決めさせた。天候次第で不作の年もあるからである。もちろん戦後の農地解放でも自ら進んで払い下げた（『九州人国記』熊日・昭和四十一年）。

これらの経歴をたどりながら「ああ、これはまるでユダヤ人の集団農業キブツか、カトリック修道院の農場経営か、共産圏のコルホーズに似ているな」と連想した。地域開発政策では小作の意欲を盛り立てるには小作料の定額制か生産高に応じた歩合制かは永遠のテーマ。吉田はもっと突っ込み、小作人に決めさせた。

寡黙、無欲、献身

「愚者は言葉を多くする」はユダヤの賢者の言葉だが、吉田は寡黙、無欲、献身的の評がふさわしい政治家だった。

昭和二十六年栖本町長、郡町村会長となり、二十八年四月の総選挙にかつぎ出された。村長時代は「県の方針にさからって」三十カ年の長期総合計画をつくった。地方自治法制定からすでに四年がたっていたが、旧憲法下ではなかった地方自治に対する理解はなかったろう。しかも県の財政は火の車であった。見通しのない将来計画など絵に描いたモチだと反対した。しかし身近な農道、漁港の整備、干拓事業などを実施した。欧州で発達した身近な自治体が優先して事業を実施すべしとする「補完制の原理」を吉田は理解していたフシがある。「地方自治体の繁栄即国の繁栄」とする吉田の発言がそうだ。地方が疲弊した今となって「地方創世」を叫んでみても、地方を支える人口が減ってしまった。

吉田は当選と同時にこれはわが領域とみたのが施行されたばかりの「離島振興法」に基づく仕事である。さっそく対岸の水俣の深水六郎参議（当時経済審議政務次官、のち熊本放送社長）と相談。天草全島の振興法第一次指定に成功した。同時に全国離島振興対策審議会長となった。

地域指定は二十八年十月九日決定したものの、振興計画策定の主導権を握らなければならない県の動きは鈍かった。同年町村合併促進法の下で二十九年本渡市、大矢野町、牛深市、龍ヶ岳村、河浦町、新和村、三十年に苓北町、松島村、五和町などが誕生した。これら合併作業に忙殺されていた。

当時の知事は新潟出身の桜井三郎。赤字県政で悩んでいた。県議会は財政再建団体指定論議に集中していたし、人員整理に反対する労組員が旧県庁前を埋め尽くしていた。桜井は「赤字は国の責任」と繰り返し、天明出身の総務部長渋谷保は「数ヵ月後には全国的な給与不払いが起こり、内閣がつぶれて初めて何らかの措置がとられるだろう」と木で鼻をくくったようなことをひょうひょうとした表情で言った。三十年度の県予算案は総額百三十一億七千五百万円、十億七千二百万円の歳入不足。人員整理二百人。赤字を埋める見通しなしの予算案である。結局三十一年八月、自治庁が財政再建計画を承認し再建団体になった。県が「禁治産者」になった。後見人は国。県は国の許可なしでは何ら動けない。天草架橋どころではなかった。

ロマンと財政のコントロール

ここに参議院議員からクラ替えの寺本広作が三十四年一月二十二日投票の知事選で四代目の公選知事となった。同時に能吏の若い沢田一精を建設省（経企庁、のち九地建総務部長）から県総務部長に招いた。三十五年末の県議会では副知事に選任した。

離島振興法適用からすでに七年がたった三十五年二月振興事業計画を経済企画庁に提出、その二カ月後の四月七日には東京で県選出国会議員の「天草架橋実現世話人会」が寺本知事を中心に設置された。有料道路の建設管理を目的とする日本道路公団は三十一年創設、沢田と吉田は公団へ攻勢をかけた。沢田はその後三十七年十一月の参院補選で当選したが、自民の政務調査会名簿によると沢田と吉田は地方行政と財政の二部会の幹部として勉強している。特に吉田は国会では大蔵委員長として細かな数字の並ぶ法案でもメモなしでさばき、数字に強かった。

この目立たない二人が「奇想天外」の事業を実現させた裏の人である。県の予算が百二十億円のころ、三十一億円もの橋をかけた。

政治家たちが最も不得手とするのは財政問題である。明治維新では大久保利通も西郷隆盛も財政に通じず渋沢栄一や井上馨に見切りをつけられた。財政立憲主義は近代憲法の諸原則の中でも特異な地位を占めるものとして沢田や吉田は理解していたであろう。佐藤栄作の第二次内閣で政調会長四人が交代しているのにその四期を通して沢田と吉田は地方行政と財政の部会で「勉強」している。

寺本知事は退任式後（昭和46）の会見で県庁移転や熊本空港、有明製鉄、新産都市といずれも摩擦の多かった事業のなかで天草五橋について「大きな事業なのに苦労しなかった。周囲のお膳立てに乗って完成した」としみじみ語っている。森慈秀、森國久、蓮田敬介、園田直、吉田、沢田たち、それに多くの島民の支えに感謝しているのである。そして吉田の死去では「天草架橋に功績があった」とだけ地元紙は伝えている。

（西村一成）

天草に生まれなかった、天草人

福島譲二

ふくしまじょうじ

昭和二 *1927* ―平成十二 *2000*

政治家への転機

平成十二年二月二十五日、福島は厳寒の阿蘇小国で急逝した。天には冴え冴えと澄んだ十九夜の月が昇り始めていた。意識を喪くした福島の鼻からは出血が止まらず、真崎秘書他、近親者は枕元に佇み、一晩中ガーゼを替え続けた。呆気ない最期だった。

福島は、昭和二年 *1927* 三月三十一日、東京お茶の水の浜田産婦人科医院で父・安雄、母・美津代の長男として生まれた。「譲二」という名は、昭和の始まりにあたり「これからは外国にも通りやすい名前を」という安雄の思いから命名された。ジョージ・ワシントンの桜の木のエピソードを想起してのものである。安雄は天草中学四修後、五高、東大経済学部を卒業し、逓信省（現総務省）に入省。万葉集を愛し、酔うとサルマタ一つになって逆立ちしながら黒田節を歌った。エリート臭がなく、皆に愛された。美津代は下浦町平床の旧地主「塩屋」横山家の娘で、とても教育熱心だった。福島は、小学校に上がる前から母に九九と暗算を訓練させられた。東京府立第一中学（現日比谷高校）卒業後、安雄の勧めで郷里熊本に戻り第五高等学校文科に入学。東京大学法学部政治学科を卒業し、大蔵省（現財務省）に入省した。主税局から税務署長、国税局課長、国税庁等を経て主計局に移り、外務・農林・防衛予算等を担当。昭和四十三年、内閣総理大臣秘書官に転出した。佐藤栄作総理大臣秘書官を務め、「沖縄返還」という歴史の一頁に携わった。これが政治家転身の動機とされる。

天草大水害

昭和四十七年六月二十日、福島は郷里天草から政界に打って出る覚悟を決め大蔵省を退官した。直後の七月六日、天草は未曾有の豪雨大災害に見舞われる。その日福島は天草一円の挨拶回りを終え、六日早朝の船便で水俣に渡っていた。夜半熊本の事務所に戻って天草の惨状を知らされる。福島は急ぎ東京の知人たちに手紙を書き送った。「目下判明しているだけで八人の死亡者が出たとの連絡がありました。ついてはお願いがございます。皆様方の着古したシャツやズボン、ナベ、やかん、なんでも結構です。ご家庭での余りものを何なりと拠出していただければこんなにうれしいことはありません。天草を一巡して僻地山村の貧しさをあらためて痛感いたしましたが、かえって使い古したものが受け入れやすい様な気がします」。あっという間にトラックにあふれる程の救援物資が福島のもとに届けられた。

その後、福島は、天草の復興支援と政府各省庁への支援要請、地元支援者への挨拶回り等々で忙殺されるが、同年十一月、衆議院が突然解散された。十二月、竹下登官房長官ら田中派の推挙を受け、吉田重延引退の後継者として熊本第二区から出馬。しかし、次点で落選となった。翌四十八年、天草の有明海側で有機水銀中毒患者が見つかり、第三水俣病の可能性ありと指摘されるや、福島はいち早く「水俣病」という名称を変更するよう各所に働きかけた。水俣の風評被害をなくすためだった。障害を負わされた人の思いは福島には痛いほど分かった。福島の三女も脳性小児麻痺のため、一人歩きができなかった。当時を回顧して福島は語る。―ギブスをはめたのは三歳の時。かかとが地面に着くように折り曲げ、石こうで膝から下を固定した。「きっと歩けるようになるわ」と妻は言った。ギブスは重たくて、寝返りもできない、眠れず、泣き出す。妻も一ヶ月眠れなかった。しかし、妻は両手を差し出し「歩いてごらん」。重たいギブスを持ち上げながら、一歩。「ハイ、もう一歩」。見ているこちらがつらく、涙が出てくるが、妻は娘に笑いかけるのをやめなかった。「障害を持つ子は家の奥に転がしておき、外に見せない」というのがあの頃の姿だった―。社会的弱者に配慮した世の中を創りたいという思いは、福島の中心を貫く思いだった。

天下の正位に立ち、天下の大道を行う

満を持して昭和五十一年トップ当選。天草に二人代議士を復活させた。園田直引退後は、水俣病問題の解決を引き継ぐという使命感から、チッソ県債を厚生省が保証するという離れ業で患者救済の道を開いた。

昭和六十三年十月十六日には、チッソ水俣工場正門前の患者団体テント村を撤去させた。福島は、その夏、チッソ水俣工場にいた。黒塗りの車から降りるとそのまま患者団体のテントに進んでいった。皆が緊張しながら見守る中、福島は「会社が交渉テーブルに着くから、テントはどうにかなりませんか」と静かに切り出した。冷静且つ真剣な対応であった。二ヶ月後、患者団体テント撤去は実現した。しかし、一連の福島の行動は政治的パフォーマンスだと周囲から揶揄された。毎日深夜まで電話が鳴り続け、

五百通を越す深夜時間帯指定電報が配達された。福島は三日間眠れなかった。後援会幹部にすら「何で票にならんことばすっとだろかい」と非難された。だが、福島には信念があった。『立天下之正位　行天下之大道』—総理秘書官を辞する際、佐藤総理から与えられた言葉だった。これは、福島の生涯の政治指針となった。「何のための、誰のための規則であるのか、規則を生かすも殺すも、要は運用の如何にある」という思いは、常に福島の中で反芻されていた。天下の正位に立ち、天下の大道を行うべく、庶民救済の道を真摯に探っていたのである。

五十一年初当選の立役者、青年部の会合は、福島にとって気の置けない会だった。好き放題に苦言、冗談なども多く飛び出た。ある時、選挙迫る日の会合で「あんたはあれだけ天草のためにやっとって、なして堂々と言わんか」と、福島に胸倉を摑まんばかりに詰め寄る青年がいた。生え抜きの幹部である。福島は「選挙に響くかどうか分からんが、やってみる、ありがとう」と実に嬉しげに繰り返した。

平成二年、最後の議員選挙は労働大臣として臨んだが、落選を覚悟する精根尽き果てたものとなった。選挙最終日、本渡銀天街での演説では、郷里天草への思いを力強く訴えた。初めて熱い心情を吐露した感動の演説となり、聴衆は聞き惚れた。

信義に厚く情に脆い愚直な人

平成三年、熊本県知事に就任後は、福島はいつも書類の山と格闘していた。ある時筆者が、この書類全部に目を通すのかと聞くと「俺が知らなくてどうする」と言う。公害問題でもそうで、全て見直さないとおさまらないと言う。当てずっぽうで、この書類はどうして印鑑が押していないのかと尋ねると、企画が良くない、と全てを覚えている。相変わらずの仕事の虫であった。庁内では問題が大きければ大きい程、いち早く知事室に持ってくるよう徹底していた。県庁職員にとっては頼れる親分的な存在だった。

ある日、筆者は、地元県議会議員に知事室に同行するよう求められた。知事への要望の会であった。知事室で、一同は固唾を飲んで知事の返事を待った。しかし、咳払いのみで会話がない。後日、筆者に、同行した議員から「福島さんは愛想の返事ぐらいしてくれてよかろうもん」と聞こえてきた。それで筆者は、別の機会に福島に聞いたことがある。福島は言下に「『考えときます』では相手に気の毒だろう」。口下手な福島なりの誠意というわけだった。

福島は「日本談義」昭和四十九年三月号で、郷里天草について次のように記している。「狭い道、傾きかけた家屋、うすぐらい電灯、とぼしい水、重い荷を背負いなお田畑の重労働から解放されないでとぼとぼと歩む老婆、こま切れの田畑、寝たきり老人のわび住居……私は残念ながらこのような現実に直面し、悲しみとともに怒りすら覚えるのであった。そして、この貧しさからの解放、そのために全力をつくし私の半生を捧げるべく決意を新たにした」。信義に厚く情に脆い人。天草人たろうとし、自らを誇示することを良しとしなかった人。それが福島だったのだろう。県知事時代には、目深く帽子をかぶり、以前お世話になった人の子弟の店などに一人でふと訪ね、たいした会話をすることもなく、しばらくして静かに家路についていたという。福島らしい逸話である。

（松浦四郎・馬場純二）

初志貫徹…天草五橋完成にハシダあり

蓮田敬介

はすだけいすけ
明治三十七 *1904* — 昭和五十二 *1977*

昭和五十年のある日、天草地区建設業協会の小野川侑《すすむ》会長は『天草建設文化史』刊行にあたり、六期二十四年の熊本県議会議員を務めあげて療養中の蓮田敬介に、「天草架橋の思い出」執筆を依頼した。依頼文に字数の指定はなかった。蓮田は病を押して四百字詰め原稿用紙四十五枚分を書き上げた。それは五橋に対する思い入れの並々ならぬ強さを示して余りあったが、しかしこの大冊が世に出るのは三年後のことで、蓮田は完成本を手にすることなく、同五十二年十一月十二日、鬼籍に入った。政治生命のほとんどを傾注した天草五橋開通から十一年が過ぎていた。

一村から二人の県議

蓮田敬介は現在の天草市倉岳町浦の旧家の長男として生まれた。幼少時に同族の蓮田家（橋本屋）の養子に入り、旧制天草中学を経て東京農業大学に進んだ。帰郷後は天草郡連合青年団の幹部として活動していたが、戦火が近まると陸軍士官候補生の歩兵伍長として軍務についた。

ようやく戦後の復興が軌道に乗ろうとしていた昭和二十六年四月の県議会議員選挙に立候補して当

選、その後五期連続当選を果たす。最初の選挙では天草郡全体で定員8であったのが、五・六期目は選挙区が細分されて天草郡上島で定員2となった。そこへ、決して大きくもなく注目度が高いわけでもない旧・浦村から蓮田と小谷久爾夫の二人が立ち、二人とも当選して全県下の耳目を集めた。旧民主系、旧自由系と派閥的には分かれていたが、蓮田の養父は小谷家（和泉屋）からの出で、近い親戚でもあり、さらに蓮田の生家と小谷の家は隣同士であったため、これはもはや天草政治史上の伝説的な事項となっている。ちなみにその間、次弟の蓮田徹夫は昭和の大合併後の倉岳村長、倉岳町長をそれぞれ一期八年間務めた。長男の陽之介は平成の大合併前の倉岳町教育長であった。

ハシダ議員の奮闘

蓮田は天草の前途は観光にかかっていると考え、吉見教英（本書221頁）たちと天草の国立公園指定獲得運動を始めた。昭和初年に始まったこの運動は戦後の三十一年七月に〈雲仙天草国立公園〉として実を結ぶ。それと併行して、長崎の西海橋着工（昭和26）の情報を得ていた蓮田は、県議会当選当初からの念願であった天草架橋の実現に向けて走り出す。天草架橋については昭和十一年九月県議会での有名な森慈秀の演説（本書253頁）がある。宇土半島の三角から大矢野へ橋をかけること（＝大矢野架橋）で天草の飛躍的発展を図ろうとしたものだったが、当時この案は「夢の架け橋」と一笑に付され、太平洋戦争を挟むなどして立ち消えになっていた。蓮田の提案はこれと異なり、三角から大矢野を経て上島の合津までを橋でつなごうというものである。この時点ではもちろん橋が五つになるか六つ必要かなどは不明であり、蓮田は独自に昭和二十八年の八月から十一月にかけて島々を巡り、調査を開始した。問い合わせに出向いた気象台や海上保安部などからはよく「この人は一体何をしているのだろう」と嗤《わら》われたという。蓮田の凄さは、口に出した以上、みずから行動し実行することにあった。時には恫喝に近い折衝をしたこともあり、あちこちに迷惑をかけたと回顧している。

吉見の「みくに」は蓮田の構想を二回にわたって掲載したが、これを読んだ天草人の反応はおしなべて冷ややかだった。いわく「蓮田が大風呂敷を広げだした」、いわく「海の上に五つも六つも橋が架かるというのか」、またいわく「ハスダにあらず、ハシダであろう」などなど。当時天草の町村長五十七人中賛同したのは樋島の森國久村長、城河原の鶴田又雄村長の二人だけだったという。ただ当時の天草は昭和の大合併の進行中であり、目標を一本化しきれないうらみもあった。現に蓮田の地元である旧浦村でも、浦、棚底、宮田、栖本の四ヵ村合併か、栖本が離脱するかで混沌としていたのである。

そのような中でも、本渡土木事務所の川辺所長が強く共鳴したことで、当面の目的である天草架橋期成会は実現の可能性ありと蓮田は踏んだ。天草郡婦人会が中心となって活動した島民「一人一円献金運動」も川辺氏の発案によるものだったと言われる。期成会設立までには知事の腰が重いなど幾重にも曲折があったものの、地道で幅広い努力の結果、二十九年十二月二十四日に天草教育会館で発会式が行われた。期成会長には桜井三郎県知事、副会長には学識経験者として森慈秀、市町村長代表金子亮夫（本渡市長）、県議会からは荒木若雄（土木常任委員長）が就任した。来賓代表で祝辞を述べた蓮田は、副会長就任を打診されたものの、自由に活動したいとの理由から理事にとどまった。

折から離島振興法や道路整備特別措置法などの関連法律が相前後して施行されたのも幸いした。特に樋島村長の森國久が全国離島振興協議会の副会長に就いたのも大きかった（森國久は着工までの道筋をつけながら起工式を待つことなく急逝した＝本書258頁)。

昭和二十九年、熊本県が調査を開始した。国は有料道路を建設・管理する〈日本道路公団〉を設立（昭和31）し、福岡支社が調査に入る。ここまで来ると、県や国、道路公団の技術職員の仕事が重要となり、蓮田など政治家は予算の獲得に奔走することになる。幾度となく大蔵省との折衝が行われた。県東京事務所は架橋情報の提供を蓮田に一本化した。そして三十七年三月には道路公団の架橋工事事務所が三角に開設され、同年七月三日、ついに起工の日を迎えた。

かつて夢物語のように言われた天草五橋は、こうして期成会設立から十一年、起工から四年余で見事に完成、四十一年九月二十四日に開通式が挙行された。テープカットでは三笠宮殿下、富樫日本道路公団総裁、橋本建設相、寺本熊本県知事の四人が鋏を入れた。

公団では当初、架橋建設の償還期限を三十年と見積もっていた。しかし嬉しい誤算で、償還はわずか九年という短期間で終わり、五十年八月十日付で無料開放となったのである。蓮田が「ハシダ、ハシダ」と揶揄されながら奔走を始めて二十年以上が経っていた。病魔と闘いながらそれから二年後には他界する蓮田は、このニュースを万感の思いで聞いたことであろう。「そうか、……」と一言。

リーダーズ

いつの世も、大いなる事業はリーダーの先見性、推進力、突破力などによって導かれ成就する。しかし世人はリーダーを理解せず――時代を開く構想力は一般人の理解を超えているのが常なので――はじめ彼をわらい、のちに「あの人がいてくれたから…」とほめそやす。「あの人」一人の物語が独り歩きすることもある。天下統一が豊臣秀吉の名において語られ、薩長同盟があたかも坂本龍馬一人の功であるかのように書かれたりもするのである。しかし、歴史がそのような一面的なものでないことを我々は承知している。一般に大いなる事業は多くの協力の上に成り立ち、時には犠牲も伴う。その多くの協力を引き出し組織化するのがリーダーであるが、天草五橋の場合、並外れたリーダーが何人もいた。とりわけ大矢野の森慈秀、龍ヶ岳・樋島の森國久、そして倉岳・浦の蓮田敬介……。そこへ多くの人々の連携と協力……。まさに一将の功に帰せられるべくもないのが天草五橋であった。

そもそもの提唱者・森慈秀の言葉をありきたりの社交的言辞、政治家の挨拶ととるのは正しくない。森は回想する、「架橋完成を今日までこぎつけた力といえば、それは郡選出の両代議士と県会議員諸氏を始め市町村長（…）各種各界の代表者たちが渾然一体となり、郡民が一円献金という他県に類例のない熱意と総力を集結させた結果に外ならない」[*19]と。天草の全島的な協力態勢の凄さは当時の多くの関係者を半ば唸らせていたのである。[*20]森はさらに「大きな推進力となったのは（…）地元においては蓮田氏」と書いたが、蓮田の献身的な努力と行動力は一県会議員の枠を超え、蓮田家を傾けさせるほどであった。架橋実現にもっとも多く汗をかいたひとりであり、五橋を通して天草の産業発展に大きく貢献した蓮田は、先の『天草建設文化史』に寄せた文章（「天草架橋の思い出」）では「…十四年間全く橋の為に狂人のように狂い廻った」とまで言って躊躇うことがなかった。

天草五橋開通五十周年。この事に心血を注いだ恩人たち、忘れてはならない多くの先人たちの知恵と情熱と奮闘をしのび、思いを新たにしたい。

（歳川喜三生）

夢の橋をかけた名物町長

森　慈秀

もりじしゅう
明治二十三 *1890* —昭和四十八 *1973*

湯島に生まれて

天草諸島で三番目に大きな大矢野島から、有明海西方約八キロに浮かぶ湯島。その昔天草勢と島原勢が一揆蜂起を談合した場所として名高いが、この周囲四キロの孤島が森慈秀生誕の地である。森孝吉、ユキの長男で、本来の名は秀松という。当時島には三二六戸、一七六〇余人が住んでいた。

この小島で幼少期を送ったことが後年の架橋への情熱とどのようにかかわるか、本人は言葉を残していない。ただ、後年の森の架橋構想は宇土半島と大矢野島を隔てる海峡七〇〇メートルを中神島経由で跨《また》ごうとするものであって、間違っても湯島への架橋などを夢見たわけではない。

島の小学校を卒えた秀松はそのまま湯島村役場で使丁として働いていたが、十八になったころ雄飛の志に燃え、上海で貿易商を営む親戚を頼って渡航した。秀松は、上海という国際的な大都市で多くのことを学びながら、いくつもの事業を起こして成功した。サルベージ事業もそのひとつだったと言われる。

大正七年に帰国すると、長男のつとめを果たそうと財を投じて大矢野島江樋戸の元大庄屋別邸を購入、両親とともに住んだが、起業家の秀松には大矢野島は狭すぎた。大正九年、菊池市の渡辺シズとの結婚を機に熊本市子飼町に旧細川刑部邸を買い取って移住し、熊本市民となる。

その細川刑部邸は昭和六十年に熊本県重要文化財に指定、平成二年から熊本城三の丸に移築復元されるが、それまでに至る屋敷の保全に森が一役買っていたことは余り知られていない。傷んだ邸もわずかな補修にとどめて暮らした森の、歴史的建造物に対する見識の一端が垣間見られる。

どんな経緯があったか、森は熊本で代議士の平山岩彦、安達謙蔵などの知遇を得た。これが森の人生の大きな転換点となる。すなわち政界入りを決意し、名も秀松から慈秀《じしゅう》へと改めたのである。平山の勧めもあり、上京して早稲田大学専門部法科に入学、十四年に卒業すると、複数の会社を経営しながら政財界に人脈を築きつつ、登板の機会を待った。昭和十年、熊本県議会議員に当選すると、永年温めてきた天草振興策の具体化に着手する。

海峡をまたぐ架橋案

当選の年の建議案は熊本県の経済振興、国立公園の活用、交通網の整備など多岐にわたる、そして思い切った県全体の振興策であったが、実は翌年に放つ天草大矢野架橋構想の前段だったのである。

昭和十一年、県会における演説。「天草は二十万の人々が住んでいながら、離島ゆえに、交通の便が悪く、産業・経済・文化・医療等あらゆる分野でハンディキャップを余儀なくされている。このような悲しむべき実情を解消するためには…」と語り始めた森は、①天草地域の振興に陸上交通は不可欠である。②天草は国立公園指定に伴い、別府から阿蘇、雲仙へと結ぶ国際観光ルートの一翼を担う資源を持つ。③そのため三角から大矢野島へ海峡をまたぐ架橋が天草の諸問題を解く糸口になるのだ――と熱弁をふるった。しかし、橋は川にかけるもの、が常識だった時代。それに戦時色が濃くなりつつあった時期でもあり、周囲の反応は至って冷ややかだった。当時〝夢の架け橋〟といったのは、ロマンあふれるといった肯定的な意味合いからではなく、そんなもの子供の夢物語に過ぎないという揶揄であった。それでも森は屈せず、任期中三度「架橋等要望建議案」を議会に提出している。熊本県議会資料はそのいずれをも全文掲載しており、他の建議案とは異なる扱いと評価を見せているが、奈何《いかん》せん「時、利アラズ」の感は否めず、森は県議職を一期四年で辞した。

戦時中は国策に沿って三菱飛行機製作所を熊本市健軍村に誘致するなど森特有の行動力を示した。戦後はその手腕が認められて二十三年三月から六年余にわたって熊本県公安委員と委員長に就任、荒廃した民心の鎮撫と警察行政の推進に尽力した。

その間も「天草へ架橋を」との夢を持ちつづけていた森に朗報が届いた。

思いつづけ走りつづければ、夢はいつか実現する

昭和二十九年十二月の県会で、同郷の蓮田敬介県議（天草郡倉岳町＝本書247頁）が改めて天草架橋を提案したのである。これを機にようやく架橋建設の気運がうねりを見せ始め、暮れの二十四日、天草教育会館で〈天草架橋期成会〉の設立総会が開催された。会長に桜井県知事、副会長に森慈秀（学識経験者）・金子亮夫（市町村長代表＝本渡市長）・荒木若雄（県議会土木常任委員長）が就いた。捲土重来を期してきた森はここを先途と気負い立った。翌三十年三月一日から天草島民二十五万人による「一人一円献金」運動が始まり、気運はいやが上にも盛り上がって行った。

早期実現を願う大矢野町民は、森に町長選出馬を要請する。森はこれを受け、三十三年四月、第二代大矢野町長に就任する。六十八歳になっていた。

町長となった森は硬軟両様の構えで交渉を進めた。来島する国、県、学会などからの視察・調査活動には、町議会・婦人会・青年団など各界各層による百五十回以上に及ぶ「おもてなし陳情」を展開。一方期成会の会員を率いて国会議員や各省庁の大臣、局長などに直談判を重ねた。森が残した手記にはその時の陳情や交渉の様子、架橋計画の進捗状況がつぶさに記録されている。架橋建設に関連して国道の経路も重要な案件であり、実情に合わせ経路変更も考えなければならなかった。来島した根本建設大臣から「国道の経路変更は、森君の言うようにしなさい」との返答を得て、森は架橋計画はこれで八割に達したと確信した。

三十五年一月に発表された道路公団の事業計画などから、天草架橋の三十六年度着工は「ほぼ確実」と囁かれ、新聞・テレビもそう報じたが、実際にはもう少し時間が必要だった。

三十六年四月、長崎県での全国植樹祭に行幸啓の折、天皇陛下は雲仙仁田峠から天草を遠望され、公団の岸総裁に「天草に橋はいつ架かるか」とお尋ねになった。岸総裁の「本年中に架けます」との言上が電流となって天草の期成会に伝わった。ただちに園田代議士、蓮田県議、森慈秀の三人が高松宮邸を訪問、天草架橋起工式に殿下のご来臨を懇請した。三十七年七月三日、高松宮殿下ご台臨、植村道路公団総裁の鍬入れで起工式が行われた。それから四年二ヶ月の歳月と、三十一億七千万円、当時としては破格の巨費を投じ、世界最大の連続トラス橋や国内初となるパイプアーチ式橋など先端技術を駆使した天草五橋がついに完成した。

人生最良の日

開通式の昭和四十一年九月二十四日、九州本土と天草の接点である一号橋（天門橋）際において、九時四十二分、三笠宮殿下ご臨席のもと開通式が挙行された。その後大矢野中学校体育館において開通祝賀会が盛大に開催される。その席で慈秀は、のちに有名になった〝家紋入りのモーニング〟を着用してマイクの前に立ち、「今日は私にとって人生最良の日になった」と、感極まる挨拶をした。

この年森慈秀に自治功労者として勲五等旭日双光章が与えられた。

†

町長在職中、職員が、「昭和十年ごろ、何故、架橋構想が生まれたのですか」と訊いてきた。森はすかさず「それは郷土愛だよ」と言ったが、さらにこう言葉を継いだ。「当時アメリカではゴールデン・ゲート・ブリッジ（金門橋）がすでに着工されていた。技術的に、アメリカで出来て日本で出来ないことはないと思ったんだ」と。一号橋の愛称として、公募の中から「天門橋」が選ばれたのも慈秀の思いに繋がっているだろう。

昭和四十五年四月、大矢野町長退任。このとき森は町長職の給与三期十二年分をすべて町に寄付した。町では慈秀の寄付金をもとに、奨学資金や地域開発費に活用するとともに、〈森記念図書館〉を開館させた。

森慈秀、昭和四十八年四月十五日永眠。享年八十三。大矢野町民は町葬で送り、新聞も「夢の架け橋を残して／家紋入りのモーニングにかけた闘志／質実、無欲の名物町長」と書いてその死を悼んだ。

（山川清英）

天草五橋

熊本県宇土半島の三角町から上天草市松島町合津までを島伝いに結ぶ五つの橋。昭和 37 年 7 月 3 日起工、41 年 9 月 24 日開通。天草の新時代を開くとともに、わが国長大橋時代の先駆けとなった。五つの橋は自然環境、技術的条件などにより構造も外観もそれぞれ異なり変化に富む。1 ～ 5 号橋間 15.1㌔のルートを「天草パールライン」と称する。

離島振興の旗手

森 國久

もりくにひさ
明治四十五 *1912*—昭和三十六 *1961*

「若い村長さん」の誕生

約一二〇の島々からなる天草諸島。その二番目に大きな上島から少し離れて樋島《ひのしま》がある。森國久は明治四十五年 *1912* 七月、この小島に生まれた。今の上天草市龍ヶ岳町樋島である。森家は裕福で、村の小学校を卒えると天草の〝最高学府〟県立天草中学校に進学した。そのころすでに大器の片鱗を見せていたらしく、園田直（のちに外務大臣。本書232頁）、松岡義昌（のちに県議会議長）など同級生も一目置いていた。森には生一本で向こう見ずなところがあり、二年生のとき他校生十数人と大乱闘を演じる。友人のため男気から出たこととはいえ、そのまま事が済むはずはなかったが、県立八代中学校へ転校が認められた。樋島とは一衣帯水の地で大過なく卒業すると朝鮮に渡り「二六新聞」の記者になる。取材、執筆を通して広く深く政治や社会の矛盾、課題を見る眼を養う。応召、除隊、帰郷。昭和十年、今度は熊本県警に職を奉じた。かつての喧嘩大将が…と揶揄する向きもあったが、森の気さくで豊かな包容力は強権的な当時の警察の中で異彩を放ち、広く慕われた。赴任先の人吉で人吉高女出身の才媛・牛島政子と出会い、結婚。終戦時には熊本北署の特高主任の地位にあり、公職追放の憂き目を見る。戦後は八代で熊本県共同水産会社を起こし、常務取締役として長崎・天草の魚介類を扱う事業を牽引した。

昭和二十六年、樋島は村長選の帰趨が定まらず混乱。小さな島が四分五裂する中、にわかに懇願されて帰郷した森はやりなおし村長選に出馬して当選、三十七歳の「若い村長さん」の誕生となった。

それは水道敷設と道普請から始まった

当時天草の人口の約一割、一万五千人が電気の無い生活を強いられていた。水道はごく一部の地域に限られていた。一人当たりの所得は全国平均の四割強、県平均の六割程度という低さ。産業が乏しく、出稼ぎの島とも言われた。妻政子の残したメモを綴り合わせると当時の姿が仄見えてくる。「離島のまた離島、周囲十二キロ、六百戸の密集村。私たちの結婚話が持ち上がった時『地図にさえはっきり出ていない』と母がとまどうほどの、小さな小さな島。昔ながらの貧しい生活に甘んじながらせっせと働いている村民。村は赤字財政で、村長最初の一年は無給。それでも、『村民の貧しさを何とかせねば』と暑さ寒さもとんと意に介せず、出張以外は乗馬ズボン、ハンチング帽、ステッキ片手にタオルで汗を拭き拭き、『村の公僕です』と言って村民の暮らしの向上に取り組んだ。突然の災害にはさすがに溜息をついた。離島ゆえ、台風が来れば船は通わず交通は遮断され新聞も届かない。電気通信は途絶え、復旧作業にも時間を要した。密集地区に火災でもあれば水道の無い村は一舐めだと見るや、みずから歩いて水源を探し求めた。離れ小島に簡易水道が通った日、幼子をおんぶしながら水汲みをしていた女たち子供たち村民皆が『壁から水が出たァ！』と歓喜の声を上げた。主人は役場へ行くとき帰るとき、いつも同じ道を歩かない。村のひとに逢い、直接ひとの声を聞くことが大事だと。『おばあちゃん、いっとき我慢しとけばリヤカの通る山道ば造るけんな！』」。

簡易水道の敷設とともに、当時森が取り組んだもう一つの事業が道普請《みちぶしん》──村民による道路の舗装だった。それは村がセメント等の材料を提供し、青年団が勤労奉仕で作業をする、盆や祭りで帰省した若者も一緒になって汗を流す、という形で進められた。単にコスト削減を図ったのではない。若者に「自分たちの郷土は自分たちの手で！」の意識をどれだけ高揚させたか計り知れないのだ。森は後年、全国離島青年会議でのスピーチで「このような地道な努力を続ける青年の力こそが離島振興の土台なのである」と言って全国離島の若者を鼓舞した。離島振興といえば国や県からお金を引き出すこと、ぐらいにしか考えない人々にとってこれは随分厳しい一喝となったが、それこそが森の一貫した考えだった。

離島振興法の適用を勝ち取る

〈昭和の大合併〉が進む昭和二十九年、森國久は海を隔てた高戸村・大道村・樋島村の三村を合併に導き、初代龍ヶ岳村長（のち町長）となった。地方自治に対する自前の理念、先駆的で大胆な施策、果敢な行動によって自村はもとより、天草全体の、そして全国の離島振興のために獅子奮迅の活躍を見せていく。

国の離島振興法が成立した昭和二十八年当時、天草は九州本土に近いとの理由で法の適用対象外とされた。熊本県離島振興協会（会長、桜井知事）の副会長となった森國久は全国会議で堂々の論陣を張り、先行都県の論理をくつがえして天草指定を勝ち取った。園田、吉田、蓮田など国政・県政に携わる人々の後押しがあったことは言うまでもないが、森の演説が決定的なターニング・ポイントになったのだった。

森はたちまち全国離島振興協議会の副会長に推され、内閣の諮問機関〈離島振興対策審議会〉委員となる。そこで森は離振法の理念（生活条件の向上、後進性からの脱却）を具体的な施策に反映させるべく奮闘する。即ち数次にわたる法改正、予算の一本化、経済企画庁内に離島振興課創設、年々の大幅な予算獲得…等々であった。

住民の暮らしに寄り添う

貧乏と闘い病気と闘う島一春（本書183頁）は、入院費補助の許可が得られず困り果て、國久に手紙を出して窮状を訴えた。町長選で反森陣営に立ち、何かを要求できる身ではないと強く意識しながら——。するとと折り返し返事がきた。「生活保護法は社会的に弱い者の生活を支えるためにある法律です。政治の究極の目的はみんなが平和で豊かな生活を送れる社会を築くことであり、私も政治家のはしくれの一人として貴方の現状を見過ごすことは出来ません。出来る限りの運動をし、あなたが望まれる状態になる様努力します。どうか、くじけずに療養し、再起される様お祈りします」（…）目立たない一本の草、小さな石ころも大切にするという森の人間的な思想が行間にほとばしり、情愛と正義感に満ちた手紙であった。*21

じっさい森の住民福祉向上への情熱は並々でなく、必要な政策は国の制度を待たず率先して実施した。昭和三十六年一月、森は「所得倍増の時代であればあるほど、脱落者を心配することを忘れてはならない」として「母子福祉年金」「身体障害児年金」「戦没者遺族年金」の三条例を施行した。国の福祉施策の恩恵を蒙らない人々に光を当てるものであった。全国初、小さな自治体の果敢な取り組みはＮＨＫが全国放送で取り上げ、新聞各紙でも評判になった。

「夢の架け橋」から現《うつつ》の架け橋へ

息を引き取るその日まで命を注いだのが天草架橋の実現であった。昭和二十九年十月十八日、本渡保健所会議室に島内の町村長、県議等が集まった。天草架橋実現のため、天草島民が具体的に運動を開始した日として記憶される。離島振興法の天草指定の闘いが契機となり、その可能性が切り開かれたのである。同年十二月〈天草架橋期成会〉設立。その旗の下、天草町村会など既存の六団体は統合され〈天草振興協議会〉の結成を見る。森は輿望を担って会長となり、架橋着工決定まで、運動の代表者として陳情・中央折衝に当たった。全国離島振興協議会副会長の森は、事務局長・宮本常一と腹蔵なく語り合い、時に激しく論戦を交わしたが、この高名な民俗学者は天草島民「一人一円献金運動」を高く評価し、献金を通じて高まった島民一人一人の意識と熱意が政府を動かす原動力になったと述べている。*22

すでに天草自治会館を建設して行政の一本化へ乗り出していた森は、架橋開通前後の大規模な設計図を独自に描いていた。「天草特例市」構想、「天草をみかんの島に」などのパイロット・ファーム計画、本渡の瀬戸の開削と島内道路の拡充・舗装・連結構想…。

その森が突然出張先の熊本で倒れた。うち続く激務が強靭な肉体をも蝕んでいた。昭和三十六年六月二十六日逝去。享年四十八。死因は胃穿孔・腹膜炎。生前「離島の星」とまで称された「公僕の鬼」はひたすら「誰もが住みよい社会をつくる」ために東奔西走し、燃え尽きた。「大いなる設計図を胸に抱きながら死んでいった短い生涯」（松岡義昌）を惜しむ葬儀・告別式はまさしく空前の盛儀となった。

悲願の天草五橋はそれから一年後の昭和三十七年七月三日に起工、四十一年九月二十四日に開通して天草に新しい夜明けをもたらした。

（段下文男）

ステージ10

一筋の道

郷土に情熱を注いだ信念の彫刻家

亀井 勇《かめいいさむ》

明治三十八 *1905*―昭和四十九 *1974*

昭和の初め、美術への憧憬、とりわけ彫刻を極めたいという一念で上京を決意し実行した男がいた。美術への関心が一般には薄い時代、ましてや妻と乳飲み子を含む三人の幼子を天草に残して彫刻への一途な思いを実現させようとしたこの男の奔放とも思える決断には、造形への並々ならない意欲と信念があったに違いない。また、家族の理解（ある意味では犠牲）や経済的な後ろ盾がなければ到底叶わなかっただろう。男の名は、亀井勇。市立天草キリシタン館前庭に建立されている「天草四郎像」の作者である。

自由が育つ土壌と芸術への芽生え

亀井勇は、明治三八年*1905*、亀井音次郎とハツエとの間に一男三女の長子として本渡町に生まれた。父は海運、母は裁縫で生計を立てていた。親族には傘《からかさ》・提灯職人の叔父をはじめ、伝統民芸「とおしもん」の名人と言われ技術保存に尽くした亀井菊太郎がいる。印鑑の老舗・亀井印房も身内にあたる。元々こうした職人の血筋をひく勇は、天草中学校四年修了ののち築地工手学校予科を修了する。その後、元田重雄（九州新聞天草支局長・郷土史家）との出会いが縁となり、みくに社（社主＝吉見教英・本書221頁）の記者となる。三人の妹たちも医療や新聞記者などそれぞれ専門の道に進むなど、一家には〝個人の自由と自立〟を理解尊重し育てる土壌があったようだ。早婚、子福の身で本渡・丸尾ケ丘にアトリエを構え異彩を放つ勇であったが、この地で何かに導かれるように造形への関心が高まる。勇のすべてはそこから始まった。

昭和六年*1931*、総合美術展としては天草で初めての展覧会が、本渡南小学校講堂で開催された。この時の彫塑工芸部門に勇が出品した記録が残されている。この展覧会は、勇が勤めていたみくに社の主催、天草郡教育会後援で開かれた。美術団体「南火社」同人としても活躍するなど、展覧会の開催に勇が少なからず関わっていたことが推測できる。吉見はこの時のことを後年、随筆集『天草島』の「島の美術界」に、彫塑工芸の部では亀井勇、石田明の両氏が光っていたと評している。ちなみに絵画部門の出品者には高木巌、池田尚志、北八代、益田豊年、小林通人、吉阪博ほか蒼々たる美術家たちがいた。周囲の美術家たちに刺激を受け、勇の心は次第に高次な領域を目指し、美術に染まっていくことになる。

抑えきれない造形意欲

勇を単身上京へと突き動かしたのは造形への執念としか言いようがない。同年、勇は、二科会初の彫刻部会員・藤川勇造が後進育成のために開設した番衆技塾の門を叩く。藤川勇造はロダンの助手を務め、ロダンに直接教えを受けた経験をもつ。勇は約三年間、そこで研鑽を積んで彫刻家として確かな自信をつけ帰郷した。美術教師としての道が開けたのも上京の副産物であった。

帰郷後、美術教師の傍ら郷土民芸の復興に尽力、彫刻家としての制作に余念がなかった。昭和十一年

1936には、自彫像（頭像）を第二十三回二科展に出品し入選を果たす。天草人初のこの快挙に、教育会館で祝賀会が催され、友人・知人たちから祝意が寄せられた。石膏の塑像からはデッサン力の確かさが伝わる。かたちに執着し粘土と格闘する若き日の作者の姿が見て取れるようだ。

作品テーマと郷土に根差した活動

終戦後、勇は、吉見たちと共に天草文化協会の創設に尽力した。島の文化向上を目指し、美術展や各種文化展を開いて新人発掘に努めるなど美術部門の専門家として活動の中核を担った。昭和四十三年、吉見会長の死去により同会は事実上休会するが、美術委員会が独立し天草美術協会を設立、推されて会長に就任した。休会していた天草文化協会も再建へと導かれるのであるが、勇はこの運動の中心にいた。

本中会（本渡中学校教職員の会）の回想録によると、同校教頭時代、勇は天草の歴史研究にも情熱を注いでいる。同校郷土クラブによる市内外の史跡調査に関わり、〈妻の鼻古代墳墓群〉ほか数々の遺跡発見に寄与する。やがて、同勤の鶴田倉造（後に史家）や柳原高太郎（沖の原貝塚発見者）ほか、名だたる史家たちと親交を深くしていく。キリシタン研究に力を注ぐ一方、彫刻制作依頼が増え教職を辞した勇は、天草の観光立脚の足固めが進む中、昭和四十一年、天草切支丹館の初代館長に就任した。郷土や歴史への関心は、勇の作品づくりに深くつながり、翌年、「天に指差す四郎像」（切支丹館開館一周年・天草島原の乱三百三十年記念作品）などに結実していく。歴史上の象徴的人物への眼差しは、天草の風土に導かれるかのように芸術家の中で昇華され、数多の作品を生みだした。四郎像と同様に「鈴木重成像」にも普遍的テーマが内在する。いずれも天草の特異な歴史と風土が生んだ天草を象徴する傑作と言えよう。

作品に宿る魂

勇の晩年、病魔と闘いながらも手掛けていたのは、やはり四郎像であった。松島の物産館前に建つこの像「奇跡をおこす四郎時貞」は、実は粘土立像まで完成していながら、病魔の進行を象徴するようにひびが入り破壊してしまう。昭和四十九年1974八月、勇は、建立を見ることなく他界してしまった。翌年五月、銅像は、勇の遺志に従い家族が託した岩崎繁高（熊本市）の手により完成した。制作者が連名となっているのはそのためである。

天草では極めて稀な彫刻の担い手であった勇の死は、天草の大きな痛手であった。にわかに亀井作品建立の気運が高まり、市をあげて期成会が発足し、代表作・天草四郎像をもとにブロンズ像が同五十年二月、市街地を見下ろす丘（天草キリシタン館前庭）に建てられた。さらに、同年十一月には遺作展も開催された。勇作品の散逸を防ごうと目論む賢者たちの知恵だったに違いない。

勇の四女・峯頌美は、我らの取材に応えた「父を語る」の中で、家族思いの極めて子煩悩なやさしい父親像を紹介してくれた。勇の教え子たちは、楽しかった当時を懐かしむかのように厳格で恐い先生だったと口を揃える。同勤した教師・井上明は、同回想録に「純な人　亀井先生」と題し次の詩を寄せている。

若者の／情熱と好奇心／芸術への／たゆまぬ探求の心／いつわりのない／純な心／烈火の激しさと

優しいおもいやり／酒を愛し／人を愛し／花を愛し／人に愛されたひと／今はなし

芸術家の魂は作品に宿り、時空を超えて私たちに何かを語りかける。四郎が指差す大空の彼方には、無限の宇宙が広がる。かつて吉見教英が詠んだ〝コスモスの花咲く丘〟は、郷土や人を純粋に愛し、美術に情熱を傾けた勇にとっても、始まりでもあり終わりでもあったのかもしれない。

（川上謙二）

❷

❸

❶

亀井勇作品

❶天草キリシタン館前に建つ天草四郎像
❷鈴木重成像
❸第 23 回二科展に出品した自影像

天衣無縫の書家

能　暘石

のうようせき

大正十二 *1923*—平成十九 *2007*

書家の能《のう》暘石《ようせき》は本名を能《のう》彰《あきら》といい、長崎県五島の人である。現在の下関水産大を出て長崎県水産部に勤務したが、縁あって熊本県立水産高等学校に職を奉じ、富岡（天草郡苓北町）に居を構えて天草の人となった。四十一歳にしてにわかに書の美に惹かれたことが転機となり、やがて天草はもとより熊本県の代表的書家の一人となる。作品を制作し、後進を育成するかたわら、晩年は文学碑の拓本採取に情熱を傾け、これをライフ・ワークにした。無碍《むげ》自在の生き方と風貌を追懐する。

勇往邁進

能は昭和三十四年以来、日々天草灘の潮騒を聞きながら、水産高校教諭としての生活を送っていた。富岡の町にも職場にもこれといって不満はなかったようだが、自身は娶らぬまま いつしか四十代に入っており、胸中には鬱勃たるものがくすぶっていたとしてもおかしくなかった。

そんな或る時、能は〈書〉と会った。出会いの詳細は明かされていないが、能は次第に、これは自分を投げ入れて悔いない世界ではないか、と思うようになる。天啓といってもよかった。これと思ったら逡巡する人ではない。新しい地平が見えはじめていた。昭和四十二年堀川達子と結婚、翌年には長女千波が生まれる。学校の同僚で養護教諭の太田しなえは天草ではその名を知られた書道家であり、何かと頼りになる話し相手だった。

結婚から一年、本格的に師を求め福島桑雨につく。続いて木村知石、甫田鶏川に師事し、漢字の行草体を一貫して研究した。めきめき腕を上げ、妙境に分け入って日展入選三回、読売書法展、熊日書道展ほか各種展覧会で活躍した。定年を待たずに高校教諭の職を辞すると本渡市浄南町に新居を構え、〈成心書道会〉を開塾、主宰する。かたわら本渡市婦人会の書道講座を担当し書道愛好者の裾野を随分広げた。さらに、天草書道協会代表世話人に推され、斯界の発展に寄与すること多大であった。

平成四年には招かれて尚絅大学文学部教授に就任。三年にわたる書道コースでの親身の指導は、作品制作のみならず道具や表装にまで及ぶ懇切なもので、学生たちの敬慕の的となった。

書を始めたのが不惑を超えてからとは思えないその技量、見識はどのようにして育まれたのか。それは持ち前の集中力、気力、負けん気であろう。それらの気質は若いころ打ち込んだ剣道で培われたものであろうか。その書の結体、章法、墨色に至るまで拘りぬいた一作一作であった。そして何よりもその線の切れ、深い味わいはまさに竹刀を振り下ろす厳しさであり、気品漂うものであった。

「書は人なり」という。決めた道をまっしぐらに進む、疑問に思ったことはすぐに確かめる。そして既成概念にとらわれず自分の目を大事にした。信念の人であり、そういう人の書であった。熊本県書道連盟常任理事をつとめた他、平成九年天草文化賞受賞、同十五年熊本県芸術功労者顕彰。

晩年は良寛の書につよく惹かれていたが、尚絅大学を退職するや長野・新潟まで自家用車を三度も走らせ、良寛書の拓本を百余基採取した。清貧を貫き子供のように純真だった良寛。書家臭さの全くない朴訥で魅力的な線。そんな独自の書風と人とを能はこよなく思慕した。

『拓本紀行　熊本の文学碑』

平成十年に県立美術館分館で「良寛碑拓本（原拓）展」を開催した能は、今度は二年がかりで天草全島の文学碑を訪ねて拓本を採り、六十四基の拓影を収録して『拓本紀行　天草の文学碑』を出版した。そして「ここまで来たら命尽きるまで」と、五年がかりで熊本県下すべての文学碑の採拓を終え、原稿もほぼ整ったところで病に倒れた。肺に重篤の感染があった。平成十九年九月十九日、不帰の客となる。

遺志を継いだ三人の編集委員が出稿にこぎつけ、翌年六月、『拓本紀行　熊本の文学碑』（A5判六七八ページ）刊行。著者が心血を注いで成った本書に対し、その年の熊日出版文化賞特別賞が贈られた。

♣**拓本**について。拓本の価値は、肉眼では見えない文字も読み取れるところにある。風化してほとんど文字が識別できないものもわずかな凹凸で文字を浮かび上がらせることがある。文字に着色がなければ肉眼や写真では読み取れない。和紙を濡らして刷毛や手拭いで碑面に密着させ、文字のところを食い込ませ、墨拓を付けたタンポ（包布）で少しずつ墨色を付けていくと文字が白く浮かび上がる。その濃さ、叩き方に技術が必要で、採拓者の美意識が反映される。拓本は単に刻された文字を写し取る作業ではなく、採拓者の創作であるともいえる。以下、能語録から――「拓本は原始的ともいえる素朴な手法によって作られるが、墨拓によって浮き出された白文字は、真蹟とは趣を異にした幽玄の世界を展開してくれる」「拓本は拓者の思念や美的感覚、天候、材料などいろいろな条件によって千差万別の表情を表す」「拓本には未知の世界が存在しているため、拓者には美を追求しようという創作意欲がわいてくる」

それにしても、傘寿を迎えた人の仕事とは思えない。「現場にたどり着くまでが大変なんだ」と語ったように、碑の所在地、建碑者・管理者の下調べに始まり、採拓の許可を得て現場へ。地元の人に尋ねなければたどり着けない場合も多いが、地元の人が知っているとも限らない。山の奥の崖っぷちにある摩崖碑、足場を組んでから風が止むのを三日待った高さ七・五メートルの徳富蘇峰詩碑など、達子夫人との命がけの仕事が続いた。現場に着いたらまず碑の写真撮影と碑面の掃除。採拓が済むと碑身・台石などを採寸し、碑の裏面などで建碑年、建碑者、碑文の筆者、石匠、石質などを調べるのである。

『拓本紀行　熊本の文学碑』はそのような採拓・調査をもとにして成ったものである。収録した五三八基を地域別に見ると熊本九八、荒尾玉名六三、山鹿二五、菊池三一、阿蘇八一、宇城三三、天草六七、八代五六、水俣三八、球磨人吉四六となる。

†

著者自身がそれを手にすることなく逝ったことは痛恨の極みであったから、一年後の平成二十年九月に出版記念「能暘石先生をしのぶ会」が開かれたことには、ずしりとした重みがあった。参会者一同がその前人未到の偉業を称えるとともに、まっすぐで情熱的、ダンディーで洒脱、そのくせすこぶるせっかちでもあった人柄、心地よさそうに田端義夫を歌った温容などについて語り合った。尽きぬ話題がそのまま逝った人の世界の豊かさを想わせた。

荒木精之編『熊本の文学碑』（昭和54年、熊本日日新聞社）以来のこの本は、県下全域のすべての文学碑を、拓影鑑賞を前面に打ち出して紹介し、学校や図書館など各公共機関、文学愛好者、書道愛好者などに広く活用され、後世に残る能暘石渾身の遺著となった。

（久多見　健）

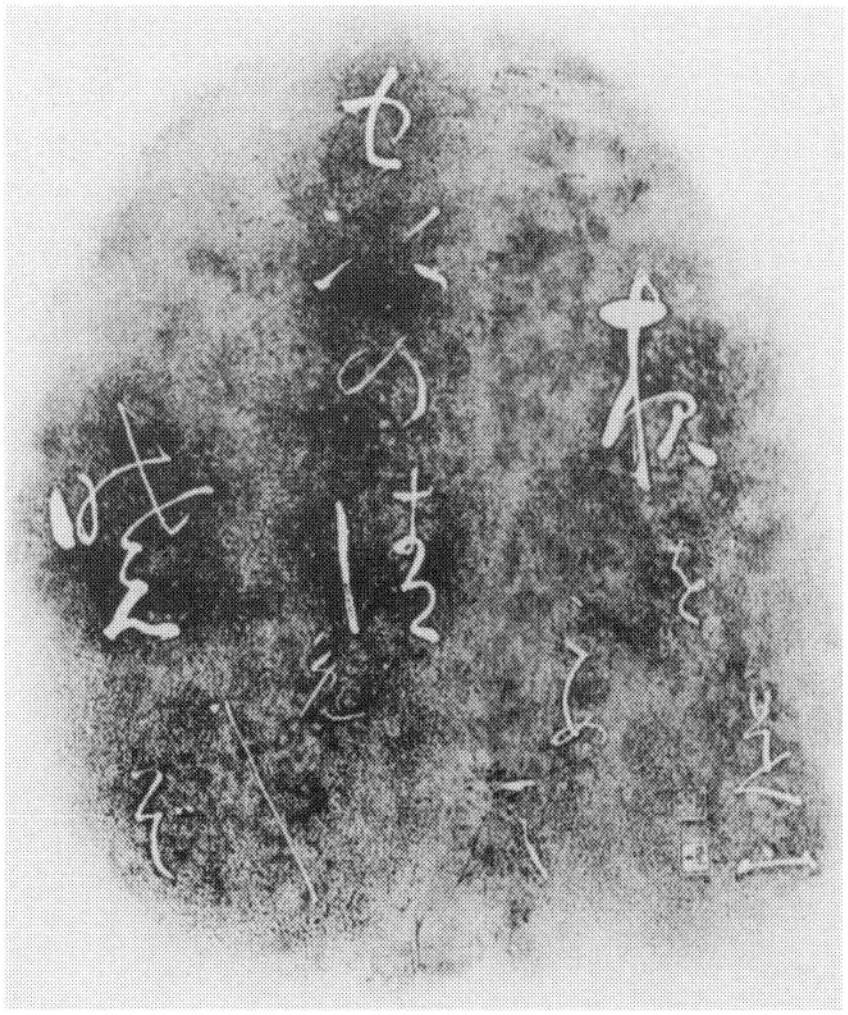

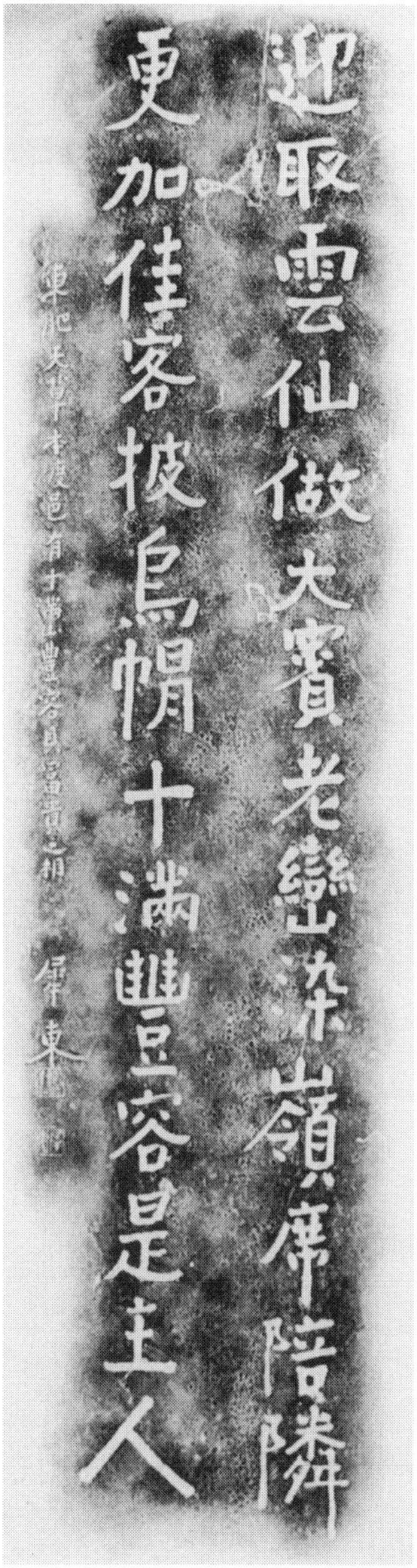

能暘石の拓本から

▲木山家（浜崎町）前庭の《後藤是山句碑》拓本が実際の碑面の文字以上の味わいを感じさせる例。能は俳人是山の書を「自由奔放、筆勢雄渾、章法の妙味は是山の独壇場」と評していた。「夜をこめて蟲の清めし暁ぞ」

▲十万山山頂の《国府犀東詩碑》漢詩人国府は十万山山頂からの眺望に感嘆し、雲仙、染岳、烏帽子岳、十万山が一堂に会して楽しげに宴を開いているようだ、と詠む。国府は葦原雅亮との縁で来島、大野俊康の父・伊三郎の案内で十万山に登った。この碑は島内随一の高さ大きさゆえ、能は足場を特設し、達子夫人とともにこれに上って採拓に挑んだ。

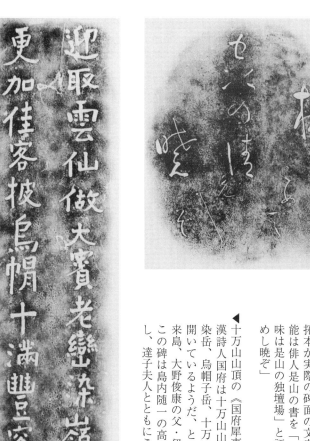

早世した天才テノール歌手

横田良一

よこたりょういち
明治四十四 *1911*—昭和十一 *1936*

「まあ、よくも天草あたりから！」

難関の大学や芸術分野の名門に入った若者に、しばしば向けられるそんな言葉や視線。今でもそうだから、まして昭和の初期に上京、東京高等音楽学院（のちの国立《くにたち》音楽大学）に入学したばかりの横田良一を都人士がどう見たかは想像に難くない。それに横田は長身で飛び切りの美形ときていた。

青雲の志

のちに天才歌手ともてはやされる横田良一は本名を中道実穂といい、明治四十四年 *1911* 九月十日、亀浦村（現、天草市二浦町亀浦）の中道家に生まれた。本渡・牛深線の県道から四キロほど北西に入った集落、今でも初夏にはホタルが飛びかう静穏な里である。祖父母たる嘉市・ミヤノ夫婦は跡継ぎの男子に恵まれず、尾山家から音市を養子に迎えて娘・キクノと娶《めあ》わせた。やがて若夫婦はめでたく男の子を得て実穂と命名する。実穂の誕生はもちろん父母の大きな喜びだったが、祖父母にとってこの初孫は中道家が久しく待ち望んだ男の子であり、それだけに可愛がりようも並々でなかった。

〔紛らわしさを避け、ここからは「横田良一」と表記する〕

亀浦尋常小学校に上がった良一は成績優秀で歌もうまかった。ところが次々に弟妹が生まれて十人兄妹ともなると、比較的裕福だった家もさすがに窮することが多くなり、両親はやむなく五年生の良一を祖父母に預けて出郷、八幡製鉄所で工員として働くことになった。小学校を卒業した良一は祖父母のもとを離れ、八幡で父母弟妹とともに暮らしはじめる。同時に門司市の大里豊国中学校（旧制）に入ったのだが、そこに良一の将来を決する出会いが待っていた。当時、中学校長西田幸太郎の令嬢・節子が東京高等音楽学院に学んでおり、横田は彼女から大いに刺激を受け、つよく音楽を志すようになるのである。昭和四年、横田は中学を卒業し、西田校長一家の勧めで憧れの東京高等音楽学院ピアノ科に入った。十八歳だった。

♣昭和元年 *1926* 創立の東京高等音楽学院は、官立の東京音楽学校（のちの東京藝術大学）に次ぐ、私立では日本初の音楽の高等教育機関。昭和二十五年に「国立《くにたち》音楽大学」となり今日に至る。開学以来の柔軟で闊達、進取の気あふれる学風から作曲の久石譲・大島ミチル、声楽で佐藤しのぶ・錦織健・秋川雅史、ジャズピアノの山下洋輔・ピアノの小原孝など多彩な才能——つまりは横田良一の遥かな後輩たち——が巣立っている。

学校では一流の教授陣による正規の授業のほか、ドイツ人教師レオ・シロタに師事してピアノの個人指導を受ける。堀内敬三、古賀政男などの師恩にも恵まれ、幅広い教養と実技の力を身につけていった。ただ困ったことに、裕福な学友たちとの交遊では生来の執着の無さ、気前の良さが仇ともなって金遣いが荒く、たびたび祖父の眉を曇らせた。また母の伯父・吉松三松の支援も受けた。吉松は大分銀行勤務、戦後は牛深といっしょになる前の六年間、二浦村長をつとめた人である。

歌謡界の新星

日本のポピュラー音楽は、昭和初年代に華やかに幕を開けた。レコード製作技術の向上と再生装置の技術革新が背景にあった。佐藤千夜子が昭和三年に歌った「波浮の港」、同四年の「東京行進曲」（ともに作曲・中山晋平、日本ビクター）が走りとされる。つづいて同六年には藤山一郎が歌った「酒は涙か溜息か」「丘を越えて」（ともに作曲・古賀政男、コロムビア）が相次ぎヒット。ところが当時藤山は東京音楽学校声楽科の学生であり、学則違反を咎められ停学処分をくらう。バリトン歌手として将来を嘱望されながら、藤山は父を失い母を養いながら苦学していたので、十分同情に値することではあったのだが。

その藤山一郎のライバルと目されたのが高等音楽学院に通う同い年の横田良一だった。横田はピアノ科で研鑽を積む一方で学外のステージにも立ち、テノール歌手として活動していた。横田の学院は学生の学外での活動を容認していたのである。二つの学校の学則・学風の違いが出た形だった。横田は気兼ねなく映画「アリランの唄」に出演するなどして頭角を現し、歌謡界の新星ともてはやされた。

昭和六年春、横田は上京後はじめて故郷天草に帰り、島内各地の小学校、本渡高等女学校などを巡回してコンサートを開いた。島民が初めて見る歌手・横田良一はまぶしいほどの二十歳。長身で長髪、両手を組んで伸び上がるポーズ、美声と見事な歌唱力に聴衆はすっかり魅了された。

プロ歌手としてのデビューは昭和七年と見てよさそうである。その年から九年にかけ横田は歌謡曲のレコーディングを相次ぎおこなう。吹き込んだ曲は一〇〇曲を超え、レコード会社はコロムビア、キング、テイチクなど実に二十二社に上った。

昭和八年春、徴兵検査のため再び本籍地の天草に帰った。検査は牛深小学校で行われたが、そこで横田の長髪を見咎めた検査官が大声を上げた。

「なぜ髪を切らぬか」

「職業柄、切られぬ」

そう横田が言い放つと、検査官は「なにィ！」と色をなして立ち上がり、「この非国民がッ」と、机を叩いて激昂。居合わせた社会主事が横田の恩師で、そのとりなしによってその場は何とか収まったものの、結局一日中絞られた。その夜、宴席で歌ってくれという検査官（大佐）の頼みを横田は一蹴した。何とも痛快なこの挿話には、軍人の理不尽な威圧にも容易に膝を屈しない〝きかぬ気の横田〟の面目が躍如としており、またソフトな美声の陰にこんな骨っぽさがあったのかと驚かされる。当時横田が吹き込んだレコードには軍国調のものもあって、非国民などと詰《なじ》られる筋合いはどこにも無かった。

昭和八年、「天草小唄」誕生

天草の歌が欲しい、と横田は思った。天草の魅力を広く世に知らしめたい、それにふさわしい新しい歌が出来ないものか、と。折から故郷では「観光・天草」の浮揚策に関心が高まっており、横田の希望を知った「みくに」新聞の吉見教英（本書221頁）が、待ってましたとばかりに同調。郷土愛に燃える他の面々も時宜を得た提案と歓迎。吉見は紙面を使って「天草小唄」の歌詞募集に動き出した。

歌詞は応募作六十四篇の中から平野正夫氏（熊本市）の作に決まった。作曲は横田の恩師・古賀政男に依頼しようとしたが、生憎病の床にあり、しばらくは相談できそうになかった。しかしそこは人間万事塞翁が馬、大村能章が作曲した「天草小唄」は斬新で、明るく親しみやすい、願ってもないような素晴しい曲だった。大村は間もなく「麦と兵隊」「同期の桜」など誰もが知る名曲をいくつも世に送った。

その年の十一月、横田は御所浦のエビス祭りに呼ばれて行った。同村出身、大阪在住の山田忠良さんはその日の記憶をこう話す。会場は嵐口小学校。始めに大塚伝太村長が挨拶、次いで村の第一吟詠者の島田正春さんが「川中島の戦ひ」を吟じ、その後に横田が登壇。「ふるさと」や「叱られて」などを歌った後、新曲の「天草小唄」を披露した。声は「湯の町エレジー」の近江敏郎に似ていると思った、と。

レコード製作までには資金面でたいそう困窮したが、強い意志と多くの善意によって乗り切った。横田良一の「天草小唄」はレコードとなって全国に広がり、エキゾチックで美しい天草のイメージづくりに大きく貢献した。横田の夢が現実のものとなっていったのである。

†

スター誕生はしばしば多くの犠牲を伴うもの。横田を世に出すため、亀浦の祖父母は所有する田畑、山林、家屋敷まで売り払って貢いできた。そうして故郷を出て鹿児島県出水町に転居していた。

昭和九年十一月、横田は卒然、病に倒れた。喉頭結核――歌手として致命的な病魔に冒されていた。東京では入院費がかさむ。横田は妻の登美子を伴い、思い切って出水の祖父母のもとに身を寄せる。祖父母は孫夫婦を温かく迎え、療養に専念させてくれたが、いつまでもそうしてはいられないと登美子は帰京し、働いて療養費を送った。良一本人は死期の近いのを知ってか、八幡の両親のもとへ帰り、昭和十一年一月十日、家族に看取られ息を引き取った。わずか二十五年の生涯、まるで「天草小唄」一曲を世に残すために駆け抜けていったような横田良一の生涯であった。

今は生家の傍で、あの祖父母とともに、同じ墓所にひっそりと眠っている。

（片白健次）

水の平焼五代目

岡部源四郎

おかべげんしろう
明治十二 *1879*—昭和三十七 *1962*

天草の焼物は、四百年にわたる変遷・消長を経て、いま黄金期と言ってよいほどの隆盛の中にある。「陶磁器の島、天草」というフレーズもすっかり定着、窯は新旧合わせて三十を超え、焼物師たちは幅広く連携しながら、それぞれが潑剌と個性の探求に余念が無い。天草の窯業を今日の隆盛に導いた幾たりもの先人の苦心・苦闘をしのびつつ、ここでは〈水《みず》の平《だいら》焼〉の岡部源四郎に照明を当てる。

博覧会で入賞を重ねる

天草の窯では、高浜焼・内田皿山焼・丸尾焼、そして水の平焼の四つが、古くからのものとして知られる。ここで取り上げる水の平焼は初代・岡部常兵衛が本戸村（天草市本渡町）水の平の地に築窯（明和二年 *1765* または享和二年 *1802*）して以来、いささかの中断もなく今日に至っている伝統の窯である。

維新後、岡部家は全国的な展覧会などに積極的に出品した。まず三代・弥四郎。明治十年の第一回内国勧業博覧会に植木鉢を出品して入賞。第二回（明治14）でも入賞。第三回（同23）では四代・富次郎が入賞。第四回と第五回（同28・36）では五代目後見の信吉が連続して入賞した。信吉はさらに第一回全国窯業品共進会（明治34）で三等賞銅牌。ここまではいずれも象嵌を施すなど高田焼風の作品であった。そのような流れを継いで五代目となる源四郎は、明治四十三年、ロンドンで開かれた〈日英博覧会〉に斬新なデザインの「赤海鼠釉ティーセット」を出品し、見事銅賞を獲得した。次いで第三回全国窯業品共進会（大正14）で銀賞、第十三回工芸展覧会（大正15）で三等賞。昭和五年には産業功労者選奨が授与された。昭和十五年には源四郎の長男・栄四郎が興亜観光特産品展覧会で優良賞を受賞。栄四郎は父・源四郎の全盛期に熊本市の支店で販売業務を行なっていたが、やがて出征し、終戦を目前にして戦死した。六代目は次男の久万策が継ぎ、その養子となった栄四郎の長男・信行が七代目を継承、現在に至っている。平成二年、水の平焼は〈熊本県伝統的工芸品〉の指定を受け、七代目・信行は平成十七年に経済産業大臣から〈伝統工芸士〉の称号を与えられた。

このように歴代の窯主が積極的に前に出て水の平焼の名声を高め、今日につないでいったのである。天覧の栄に浴したことも一再でなかった。

天草窯業界の中心となる

水の平五代源四郎は四代富次郎の長男で、明治十二年 *1879* の生まれ。第一天草高等小学校を卒業した二十六年、父の富次郎が四十五歳の若さで死去。叔父の信吉を後見として家で窯の仕事に従っていたが、期するところあり、明治三十二年から二年間、有田徒弟学校（のちの佐賀県立有田工業高校窯業科）に学んだ。卒業後の三十四年には熊本県から全国窯業地視察を命ぜられ、また自らも積極的に各地の窯業の実情を見、陶人と交わり、後年の販路拡大の下地をも作った。特に天草製陶組合理事に就任した大正二年には視察研修の成果として、〝天草に陶磁器研究所を設置されたし〟と予算案を付けた「願書」を県知事宛に提出した。計画案は日の目を見なかったが、大正九年、志岐に天草窯業株式会社を設立、翌年には楠浦にあった南九州窯業株式会社にも関与した。自分の窯だけでなく天草全体の窯業発展を画策していたのである。こうして源四郎は、丸尾焼の金沢武雄とともに天草窯業界の中心人物となっていった。

異聞　源四郎と佐平焼

大正年間、岡山県津山市に、浮田佐平が一代限りで開いたという〈佐平焼〉の窯があった。その築窯から釉薬、窯炊きまでを岡部源四郎が指導したことが判ってきた。最近出版された『幻の佐平焼』（浮田順子他、吉備人出版）によると、浮田家には水の平焼の釉薬の調合を示すメモ類が残されていて、佐平は水の平の海鼠釉から発展させた窯変天目に執拗に拘っていたようである。大正十三年、佐平は天草に渡り源四郎と再会した。浮田家は数点の水の平を所蔵している由。——これまで知られなかった佐平窯の一件から、天草の内にとどまらなかった源四郎の足跡の大きさ、その一端を垣間見る思いがする。

ダイナミックに懐深く

父・富次郎亡き後、叔父で後見役の信吉は伝来の窯を預かり継承するだけでなく、水の平焼と言えば「ああ、あの海鼠の…」というほどの赤海鼠釉を開発していた。源四郎はこれにさらに工夫を加えて次々に優品を産み出していった。しかも海鼠釉の作品以外にもいろんな焼物に挑んでいったので、製品は種類も豊富である。日用雑器もあれば観賞用陶磁器もある。壺、徳利など器形を数え上げれば四十種類に上る。西の久保の白粘土を使う陶器があり、高浜産陶石による磁器があり、粘土・陶石の混成がある。自慢の赤海鼠釉のほか備前を思わせる焼締めもある。この幅の広さが水の平焼を持続させた要因の一つであろう。戦後の厳しい時代には作れるものは何でも作ったと当主の信行さんは振り返る。

幅の広さと言えば、当代きってのヴァイオリニストM女史は、ヨーロッパに渡り巨匠に師事した若き日を回想して、「来る日も来る日も楽器には触れもせず、日本人の私を前に、先生はひたすらヨーロッパの歴史や風土について語りつづけました」と言っている。音楽を生み育ててきたそれら根源的、全体的なものへの理解と親和が欠かせないというのであろう。同じというつもりはないが、作陶家の源四郎が日本画を学び、熊本の茶道家に弟子入りするなどした自己研鑽は、ものづくりの〝技能〟の域にとどまらない奥行きを持っていたわけであって、その自覚のシャープさに驚く。多彩な優品の数々は、そんな沃野から生まれたと言っていいだろう。

源四郎は世事にも長け、売ることに労を惜しまなかった。熊本、鹿児島、長崎など各地に販売店を置いて商い、みずから顧客回りもした。その結果、最盛期には三十人を超える職人や作業員を抱えた。

†

昭和三十二年、源四郎は天草で最高の名誉〈天草文化賞〉を受賞した。この人の勉強熱心・研究熱心はとどまるところを知らず、伝統継承者は同時に果敢な挑戦者でもあることを身を以て示した。初代から四代までの技術と思想を引き継いで大成し、六代から七代、八代へと橋渡しをした源四郎は、水の平焼の、そして天草陶磁器界の最も大事な時期を力強く生きて天寿を全うした。昭和三十七年十月三十一日永眠、八十二歳。

（歳川喜三生）

日英博覧会出品のティーセット（明治 43 年）

♣**海鼠釉《なまこゆう》**　焼物の釉《うわぐすり》のひとつで、中国を起源とする失透釉《しっとうゆう》。海生の海鼠の色に似ていることから名付けられ、大きく分けて海鼠と同じく青海鼠釉と赤海鼠釉がある。特に青海鼠釉で有名な産地は大火鉢で知られる信楽焼《しがらきやき》である。九州では、高取焼等が知られている。焼物は素地に釉薬を施して焼成するが、海鼠釉の場合は異なった成分を持つ二つの釉薬を二重掛けし、その釉薬が窯の中で混じり合うことで、あの独特の色合いが生まれる。水の平焼の代名詞である赤海鼠釉は明治の後期に５代目後見の岡部信吉と５代目の岡部源四郎により開発されたとされている。青海鼠釉はすでに先代が使用していた。海鼠釉は一種の窯変で、天候など焼成時の窯の状態でその色合いが左右される。現在のような電気やガス窯であったら計算できるが、当時は薪による焼成である。残されている作品を見ると、同じものはひとつもない。また、そこが海鼠釉の魅力となっている。因みに、水の平焼では青海鼠釉は陶器に、赤海鼠釉は半磁器に施釉されている。なお、赤海鼠釉開発のきっかけについては、本文で述べているとおりである。天草では、正月や祝い事などの晴れの席に限って、赤海鼠釉の食器を使用したという。

栃光正之

天草人の典型のようだった名大関

とちひかりまさゆき
昭和八 *1933*—昭和五十二 *1977*

ひとすじの精進

昭和二十七年、ふるさと天草を出て上京、十八歳で初土俵を踏んだ栃光はわずか二年で十両に昇進し晴れて関取となった。

その間の79パーセントという高い勝率も、十両での十五戦全勝優勝という記録も、大相撲史上ともに前代未聞の輝かしい戦績だった。しかし入幕後の栃光は持病の蕁麻疹に苦しみ、好不調の波が大きかった。一度、大関取りを逃している。そうした低迷期にライバルの若羽黒、後進の柏戸、大鵬などが彼を追い越していった。

三度目の大関挑戦となった昭和三十七年。初場所十一勝四敗、春場所十勝五敗、そして夏場所十三勝二敗の準優勝（三場所通算勝率75パーセント）の成績により、見事に栄光の座をつかんだのだった。優勝した同じ部屋の後輩・栃ノ海と同時昇進となった。天草は熱狂した。熊本県も沸き立った。

五月二十三日朝、日本相撲協会からの使者が春日野部屋に到着。礼装で迎えた栃ノ海、栃光に対し、使者が「本日の番組編成会議で満場一致、大関に推薦されました」と告げる。二人も、型どおりに、ありがたくお受けします、と応じたが、その後に続く栃光の言葉は何とも意外なものだった。

「大関として恥ずかしくないよう、土俵をつとめたいと思います。これからは栃ノ海関の胸をかりて頑張ります」

弟弟子の胸をかりる、と栃光は言った。優勝して大関になる栃ノ海を立てたのであろうが、この真っすぐな謙虚さこそが栃光の真骨頂であった。

栃光の相撲は徹底した押し相撲だった。ひたすら押して押して押しまくる相撲を体の芯に叩き込んだのは春日野親方（栃木山）だった。春日野は栃光を見込み、とことん可愛がり、そして厳しく鍛えた。低迷期の栃光をあくまで信じ、信じることによって大関に押し上げたのは次の春日野親方（栃錦）だった。二人の名師匠の薫陶、優秀な稽古仲間との切磋琢磨が彼をぐんぐん大きくしていったが、大成の基盤がみずからの素直な吸収力にあったことを我らは忘れない。

とにかく稽古熱心だった。朝は五時前に土俵に降り、土俵が空いてさえいれば一日中稽古をした。付けられた渾名が「ベコ」。牛のことを東北ではそう呼ぶそうで、出羽錦の命名らしいが、愚直なまでのひたむきさが伝わる、いい渾名である。それだけ皆から愛されたのである。音に聞く相撲部屋の厳しい稽古や窮屈な集団生活も、この青年にはいっこう苦にならなかったようだ。

謙虚・誠実という原点

「先生、ありがたかこってす。田舎におれば、ゴッテンボー（＝牛）ば曳いて日銭かせぎをして、その日暮らしを余儀なくされるものを、こうして土俵に上がらしてもらって、テレビに出さしてもらって、応援していただいて…。ありがたいこってす」

栃光は園田直（本書232頁）氏と二人で飲んだ日、声を詰まらせてそう言った。のちに外務大臣、官房長官も務めた園田氏が「栃光関こそは、私が『参った』と思わされた秀れた人間であった」と真率に語ったのはこれだった。とかく〝出世〟すると周りや昔が見えなくなり、有頂天になる若者が多い中、「栃光関のあの日、あの時の声を耳の底に思い起こすたびに、尊敬の念を深くする」という園田氏。謙虚さこそは人間の原点でなければならない、とも言うのであるが、一方の福島譲二氏（代議士、のち熊本県知事＝本書242頁）は東京芝の料亭に勤める芸者さんの話を披露し、初めて聞く栃光の「誠実一路」の逸話に深い感銘を受けたと明かした。その短い話。

「栃光関は大変謙虚な、誠実なお方でした。一座の中に師匠や先輩がおられると、あのヘビースモーカーの大関が一服もされませんでした。先輩に息を吹きかけては失礼になるとおっしゃって…」

「幻の」と言われるように、栃光の四股は他に類を見ないほど実に見事なものだった。
（切り絵・江崎正博）

幻のあの四股、あの押し、まったなし

昭和天皇も、侍従長の入江相政氏も、実はそろって栃光の贔屓《ひいき》でいらした。入江氏は押し一筋の栃光の「あの押しと、あの四股《しこ》。空前にして絶後のものであろう」とまで言って賛嘆を惜しまれなかった。そして「会って話をしたことは一度もなかったが、話などしなくても誠実さはよく分かり、頭がさがった」とも漏らされたのである。滅多にあることではない。

誠実さ、ひたむきさ故に爽やかな栃光の土俵態度は、今なお伝説のように語り継がれる。それを土俵上の時間の流れで点描すれば、まず史上最美といわれた四股の見事さ。次いで塵を切るときの、すうっと真直ぐに伸びた両手の返し。そしていかなる場合も「待った」をしない立合いの潔さ。迷いのないまっしぐらの押し。取組みを終えると直立不動の姿勢で相手にきちっと敬礼する。……入江氏が、会って話さなくても分かると言われた誠実さゆえに、栃光は「土俵の紳士」とも評されたのだった。

†

私的な感想を書き添えることを許されたい。求人で高校を訪問する人事担当者たちは、ほぼ一様に「天草出身の方はみな、真面目で勤勉、正直ですね」と言う。だから天草の若者を採用したいのだ、というわけである。社交辞令の色は否めないにせよ大方は全くそうなのであって、しかしそういう評価が一般化し定着するまでにどれだけ多くの歳月、どれだけ多くの人々の辛酸が重ねられたことか。真面目・勤勉・正直の、名もなき多くの天草びと、いわば幾千幾万の「小栃光」たちの奮闘努力の歳月を思い見るべきではあるまいか。栃光を天草人の一典型と考える所以である。

（田口孝雄）

関脇栃光、大横綱大鵬を押し倒しに破る　昭和 37 年夏場所 3 日目に柏戸、12 日目に大鵬と対戦して両横綱を撃破、13 勝 2 敗で準優勝。場所後大関に昇進した。（「大相撲」昭和 37 年 6 月号）

栃光正之（とちひかり・まさゆき）

昭和八 *1933* 八月二十九日、天草郡深海村（天草市深海町）下平に生まれる。中村荒次郎・サキの長男。本名は有雄といい「有リン」と愛称された。幼年期より怪童ぶりを発揮し宮相撲で頭角を現す。昭和二十七年、春日野部屋に入門。師匠の栃木山は自分の押し相撲の後継者と見込んで独特の教育を施す。師匠夫人が「正之」と命名した。昭和三十年春場所、十五戦全勝で十両優勝。努力と忍耐、ひとすじの精進により上背不足、持病の蕁麻疹をも克服し、三十七年の夏場所後大関に昇進した。「力士の亀鑑」と称えられながら四十一年初場所後に引退、年寄千賀の浦を襲名した。大関在位二十二場所、幕内通算六十場所、四八六勝四〇三敗。審判員などを務めたが直腸癌に冒され、五十二年三月二十八日永眠。享年四十三。墓は東京都墨田区千歳の東日山西光寺にある。

五十五年十二月七日、「大関栃光追善大相撲本渡場所」と「大関栃光銅像除幕式」が本渡諏訪神社境内で行われた。式には日本相撲協会役員、若乃花・輪島・北の湖の三横綱以下幕内全力士が参列した。銅像原像は亀井勇氏（本書264頁）の制作にかかる。

山並兼武

〝幻のオリンピック選手〟一万日の誓願

やまなみかねたけ
明治四十三 *1910*―平成八 *1996*

歴代の天草高校教師の中で名物教師を一人挙げるとなると、まずほとんどの人が「山並兼武」と答える。体操選手としての山並、教育者としての山並、どちらを見ても一流であった。しかしその一流は驚くほど劣悪な条件、不利な環境を乗り越え乗り越えして生まれたものであることに、我らは粛然たらざるを得ない。

上京して体操学校へ

山並は明治四十三年五月、旧宮田村（天草市倉岳町宮田）の枝郷・才津原の農家に生まれた。棚底小学校を卒えると旧制天草中学校に進学した。中学へは村から一人か二人しか進学できなかった時代のことである。卒業後は志岐小学校の代用教員をしていたが、中学教師を目指して上京を発意した。当時山並家は兼武を中学校にやるだけでも大変だったのだから東京に進学させる余裕などあるはずもなく、父は当然のように強く反対した。しかし母が兼武の思いを後押しした。山並は回想している。

東京に行く時は、出発前夜、父が寝てから母と二人で布団袋、柳行李に布団その他の必要な物を入れてその荷物を母と二人で中担いして棚底の汽船問屋まで運んでおき、翌朝父には無断で棚底の汽船問屋まで行ったら、母が農作業姿で港に見送りに来て居てくれました。「後のことは心配しなくてもよいから、健康に注意して頑張って来い」と言って、私が艀に乗り汽船に乗り移るまで港の波止場の上に立って見送ってくれました。今でもその時のことを思うと目頭が熱くなります。*23

このようにして上京し進学した先は日本体育大学の前身、日本体操会体操学校高等科であった。しかし山並は修学に専念していることはできず、学費と寮費をかせぐ必要から、毎日郵便局で働いた。

後年日本を代表する体操選手になる山並ではあったが、中学時代には特に体操をしていたわけでも、目指していたわけでもなかった。ただ子供のころから身軽で、数十メートルも倒立歩行ができる〝猿のような〟少年であったらしい。東京でもクラブ活動に身を入れる余裕など無かったが、ただわずかな時間を見つけては熱心に練習した。集中練習である。そんな中で開く先天的な能力というものがあるのであろう、一年次の体操学校校内大会、翌年の全日本器械体操選手権大会で個人優勝してしまった。

就職難、住宅難の時代に

昭和六年、念願どおり師範学校・中学校・高等女学校・実業学校などの体育教員免許状を携えて帰郷したが、折りしも世は就職難の時代。やむなく実家での農業、島内の学校の臨時教員で糊口をしのいでいたが、同十年、意を決して満州に渡る。あちらでもなかなか時運に恵まれず髀肉の嘆をかこっていたが、三年を経てようやく公立の中等学校教員となり、新京商業学校教諭として正式に採用された。体育学校を卒業して八年が経過していたが、この時がいちばんうれしかったと後で述懐するほど、まっとうに職を得られない辛い時期を耐え抜いた。十六年長崎出身の女性タカ子と結婚、十八年には長男義孝が生まれる。戦火が激しくなった十八年、台湾の台北師範学校に転勤を命ぜられ同校助教授となる。長女カズミが誕生するも、臨時召集により一年半の軍隊生活を送る。戦後は敗戦国の惨めさ、日本人の給料はがくんと下がり、山並は昼は師範学校の助教授、夜は人力車を引いて家族を養った。翌年四月に引き揚げとなり、宮田で仮住まいしていたが、今度は時を経ずして母校・天草中学から呼び出しがあり、翌日からの奉職が決まった。しかし余りの急展開と当時の極端な住宅難で住む家が見つからない。そのとき関係者が目をつけたのが校内の弓道場だった。周知のように敗戦直後は武道教育が禁止されたため弓道場は使われることなく空いており、これが山並一家の住まいとなったのである。次男徳孝はこんな中で産まれた。こうして天草中学・天草高校における教師生活二十四年間は、妻子とともに弓道場、守衛室、舎監住宅での暮らしと不可分であり、山並は一日二十四時間、学校から離れることがなかった。

実践躬行、朝掃除一万日の誓い

山並が至る所ではらはらするような〝逆立ち〟をやったことは広く知られている。それはそれとして、山並の本領を知るキーワードとして「環境美化」は更に重要であろう。「清潔で手入れの行き届いた学校環境は必ずや生徒の心身の健全育成に無言の力を与えてくれるだろう。たとえ校舎は粗末でも、設備が不十分でも、清潔で手入れの行き届いた点においては日本一の学校にしてみたい」――こう考えた山並は、毎朝始業前にゴム長を履いてリヤカーを引き、箒・塵取りを持って校内清掃に打ち込んだ。淵源は満州時代にあるというが、その実践躬行ぶりは余人の真似できるものではなかった。日曜・祭日もどんな悪天候の日もそれは続いた。春・夏・冬の休暇中は師弟協同の「整美作業」を綿密に計画、実施した。生徒は山並に「ソージ大臣」の愛称を奉ったが、山並が一万日朝掃除の誓いを立てていることなど知る由もなかった。二十四年五月の山並の行動は飛びぬけている。昭和天皇巡幸で天草高校が奉迎場となるや、「美化係」の山並は体ごと職員便所の中に入り、糞尿にまみれながら便壺を磨き上げて当日に備えたのだ。何という振舞いであろう。そんなエピソードを挟みつつ山並の美化作業は黙々と続けられたが、思い立ちから七千六百日ほどで定年を迎えた。しかしその後懇望されて勤務した私立鎮西高校でも営々と継続し、七十一歳の昭和五十六年、ついに一万日朝掃除の目標を達成したのである。

のちに天草高校に勤務した国語教師上妻利博は今は亡き山並の事績に感動し、『一万日の男～山並兼武の生涯～』と題する一五〇頁余の冊子を手作りした。満州で校長から校内美化を任され、「即座に〈はい、やります〉と答える青年山並の謙虚さ、それを一万日続ける愚直さ」に圧倒的な感銘を受けたのだった。上妻の仕事は波紋となって広がり、この稿も多くを同書に負うこととなった。

競技者として指導者として

もう一つの目標は天草高校の体操競技を全国水準に引き上げることであった。二十三年に体操競技部創設。用具は部員と手作りした。素直な若者たちは山並の指導でめきめき上達、体操部は創部三年で早くも熊本県下高校体操競技大会で優勝した。その後育友会の尽力で用具も充実し、多くの国体選手、インターハイ出場選手が生まれ、優勝・上位入賞者が続出、天高体操部は全国の強豪校の仲間入りを果たす。山並は三十八年（53歳）山口国体に高校熊本県代表監督として参加、県チームを初優勝に導いた。

競技者としての山並の足跡を戦績で辿れば——これはほんの一部だが、昭和五年第一回全日本器械体操選手権中学クラス優勝、十一年全日本吊り輪選手権優勝、十二年から六年間全満州体操綜合選手権獲得、十五年関東州チームで神宮大会優勝、それに三十一年から全日本選手権クライミング・ロープで七回優勝などがある。この大会には三十一年から十年間連続出場しているが、最初の年（46歳）からの五連覇は偉業と言う他ない。しかし、日本新記録6秒95を達成したのがそれより後の昭和四十年（55歳）だったことを、まあ何と言えばよいだろうか。思い出すのは、当時十六歳の筆者らがロープを半分も上らないうちに、五十九歳であったであろう山並が体育館の天井に達していた姿である。

山並の薫陶を受け、多くの人材が育っていった。中で特に体操指導者、教育者となって各地で活躍する教え子たちは数多く、唐津邦利（熊大教授・医博）松元正竹（鹿屋体育大教授）十代田光俊（名古屋商大教授）、長男の山並義孝（東海大教授）、それに中学・高校教諭に至っては枚挙にいとまが無い。

ところで、山並はオリンピック日本代表に二度選ばれていた。それが世に知られていないのは、第十二・十三回大会がいずれも戦争のため中止されたからであり、また本人が自慢話めくことを嫌ったからである。山並はこうして〝幻の五輪選手〟となったが、教え子田中武彦は清風学園で体操を指導、山並の孫弟子たる池谷幸雄・西川大輔が二度の五輪（ソウル、バルセロナ）で大活躍したことは記憶に新しい。

†

昭和六年に体操学校を卒業する時、山並が優等生でなく「模範生」として特別表彰されたことは意味深い。以来、天草文化賞、熊本県体育協会表彰、日本体操協会「栄光賞」、文部大臣表彰…。山並が最も尊んだものは誠実にひたすらに実行すること、嫌ったものは口舌《くぜつ》と小利口だった。

（歳川喜三生）

ステージ特別編

群像二題

1　天草の石文化と松室五郎左衛門

多彩な顔を持つ天草であるが、「石文化の島」という顔もその一つ。最近は一般にも、そう言えばそうだなあ、と次第に意識されるようになってきたようだ。

大矢野島は飛岳石（カクセン安山岩）と木目石（砥石）の産地として知られる。上島は姫戸、松島、栖本などに特色ある石を産する他、下浦の石と石屋が有名である。倉岳町棚底の石垣と水路、御所浦島の化石群なども見逃せない。下島には御領一帯から出る「灰石」（学名凝灰岩）西海岸線には上質の陶石、そして石炭…。多様な石材はいくつもの時代を経て数多の建造物（例えば石橋）となり、生活用具ないし美術工芸品（例えば陶磁器）となり、また、エネルギー資源（例えば火力発電）ともなってきたのである。

下浦石工と五郎左衛門

そのうち石材建造物に関して言えば、これらの石を切り出し、成形し、積み上げたり組み合わせたり、あるいは彫刻し細工するといった仕事に従事する職人は「石工」と呼ばれる。下浦村（現、天草市下浦町）に多数の石工が育ったのは、この地に産する砂岩が石材として優れ、また豊富だったからであるが、そこには当然、石を扱う技術の伝承が不可欠であった。下浦の石工の技は、江戸中期、松室五郎左衛門というサムライから始まったとされる。

であれば、松室五郎左衛門なる人物は〝石文化の島・天草〟の歴史に歴然たる地歩を占める訳であり、後世の人々から「石工の元祖」と仰ぎ見られるのは当然で、現に下浦には石場の墓とは別に五郎左衛門を祭るという巨大な自然石の碑があり、それには、「花岡大明神」と刻まれている。これは顕彰とか頌徳とかでは済まされない、それ以上の扱いであることがわかる。

その五郎左衛門のことがよく分からない。この人、肥前は佐賀白石の出身、元武士で、訳あって、浪人となり、天草に渡ったというのであるが、その存在は余りにぼやけており、資料は皆無に等しく覚束ない。しかし、おぼろげながらも、およそ次のようなことが言えそうである。

松室五郎左衛門は宝暦十年1760ごろ天草に渡ってきて、下浦町石場の旧家、松岡家に身を寄せ、同家の初代喜代七（佐賀白石出身、文化三年1816没）たちに石工の技法を教えた。石の加工には相当量の水が欠かせないが、これには幸い裏山からの湧水があり困ることはなかった。使ったというノミやゲンノウなどの工具は今も残っている。

後年国指定の重要文化財となる本渡の名橋・祇園橋（天保三年1832）を築造したのは松岡の分家筋、辰右衛門であるが、この名工も五郎左衛門の影響を受けたと見られる。弟子の裾野は年を追って広がっていったようだ。

天草の土となる覚悟でやってきたかもしれない。二十三年をこの地で過ごした五郎左衛門は、天明三年1783に不帰の客となる。墓碑は自然石で、石場の共同墓地の一角にあり、天草市指定文化財になっている。ここから二百メートルほど離れたところにある花岡大明神碑のことは先にも触れたが、これはその死後、五郎左衛門の霊が祟るとの噂が立ち、大塚亀七という村の大御所に占ってもらったところ「神として祀りなば祟り無からん」とお告げがあったことから、明治十八年1885に地元の石工たちが建立した由である。地元の石場では毎年旧暦二月一日に慰霊祭を営み、五郎左衛門の遺徳を偲ぶ。菩提寺は栖本の西真寺である。

五郎左衛門とその弟子、孫弟子など下浦石工の手に成ったものは実は多岐にわたっており、多彩である。石橋、鳥居、仏像、獅子狛犬、墓石、石垣、石臼、ひき臼、道路や屋敷の敷石、汐止め・護岸の石積み…。近年は不知火海沿岸に分布する多くの金剛力士像が大変注目される。石工たちはそれぞれ技術も高度、造形感覚も高度でなければ到底できないような分野にも果敢に挑んでいったのである。代表作に本渡の祇園橋、楠浦の眼鏡橋、祐徳稲荷神社（佐賀）の大狐、長崎はオランダ坂の石畳、グラバー邸の敷石などがある。また、三角築港は歴史的な大仕事であった。（本書132頁）が、これも下浦石工、天草石工を抜きにしては語ることができない。

飛岳石と御領石

はじめにも記したとおり、採石場も石工集団も下浦だけのことではない。それらを大矢野の「飛岳石」と五和の「御領石」に代表させることにまず大方の異論はあるまいと思う。飛岳石は幕末には長崎大浦の外国人居留地造成で、明治には三角築港で、昭和には佐賀県庁舎正面を飾る四本の円柱となって脚光を浴びた。この石は硬く、風化に強いのが特徴である。もう一つの御領石は「灰石」と呼ばれる凝灰岩で九万年前、阿蘇の大噴火が大火砕流となって押し寄せて出来たという出自からしても凄い。この石は柔らかく加工しやすいにもかかわらず加工後は時とともに硬くなり風化に強い。町内キリシタン墓碑のほとんどは灰石である。クルスなどのキリシタン・マークが素朴な形で刻まれていることが多く、心惹かれるものがある。最も顕著なものは神社仏閣家屋敷の石垣、石塀、それに石灯篭であろう。しっくりした独特の味わいがあり、熊本市内のお屋敷が御領石の塀で囲まれていい佇まいを見せているのを見かけると、思わず、おおっ、と声を上げたくなる。

石工の象徴として

優れてはいるがほとんど名を残すことのなかった数多くの石工たち…。しかし職人とはおよそそういうものであろう。彼らは自ら積み上げた石垣の、その一つ一つの石になったのである。

歴史の上では、何人かいたはずの人間、あるいはもっと数え切れないほど多数の人々を一人に集約し、一人の名で語るということが、しばしばあった。この場合、伝説上の像が定かでないとはいえ、下浦石工の祖たる「松室五郎左衛門」は、無名無数の天草石工たちの苦心と名誉とを集約し象徴する名前として語られてきたのでもあろう。

（近藤鐵男）

川瀬巴水 「天草本渡祇園橋」 大正 13 年、間判

♣**祇園橋** 町山口川沿いの祇園社前に架かるこの橋は、天保 3 年 *1832* 下浦石工・辰右衛門によって築造された。石造り桁橋で、長さ 28.6 m、幅 3.3 m。橋は約 30cm の角柱 5 列 9 行の 45 脚によって支えられたアーチ式で、全国的にも珍しい。平成 9 年、国の重要文化財に指定された。

2

牛深カツオ漁の男たち

県内随一の漁港として栄えてきた牛深——。繁栄の基盤はカツオ漁にあった。「板子一枚下は地獄」と言われる海にかけた男たちの苦闘をふりかえる。

元祖は中嶋屋

天草のカツオ漁は享保年間、すなわち一七二〇年代に牛深の〈中嶋屋〉緒方惣左衛門が開発したとされる。『熊本県漁業誌』（明治23）には「牛深村ニ緒方新左衛門ト云フ吏人アリ。当時肥前国鹿子船津人中島（ママ）惣左衛門ナル者、商用ヲ以テ時々往来セシガ、新左衛門深ク其人為《ひととな》リヲ信ジ、遂ニ養フテ其女《そのむすめ》ヲ妻《めあ》ハス。是《これ》ヨリ惣左衛門始メテ鰹船ヲ出ス…」とある。〈中嶋屋〉緒方家は累代この業を継ぎ繁栄したのであったが、後年、相次ぐ不漁と度重なる海難事故（「流れ船」といった）によって次第に衰微する。万延元年*1860*に南西諸島で十五人、明治四年にも海域不明ながら十八人が遭難、明治十七年には五島沖に出漁していた緒方継次が豊漁のカツオをカツオブシにして帰航中暴風に遭い覆没、乗子十五人全員が溺死するという痛ましい事故があった。これらを契機に中嶋屋は廃業に追い込まれていくのである。

近年の緒方龍吉氏の小説「流れ船」は、その間の海の男たちの苦闘を現代に蘇らせた作品で、第五十五回（平成二十六年）熊日文学賞を受賞した。

川端屋の台頭と殷賑

中嶋屋隆盛の江戸時代後期に、深川五三郎（天明元―安政三）の〈川端屋〉が台頭する。五三郎は天秤棒担ぎの「触れ売り」から身を起こし、マンビキ（シイラ）釣り船を建造、やがてカツオ漁の他、八田網を製造するなどして家業を盛運に導き、漁法を薩摩方面にまで伝えたとされる。鹿児島県の枕崎公園には八田網導入者として深川五三郎の記念碑があるという（『熊本県史』近代編）。

つづく卯三郎（文化十―明治六）の時代にはカツオ船十一隻、マンビキ船十七隻を所有して業務を拡張、牛深のカツオ水揚げの七割を占め、牛深船津の入江には、カツオ釣りの餌にする活きイワシの大きな籠が数多く浮かび、海岸には鰹節を製造する納屋が活況を呈していた。傘下の乗子も二百人を超え、その食糧米を確保するため卯三郎は一町田村に久留新田（六十四町歩、工事費一万六千円）を計画、明治六年に完成する。しかし当の卯三郎はその竣工後間もなく世を去った。後年、妻ミノは孫たちに「新田は汐止めが難工事じゃった。おじじはその人柱になって死なしたっじゃわい」と語り聞かせている。また「毎日銭ばトウマイ袋に入れて汐止め工事の賃金ば持って行きよらした」との口伝もある。

卯三郎はカツオ船の改良にも意を用い、従来の二倍、四十五人乗りを完成させる。明治十六年、追賞の恩典に浴する。『熊本県漁業誌』は卯三郎のことを「人ト為リ寛厚ニシテ慈恵ヲ好ミ、又能《よ》ク時勢ニ通ジ機ニ熟セリ。故ニ其為《そのな》スコト悉《ことごと》ク機ニ投ゼザルナク（…）巨額ノ資金ヲ得タリ」と誌している。

卯三郎が没して勇次郎（天保一三―明治四一）の代になると、船の大型化に伴い持ち船の隻数こそ大幅に減少したが、抱えの乗子は以前と変らぬ賑やかさであった。慶応元年 *1865* 以来勇次郎はカツオ船の改良に乗り出し、船体の長さ五丈（一五メートル）幅一丈二尺（三・六メートル）、カツオ積載能力三〇〇〇尾の船を建造した。航海操業の性能向上もさることながら、相次ぐ海難事故防止の悲願あったればこその思い立ちであった。

♣これ以前、勝海舟たちが幾度か乗った幕府御用船の建造に、牛深からも一団、造船技術が買われて長崎へ行っており、その労に対する恩賞も受けている。牛深の漁船建造技術が現在も高水準を保ちつづけているのは、深川一統による創意工夫の伝統を継承しているからだと言われている。

元来、カツオ釣りは最も危険な漁と言われる。海の上は即ち「板子一枚下は地獄」、――逃げ場は無い。日ごろは波静かでも、一度狂ったら手がつけられない。しかも気象情報が全く無い頃のことである。カツオ釣りは海流に沿って二月から九月の漁期に移動するが、そうした中で川端屋も三隻の持ち船と乗子多数を失っている。連続する悲劇は牛深船津の民に悲しみと同時に人生的な鍛錬を与え、独特の気風と人生観を養ったことも確かであろう。女たちにも、子供たちにも…。

川端屋は平戸、五島方面まで客漁することも多く、漁期中は帰港せず出漁先で節に加工するため、行く先々にカツオブシ製造の納屋を持っていた。各納屋には責任者（「納屋持ち」）を置き、一納屋あたり三十五人内外の働き手を確保していた。

明治十六年三～六月、農商務省は東京上野で水産博覧会を開催した。当時の「熊本新聞」は「牛深村深川勇次郎が鰹船雛形と鰹節、伊開勇吉が鯣《するめ》、湯浅次平等が鯔子《からすみ》にて入賞」とトップで報じた。

深川卯次郎の活躍

深川卯次郎は勇次郎の十六歳下の弟であるが、父卯三郎の死後たくましい海の男に成長する。家督を継いだ陸の兄勇次郎をたすけ、若くしてカツオ漁船団の弁指《べんざし》（浦惣代）となり、数々の体験を積む。明治二十八年、熊本県の委嘱を受けて四ヶ月間朝鮮海域を探査、みずからもカツオの新漁場を開拓し、壱岐の島などにも新しい納屋を築く。このころ船内に生簀《いけす》を設けることに成功する。三十二年、分家して独立し、〈町の川端屋〉をたてる。だからといって、本家への協力を忘れることはついぞ無かった。

三十三年、朝鮮沿海通漁（出漁）組合の天草郡評議となり、三十六年には牛深漁業組合を結成して初代組合長に就任した。組合長となった卯次郎は船津、瀬崎の二ヶ所に販売所を開設し、これまで問屋に中間利益を吸い上げれていた水揚物販売の合理化を図った。

彼はまた四十年に組み立て式乾燥台を考案し、丸干しイワシや、日本初となるカツオブシ代用イワシブシの製造も開始した。イワシはそれまで生鮮食用の他、カツオ釣りの餌か甘藷畑の肥料にしかなっていなかった。卯次郎の研究成果は大きな換金性をもたらし、イワシ漁を活性化した。さらにカラスミの製法を開発、マンビキ缶詰まで試作し成功している。操業の近代化に意を注ぎ、四十四年には蒸気機関のカツオ漁船（三〇トン二五馬力）二隻を建造し、それまで手漕ぎか帆走に頼っていた船の革命的一新を図っている。昭和初年になると深川一統は日本の委任統治領だった南洋諸島にカツオブシの製造納屋を進出させ、勇次郎の孫・重喜が現地に赴いた。

こうして牛深は川端屋を頂点にして躍進、天草漁業全体が沿岸、沖合いにわたって全盛期に入っていく。

（片白健次）

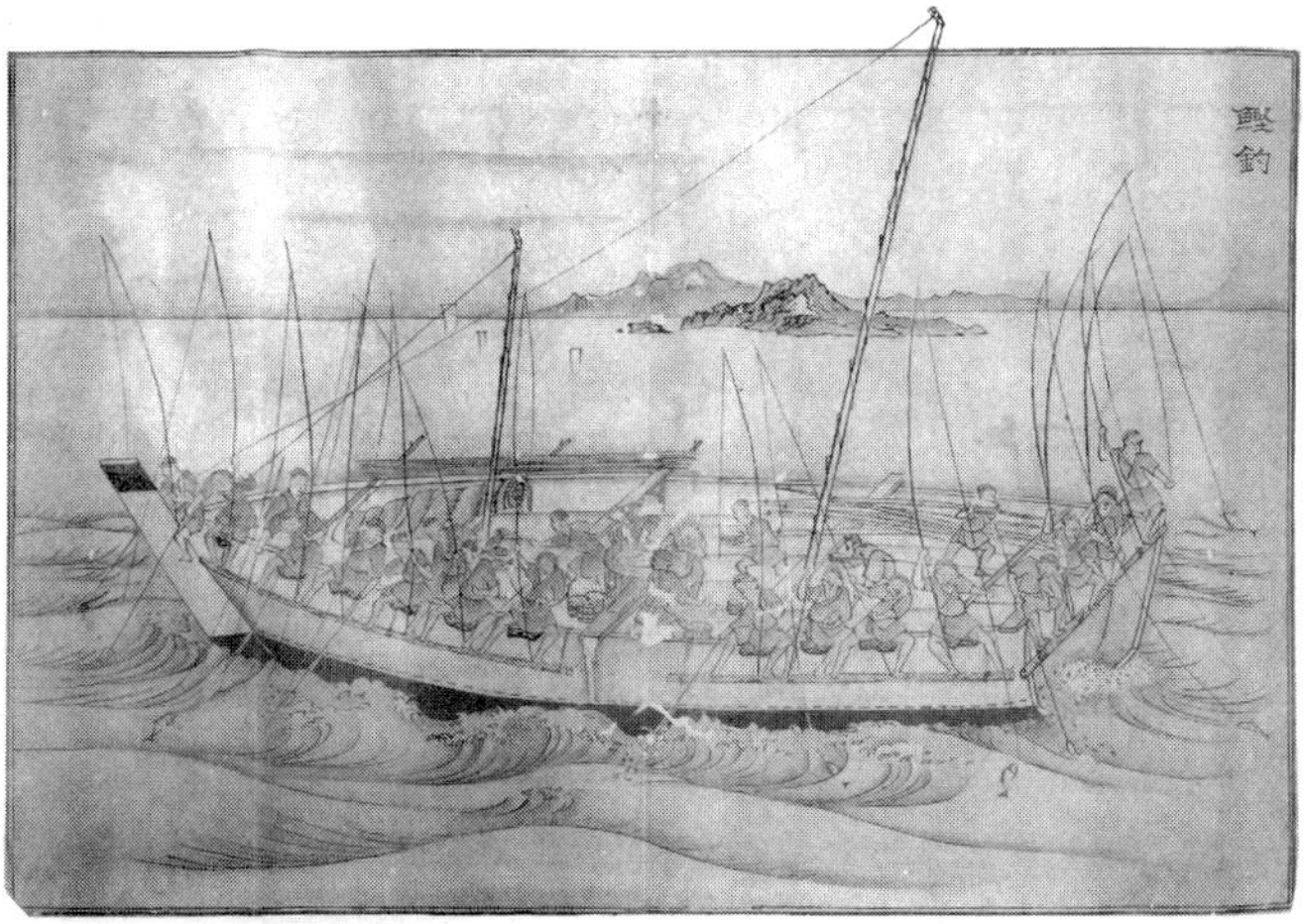

鰹釣　『熊本県漁業誌』第一編・下　明治 23 年 5 月　熊本県農商課編

天草五十人衆関連年表

一二八一	弘安4	弘安の役で大矢野種保、武功をあげる
一五六六	永禄9	アルメイダ、志岐麟泉の志岐で宣教を開始
一五八九	天正17	天正の天草合戦　天草五人衆の時代終わる
一五九一	天正19	コレジヨ天草に移転
一六三七	寛永14	天草四郎を総大将に天草島原一揆が起こる
一六四一	18	鈴木重成、天草代官を命じられ天草入り
一六四七	正保4	中華珪法、富岡に上陸
一六五三	承応2	鈴木重成、江戸の自邸で死去
一六五九	万治2	天草の石高半減成る
一七七八	安永7	江上苓洲、亀井南冥の門を叩く
一七九六	寛政8	農民救済法「百姓相続方仕法」施行　長岡興就尽力
一八〇〇	12	上藍天中来島、東向寺第十五世住職となる
一八〇六	文化3	石本平兵衛、丁銀三千貫等を拠出して窮民救済に尽力
一八一一	7	伊能忠敬の測量隊　天草入り　上田宜珍　助手を務める
一八一六	13	石本平兵衛、約六十町歩の大浦楠甫新田干拓工事に着手
一八四七	弘化4	永田隆三郎、弘化の大一揆
一八六一	文久1	宗像堅固、釜の迫堀切工事
一八六四	元治1	小山秀、大浦天主堂建築
一八七五	明治8	冨川清一、フランス郵船ニール号（積荷）引揚げ
一八七七	10	竹添進一郎、中国旅行記『桟雲峡雨日記並びに詩草』を著す
一八八九	22	道永エイ、長崎にホテルを建設、独立開業
一八九〇	23	上原典礼、第三回内国勧業大博覧会などで政府から褒賞
一八九二	25	ガルニエ、天草・大江教会主任司祭として赴任
一八九三	26	シカゴ万博で鮫島十内が出品した八田網の模型が優等に
一八九四	27	富永信吉、宮中新嘗祭への献納米の耕作者に指名される
一九〇三	明治36	宮崎敬介、大阪堂島米穀取引所支配人に就任
一九〇三	36	宇良田タヾ、女医としてドイツ留学へ

時代	西暦	主要事項
鎌倉	一二七四	蒙古襲来、文永の役
	一二八一	弘安の役
室町	一三三八	足利尊氏、征夷大将軍となる
	一四六七	応仁の乱
	一五四三	鉄砲伝来
	一五四九	キリスト教伝来（ザビエル）
	一五六〇	桶狭間の戦い
安土・桃山	一五八二	本能寺の変
		天正遣欧使節派遣
	一五八七	バテレン追放令
	一五九〇	豊臣秀吉、天下統一
江戸	一六〇〇	関ヶ原の戦い
	一六〇三	徳川家康、江戸幕府を開く
	一六一三	切支丹禁令、アダム荒川殉教
	一六二二	元和の大殉教
	一六三七	天草・島原一揆
	一六三九	鎖国令発布
	一六四一	天草天領となる
	一八二一	伊能忠敬、日本地図完成
	一八五四	日米和親条約締結
	一八六七	大政奉還
明治	一八六八	明治政府成立
	一八七一	廃藩置県
	一八九四	日清戦争はじまる
	一八九九	三角線全線開通

一九〇四	37	赤崎伝三郎、マダガスカルへ
一九〇八	41	田中栄蔵、天草無煙炭を海軍御用炭に取り付け
一九一〇	43	水の平岡部源四郎作品が〈日英博覧会〉で銅賞
一九一二	45	松下光廣、仏印へ渡航
一九二三	大正12	堀田藤八、旅館〈苓洲館〉を開業
一九二四	13	吉見教英〈みくに社〉を起こして新聞「みくに」を創刊
一九三〇	昭和5	山並兼武、第一回全日本器械体操選手権中学クラス優勝
一九三三	7	横田良一、プロ歌手デビュー。翌年、『天草小唄』誕生
一九三六	11	森慈秀、県会で演説。天草に架橋建設を要望し熱弁
一九三六	11	亀井勇自彫像が第二十三回二科展入選
一九三九	14	濱名志松、「五足の靴」に出会う
一九四七	22	松田唯雄『天草近代年譜』みくに社から発行
一九四七	22	安田祖龍、県の連合青年団団長に迎えられる
一九四八	23	「雲母」同人小見山摂子、長谷川朝風を牛深に招く
一九五一	26	今福民三、カライモの品種改良研究に没頭
一九五一	26	葦原雅亮『草枕牛の涎』著す
一九五三	28	蓮田敬介、天草五橋建設のための調査開始
一九五三	28	森國久、全国離島振興協議会副会長就任
一九五九	34	島一春「無常米」第三回農民文学賞
一九六〇	35	吉田重延、離島振興事業計画を経済企画庁に提出
一九六二	37	栃光正之、大関昇進
一九六八	43	水俣病、公害認定（園田直厚相が発表）
一九六八	43	吉本隆明『共同幻想論』
一九七八	53	北野典夫『海鳴りの果てに―天草海外発展史―前編』
一九八八	63	平田正範翻刻『上田宜珍日記』、第一回配本
一九九一	平成3	福島譲二、熊本県知事に就任
一九九二	4	大野俊康、靖国神社第七代宮司に就任
二〇〇〇	12	能暘石『拓本紀行 天草の文学碑』を出版

明治	一九〇四	日露戦争はじまる
	一九〇九	天草中学校（旧制）独立
大正	一九一四	第一次世界大戦
	一九一六	熊本県下にコレラ大流行
	一九二三	関東大震災
昭和	一九三一	満州事変
	一九三六	二・二六事件
	一九四一	太平洋戦争はじまる
	一九四五	ポツダム宣言受諾、終戦
	一九四六	農地改革、日本国憲法施行
	一九五〇	朝鮮戦争勃発
	一九五一	サンフランシスコ平和条約
	一九五六	国際連合加盟
		天草国立公園編入
		水俣病発見
	一九五八	テレビ放送開始
	一九六四	東京オリンピック開催
	一九六六	天草五橋開通
	一九七三	オイルショック
	一九七四	新天草瀬戸大橋完成
平成	一九八九	ベルリンの壁崩壊
	一九九一	湾岸戦争。ソ連崩壊
	一九九五	阪神・淡路大震災
		地下鉄サリン事件
	二〇〇四	上天草市誕生
	二〇〇六	天草市誕生
	二〇一一	東日本大震災
	二〇一六	熊本地震

登場人物の生年・歿年一覧表

大矢野種保	?
志岐麟泉	1510～1598
アルメイダ	1525～1583
鈴木重成	1588～1653
中華珪法	1588～1663
天草四郎	1623～1638
上藍天中	1746～1818
上田宜珍	1755～1829
江上苓洲	1758～1820
石本平兵衛	1787～1843
長岡興就	1816～1869
宗像堅固	1819～1884
冨川清一	1824～1895
小山　秀	1828～1898
上原典礼	1832～1924
富永信吉	1839～1894
竹添進一郎	1842～1917
鮫島十内	1852～1904
田中栄蔵	1857～1932
深川卯次郎	1858～1926
道永エイ	1860～1927
ガルニエ	1860～1941
宮崎敬介	1866～1928
赤崎伝三郎	1871～1946
宇良田タゞ	1873～1936
葦原雅亮	1875～1961
岡部源四郎	1879～1962
森　慈秀	1890～1973
吉見教英	1891～1968
堀田藤八	1896～1971
松下光廣	1896～1982
松田唯雄	1897～1959
今福民三	1901～1980
蓮田敬介	1904～1977
亀井　勇	1905～1974
吉田重延	1909～1989
山並兼武	1910～1996
横田良一	1911～1936
濱名志松	1912～2009
森　國久	1912～1961
園田　直	1913～1984
小見山摂子	1914～1996
安田祖龍	1914～1972
平田正範	1919～1997
大野俊康	1922～2013
吉本隆明	1922～2012
能　暘石	1923～2007
福島譲二	1927～2000
島　一春	1930～2008
栃光正之	1933～1977
北野典夫	1940～1993

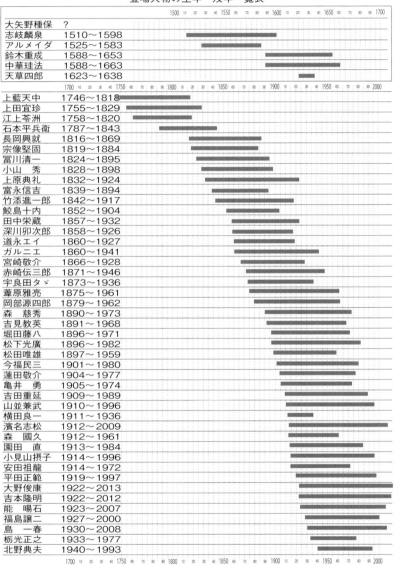

編集を終えて

●地域の人物誌を編むことには多くのためらいがあります。取り上げる人物を誰にするか…その人物を十全に描ききれるのか…ご遺族等に迷惑のかかることはないか…等々。それに資料収集などいくら時間があっても足りそうになく、そんなこんなで、人物誌は構想されながら沙汰止みになる例が多いようです。我々のたどった道のりも確かに遠く困難なものでしたが、我々は作業途上、至るところでそうした難儀を遥かに上回るものがあることを深く感じていました。それは何と言っても、先人への畏敬を新たにすることでした。それはそのまま歴史の醍醐味、ふるさとへの愛、そして発見の喜びにつながるものでもありました。

●人物の間の思いがけない「縁《えにし》」も発見の一つです。堀田藤八（本書216頁）が河浦から出てきた園田直（本書232頁）少年に剣道を指南し、代議士になった園田が東京で俳優・高倉健と剣道や合気道で交流していたことを知る人は少ないでしょう。雄弁で鳴らした園田と寡黙のひと健サンとの交歓は思っただけでも興味津々ですが、園田歿後、高倉は折々に天草・河浦の崇円寺を訪れ、園田の墓前に額づいていました。しかしそんな逸話が誰にでも豊富に残されているわけではありませんから、記述に難渋することもしばしばだったことを告白しておかなければなりません。

●個別の対象に虫の眼で肉薄するとともに、鳥の眼で俯瞰することも忘れないよう心がけました。また広い範囲の読者に紹介するには、むろんそれなりの配慮と工夫を要します。それでも、例えば若き村長・森國久（本書258頁）が島の農婦に掛けた言葉は「いっとき我慢しとけばリヤカの通る山道ば造るけんな！」でした。誤植ではありません。その村一帯では「リヤカー」とは言わないのです。できるだけ肉声に近い形で、と考える本書は、いくらか頑ななのかもしれません。

●ここでいちいちお名前は申しませんが、厚みのある、いい原稿を書いてくださった諸氏に厚く感謝申し上げます。弦書房の小野静男社長には多くの貴重な示唆を頂きました。〈熊日スポーツ文化基金〉は我々の企画を評価し援助を惜しまれませんでした。新聞で見たよ、と全国から激励や問い合わせをいただいたことも大きな励みになりました。

●今回の本作りでは、印刷は東京で、直前までの諸作業は天草で、という二段構えの方式が採られました。天草文化史の一翼を担ってきたイナガキ印刷の全面的な協力のもと、編者が直接臨機に細かくやりとりできたことは、仕事環境としてこの上ないものでした。

●最後に、この本をひもといて下さる方々に心より御礼を申し上げます。そして本の内容や登場人物についてご感想やご指摘をお寄せくださることを願っています。

本書の編纂が〈天草学研究会〉の最初の仕事となりました。今後の活動の発条《バネ》とも致したく、ご鞭撻のほどよろしくお願いいたします。

事務局長　小林健浩

主要引用・参考文献

▼引用文献並びに要約の典拠

＊1『フロイス日本史・10』松田毅一・川崎桃太訳 中央公論社 昭和54
＊2『コンサイス日本人名事典』三省堂 昭和51
＊3「上方代官としての鈴木重成」寺沢光世（『天草を救った代官～鈴木重成とその周辺』所収）本渡市 平成15
＊4『日本人の博愛』辻善之助 金港堂書籍 昭和7
＊5「鈴木伊兵衛条令」（『天草代官鈴木重成鈴木重辰関係史料集』所収）
＊6「伊能忠敬」今野武雄（『日本文化研究』第一巻）新潮社 昭和33
＊7「陶器工夫書」平賀源内 明和8
＊8『佐久間貞一小伝』豊原又男 秀英舎庭契会 明治37
＊9 大江組大庄屋松浦家文書
＊10『大浦天守堂』桐敷真次郎 中央公論美術出版 昭和43
＊11『原色日本の美術28』小学館 昭和47
＊12『大浦天主堂150年の歩み』長崎の教会群ＩＣ 脇田安大 平成27
＊13『天草海外発展史』下巻 北野典夫 葦書房 昭和60
＊14『ヴェトナム』小松清 新潮社 昭和30
＊15「飯田蛇笏の色紙を断る」吉永忠志（「潮騒」16号）
＊16「劇作家」小見山摂子」柳喜美男（「天草俳壇」21号）
＊17『改訂版天草の歴史』堀田善久 天草市教育委員会 平成20
＊18「郷里のために天草のために」吉永忠志（「潮騒」22号）
＊19 週刊みくに 昭和40年11月26日付
＊20 寺本広作知事の言（本書240頁）や道路公団の天草五橋建設事務所長だった栗原利栄氏、天草町村会事務局長だった鶴田又雄氏の言（『天草建設文化史』所収）など。
＊21「忘れ得ぬ人々」島一春、昭和49年「週刊みくに」連載
＊22『宮本常一離島論集・別巻』みずのわ出版 平成25
＊23「私の天中卒業後の六十年の歩み」山並兼武 昭和63

▼参考にした著作等

『肥後先哲遺蹟』武藤厳男 隆文館 明治44
『天草近代年譜』松田唯雄 みくに社 昭和22（復刻版は国書刊行会 昭和48）
『九州人国記』熊本日日新聞社 昭和41
「天草百年の人物史」田中昭策他 昭和42・10・1～11・4熊本日日新聞連載
『天草建設文化史』同編纂委員会 天草地区建設業協会 昭和53
『熊本県大百科事典』熊本日日新聞社 昭和57
『天草歴史談叢』田中昭策 田中満里子刊 昭和57
『天草海外発展史』上・下巻 北野典夫 葦書房 昭和60
『新・天草学』熊本日日新聞社 昭和62
『改定版 天草の歴史』堀田善久 天草市教育委員会 平成20
『天草鶏肋史』鶴田倉造（私家版）平成24
『大矢野町史』大矢野町 昭和45
『大矢野町の歴史』大矢野町教育委員会 平成14
『大矢野氏の活躍』（上天草市史・大矢野町編2）上天草市 平成19
『天草島原の乱とその前後』（上天草市史・大矢野町編3）上天草市 平成17
『天草の門』（上天草市史・大矢野町編4）上天草市 平成18
『苓北町史』苓北町 昭和59（別に史料編）
『本渡市史』本渡市 平成3
『本渡市五十年誌』本渡市誌編さん委員会 平成17
『有明町史』有明町 平成12

『天高群像』天草高等学校創立百周年記念事業会　平成8
『松島町史』『栖本町史』『御所浦町史』
『五和町史』五和町　平成14（別に史料編）

§

『天草回廊記 志岐麟泉』示車右甫　海鳥社　平成22
『長崎を開いた人　コスメ・デ・トーレスの生涯』結城了悟　サンパウロ　昭和44
『肥後の海史』勇知之　書肆月耿舎　平成22
『街道をゆく』司馬遼太郎　朝日新聞社　昭和57（朝日文庫版もある）
『天草の史跡文化遺産』鶴田文史　天草文化出版社　昭和46
『天正の天草合戦誌』天草歴史文化遺産の会　平成元
『志岐城跡』苓北町教育委員会　平成6
『織田信長』神田千里　ちくま新書　平成26
『フロイスの見た戦国日本』川崎桃太　中公文庫　平成18
『日本切支丹宗門史』レオン・パジェス著　吉田小五郎訳　岩波文庫　昭和13～15
『フロイス日本史』ルイス・フロイス著　松田毅一・川崎桃太訳　中央公論社　昭和54
『暫定天草キリシタン史』下田曲水　熊本図書館館友会　昭和16
『南蛮医アルメイダ　戦国日本を生きぬいたポルトガル人』東野利夫著　柏書房　平成5
『天草時貞』岡田章雄　吉川弘文館　昭和35
『キリシタン大名』岡田章雄　吉川弘文館　平成27（もと教育社歴史新書　昭和52）
『天草キリシタン史』北野典夫　葦書房　昭和62
『原史料で綴る天草島原の乱』鶴田倉造編　本渡市　平成6
「天草キリシタン」鶴田倉造（熊本歴史叢書4『藩政下の傑物と民衆』所収）熊日出版　平成15
「天草四郎像の再構成」吉村豊雄　同右
『天草四郎の正体　島原・天草の乱を読みなおす』吉村豊雄　洋泉社　平成27
『島原の乱』神田千里　中公新書　平成17
『検証島原天草一揆』大橋幸泰　吉川弘文館　平成20
『Q&A天草四郎と島原の乱』鶴田倉造　熊本出版文化会館　平成20
『天草河内浦キリシタン史』玉木讓　新人物往来社　平成25
『島原の乱とキリシタン』（敗者の歴史・14）五野井隆史　吉川弘文館　平成26
「天草かくれキリシタンの実態」浜崎献作（「潮騒」30号）
『石牟礼道子全集　第13巻・春の城』石牟礼道子　藤原書店　平成19
『天草代官鈴木重成鈴木重辰関係史料集』田口孝雄他編　鈴木神社社務所　平成15
『天草を救った代官～鈴木重成とその周辺』本渡市　平成15
「鈴木三公伝」田口孝雄（『本町の歴史』所収）本町公民館　平成18
『天草回廊記』上・下　示車右甫　文芸社　平成18・20
『上田宜珍日記』全二十巻　平田正範翻刻　天草町教育委員会　昭和63～平成10
『上田宜珍伝』角田政治（私家版）昭和15
『天草古記録集』13・14・15・16合併号　天草古文書会　平成5
『義民 長岡興就公顕彰資料集 かわら版綴 江戸期天草庶民のくらしと諸事情』五和町教育委員会
『夜明け前の礎 長岡公義挙百五十年記念 郷土の偉人長岡興就公』鶴田文史　五和町教育委員会　平成4
『楠浦町誌』楠浦地区振興会・同公民館　平成25
『民吉街道』加藤庄三　東峰書房　昭和57
『天草の土となりて―ガルニエ神父の生涯』浜名志松　日本基督教団出版局　昭和62
『草枕 牛の涎』葦原雅亮（葦原浩二刊）平成2

『葦原雅亮集』葦原浩二編（葦原浩二刊）平成2
『下津浦ふるさと写真集』下津浦ふるさと写真集編集委員会　平成16
『山川町史』鹿児島県山川町（指宿市）昭和33
「松田農場で培われた農民魂」（『講座・日本農民』第三巻）小ノ上喜三　たいまつ社
『農の糸　熊本農業の恩人たち』岡村良昭　熊日情報文化センター　平成14
「改正革新甘藷作法」松田喜一　日本農友会出版部　昭和28
「農友」第七号　日本農友会　昭和24
『天草郡人写真帳』原田五洲編（私家版）昭和5
「宮中と甘藷―甘藷文化の原点―」西村和正（『いも類振興情報』No.118）いも類振興会　平成26
「食糧増産にかけた人生～カライモ博士今福民三先生のこと」塚田誠尚（『熊本県の近代文化に貢献した人々―功績と人と―平成16年度近代文化功労者』所収）熊本県教育委員会　平成16
「甘藷」今福民三（『朝鮮農会報』第18巻第2号）昭和19
『甘藷の研究 品種及び品種改良』今福民三　日本農友会実習所　昭和34
『サツマイモと日本人 忘れられた食の足跡』伊藤章治　ＰＨＰ　平成22
「恋闕五十年」大野俊康（熊本県神社庁天草支部編『天皇陛下と天草島』所収）平成13
『富岡漁業史』浦田忠男　昭和40
『熊本県漁業誌』熊本県農商課編　明治23
「鮫島十内」（財団法人日本農林漁業振興会編『明治百年記念農林漁業顕彰業績録』）昭和43
「岡田正枝口伝　鮫島十内の思い出―ある網元とその家族の記録」村上史郎（「潮騒」第5号）平成元
『天草の豪商 石本平兵衛 1787―1843』河村哲夫　藤原書店　平成24
『五和の民話と伝承第1集・第2集』五和町史談会編　五和町教育委員会刊　昭和61
『近世地域社会論 幕領天草の大庄屋・地役人と百姓相続』渡辺尚志編　岩田書院　平成11
『天草郷土史叢説 松田唯雄遺稿集 第一・第二・第三巻』鶴田八洲成編　松田唯雄遺稿集刊行会　平成元
『図説　天草の歴史 天草市・上天草市・苓北町』鶴田文史監修　郷土出版社　平成19
『田中栄蔵伝』端田津留生　河浦町教育委員会　平成2
『歴史への招待⑰』日本放送協会　昭和56
『「安南王国」の夢―ベトナム独立を支援した日本人』牧久　ウェッジ　平成24
「明治三八年にドクトル・メディツィーネを取得した牛深出身の女医―宇良田タゞの生涯」岡村良一（「熊杏」44号別冊）平成11
「宇良田タゞ―日本初の女性ドクトル・メディツィーネ」吉川茂文（『熊本県の近代文化に貢献した人々―功績と人と―平成4年度近代文化功労者』所収）熊本県教育委員会　平成4
「天草が生んだ日本女性初のヨーロッパ留学生宇良田唯子」堀田善久（「潮騒」5号）平成元年
『吉本隆明全集』晶文社　刊行中
『「語る人」吉本隆明の一念』松崎之真　光文社　平成24
『吉本隆明　五十度の講演』糸井重里　㈱糸井重里事務所　平成20
『海・呼吸・古代形象』三木成夫　うぶすな書院　平成4
『胎児の世界』三木成夫　中公新書　昭和48
『アナザーワールド』よしもとばなな　新潮社　平成22
『吉本隆明の東京』石関善治郎　思潮社　平成17
『吉本隆明の帰郷』石関善治郎　思潮社　平成21
「記号の森の伝説歌」（『吉本隆明詩全集・6巻』）思潮社　平成19
『思想のアンソロジー』吉本隆明　筑摩書房　平成19
『開店休業』吉本隆明・ハルノ宵子　プレジデント社　平成25
ウェブサイト「ほぼ日刊イトイ新聞」糸井重里
『五足の靴と熊本・天草』濱名志松著　国書刊行会　昭和58
『五足の靴』野田宇太郎記念館　ブックレット2、7

『わが心の歎異抄』島 一春 佼成出版社 昭和53
『きざまれた風光』島 一春 河出書房新社 平成4
「「島一春 —天草、のさりの海の作家—」緒方 惇（『熊本県近代文化功労者 平成7年度』所収）熊本県教育委員会 平成7
『福岡県碑誌』筑前之部 荒井周夫 大道学館出版部 昭和4
「能古博物館だより」
『儒学者 亀井南冥』早船正夫 花乱社 平成25
『亀井南冥小伝』河村敬一 花乱社 平成25
『亀井南冥昭陽全集1』同全集刊行会 葦書房 昭和53
『筑前人物遺聞』海妻甘蔵 文献出版 昭和61
『福岡県先賢人名辞典』三松荘一 葦書房（復刻版）昭和61
『淡窓全集 上巻』日田郡教育会 日田郡教育会 大正14
『加藤司書の周辺』成松正隆 西日本新聞社 平成9
『加藤司書伝』中野景雄 司書会 昭和9
『筑前名家人物志』森政太郎 文献出版（復刻版）昭和54
『贈位諸賢伝』田尻 佐 近藤出版社 昭和52
『国民歌集』佐佐木信綱 民友社出版部 明治42
『二丈 その魅力と歴史』二丈町誌編纂委員会 二丈町 平成17
「苓洲の人と書と」阿倍光正（「能古博物館便り」第16号）平成5
『竹添進一郎先生を偲ぶ』金子義夫・川上昭一郎・山崎信一 竹添進一郎先生顕彰碑建立期成会 平成10
『桟雲峡雨日記』竹添井井 岩城秀夫訳注 東洋文庫 平成12
『会津士魂』8 早乙女貢 集英社文庫 平成11
『勝海舟全集』勝部真長他編 勁草書房 昭和47
『柔父随筆』松崎鶴雄 座右寶刊行会 昭和18
『晴天』竹添履信・若山喜志 昭和9
『歴史残花』長谷川才次編 善本社 昭和51
『天草富岡懐古録』復刻版 松田唯雄 歴史図書社 昭和53
『天草温故』松田唯雄 日本談義社 昭和31
『天草の郷愁』北野典夫 天草文化協会 昭和47
『天草のこころ』北野典夫 天草文化協会 昭和50
『堀田藤八』堀田善久（私家版）平成10
『天草島』吉見教英 みくに社 昭和24
『歴代内閣・首相事典』鳥海靖編 吉川弘文館 平成21
『中日関係史 1978年～2008年』東京大学出版会 平成21
『戦後熊本の県政史』南 良平 熊本日日新聞社 平成8
『熊本の昭和史年表』熊本日日新聞社 昭和62
『日本の政党史辞典』下巻 村川一郎 国書刊行会 平成10
『じょうじ雑記帳』福島譲二 五竜 昭和51
『ふるさと回遊』福島譲二 熊本日日新聞社 平成6
『日本談義』荒木精之編 日本談義社 昭和49
『蓮田敬介言行録』岩本 茂 平成元
『天草の昭和選挙史』井上重利 みくに社 昭和52
「天草小唄歌手の横田良一」濱名志松（「潮騒」創刊号）
『九州地方陶業見学記』松林鶴之助 宮帯出版社 平成25
『幻の佐平焼』浮田順子他 吉備人出版 平成27
『天草の陶磁器 過去・現在・未来』金澤一弘編 天草陶磁器振興協議会 平成12
『天草陶磁焼の歴史研究』鶴田文史 天草民報社 平成17
『大関栃光一代記』大野俊康編 本渡諏訪神社社務所 昭和56
『熊本の体力』熊本日日新聞社 熊本日日新聞社 昭和42
「一万日の男～山並兼武の生涯～」上妻利博（私家版）平成18
『熊本県史・近代編』熊本県 昭和37
「潮騒」創刊号～30号 天草文化協会 昭和60～平成27
「季刊 しま」「週刊みくに」「天草新聞」「天草民報」
「龍ヶ岳広報」昭和29～36

資料提供・取材協力者（敬称略、五十音順）

赤崎巧一、天草アーカイブズ、天草キリシタン館、天草郡市医師会、天草コレジヨ館、石関善治郎、今福淑子、岩城一枝、㈱印刷センター、江上廣、大野康孝、岡部信行、緒方龍吉、鬼塚邦照、亀井潮路、川上昭一郎、川口高風、北野鋼一、北野照枝、黒田康介、公益財団法人亀陽文庫能古博物館、国照寺、小山清嗣、佐賀県庁、佐賀県白石市役所、正覚寺、浄満寺（福岡市）、崇円寺、田中浩策、田島章二、鎮懐石八幡宮（糸島市）、寺沢光世、東向寺、中村達也、日本二十六聖人記念館、㈶日本離島センター、蓮田陽之介、浜﨑献作、濱名正光、平井建治、福岡市博物館、松浦政一、峯頌美、宮田和夫、宗像秀明、森純子、森蓉子、安田公寛、山崎信一、山梨県立文学館、山梨県立図書館、吉本多子、吉本真秀子、苓州建設工業株式会社、渡辺隆義

人物索引

太字は五十人衆

委嘱執筆者（五十音順）

上原　梓　医師（故人）
上中　満　元本渡歴史民俗資料館館長
久多見健　尚絅大学教授
近藤鐵男　元天草キリシタン館館長
示車右甫　作家
段下文男　東京天草四郎ふるさと会会長
デ・ルカ・レンゾ　長崎二十六聖人記念館館長
西村一成　元熊本日日新聞記者
堀田善久　第四代天草文化協会会長
正木ゆう子　俳人
村上史郎　作家
山口睦子　第八代天草文化協会会長
山下義満　天草の民俗と伝承の会

天草学研究会
『評伝　天草五十人衆』編纂委員会（五十音順）

委員長　田口孝雄　鈴木神社宮司 第六代天草文化協会会長
委　員　片白健次　天草文化協会理事
〃　川上謙二　イナガキ印刷エディター
〃　小林健浩　熊日フォト・サークル運営委員
〃　杉本聖樹　天草フォトクラブ会長
〃　歳川喜三生　天草の民俗と伝承の会
〃　馬場純二　熊本県立天草高等学校副校長
〃　松浦四郎　もみじ保育園園長
〃　宮﨑國忠　熊本県神社庁長
〃　山川清英　上天草市文化財保護委員長
〃　山本　繁　元天草文化協会副会長

写真撮影／小林健浩、杉本聖樹　挿画・イラスト／川上謙二、山下愛子

評伝《ひょうでん》　天草五十人衆《あまくさごじゅうにんしゅう》

二〇一六（平成二十八）年八月三十日第一刷発行
二〇一八（平成三十）年二月十五日第三刷発行

編　者　天草学研究会©
発行者　小野静男
発行所　株式会社　弦書房
〒810-0041
福岡市中央区大名二―二―四三―三〇一
電　話　〇九二・七二六・九八八五
ＦＡＸ　〇九二・七二六・九八八六

ＤＴＰ編集　イナガキ印刷
〒863-0021　熊本県天草市港町13-20

印刷・製本　シナノ書籍印刷株式会社

ISBN978-4-86329-138-6 C0023

◆弦書房の本

ここすぎて 水の径

石牟礼道子　著者が66歳（一九九三年）から74歳（二〇〇一年）の円熟期に書かれた長期連載エッセイをまとめた一冊。後に『苦海浄土』『天湖』『アニマの鳥』など数々の名作を生んだ著者の思想と行動の源流へと誘う珠玉のエッセイ47篇。〈四六判・320頁〉２４００円

万象の訪れ　わが思索

渡辺京二　半世紀以上におよぶ思索の軌跡。一〇一の短章が導く、考える悦しみとその意味。その思想は何に共鳴したのか、どのように鍛えられたのか。そこに、静かに耳を傾けるとき、思考のヒントが見えてくる。〈A5判・336頁〉２４００円

【第35回熊日出版文化賞】

昭和の貌　《あの頃》を撮る

麦島勝【写真】／前山光則【文】　「あの頃」の記憶を記録した335点の写真は語る。戦後復興期から高度経済成長期の中で、確かにあったあの顔、あの風景、あの心。昭和二〇〜三〇年代を活写した写真群の中に平成が失った〈何か〉がある。〈A5判・280頁〉２２００円

熊本城のかたち　石垣から天守閣まで

熊本日日新聞社編集局編　築城400年を迎えた熊本城をくまなく歩いてその全貌に迫った写真記録集。石垣、門、櫓、天守閣と新築なった本丸御殿など日本三大名城にふさわしい魅力の数々を伝える。〈菊判・160頁〉【3刷】２０００円

生きた、臥た、書いた　淵上毛錢の詩と生涯

前山光則　病床で詩を作り俳句を詠んだ毛錢。35年の生涯を描く決定版評伝。広い視野と土着的なものへの親和感をもとに紡ぎ上げたことばが胸を打つ。生と死を真摯に見つめつづけた詩人の世界を訪ね、作品の背景を丹念に読み解く。〈四六判・312頁〉２０００円

＊表示価格は税別